Andreas Buchholz
Wolfram Wördemann

# WAS SIEGERMARKEN ANDERS MACHEN

Andreas Buchholz
Wolfram Wördemann

# WAS SIEGERMARKEN ANDERS MACHEN

## Wie jede Marke wachsen kann

Die Ergebnisse der
ersten Untersuchung über
die erfolgreichsten
Markenkampagnen der Welt

Econ

Die Deutsche Bibliothek – CIP-Einheitsaufnahme

**Buchholz, Andreas:**
Was Siegermarken anders machen: Wie jede Marke wachsen
kann; die Ergebnisse der ersten Untersuchung über
die erfolgreichsten Markenkampagnen der Welt /
Andreas Buchholz; Wolfram Wördemann. – Düsseldorf;
München: Econ, 1998
ISBN 3-430-11579-5

Der Econ Verlag
ist ein Unternehmen der Econ & List Verlagsgesellschaft

Lektorat: Renate Gaßmann/Christina Seitz
Gesetzt aus der Rotis und Officina, Linotype
Satz: Josefine Urban – KompetenzCenter, Düsseldorf
Papier: Papierfabrik Schleipen GmbH, Bad Dürkheim
Druck und Bindearbeiten: Pustet, Regensburg
Printed in Germany
ISBN 3-430–11579-5

# VORWORT

Es gibt etwas Neues:
Vor Ihnen liegt die komprimierte strategische Substanz aus 480 der erfolgreichsten Markenkampagnen aus vielen Branchen und Ländern der Welt.
Was ist neu daran, fragen Sie vielleicht, denn schließlich verfügt doch jedes gute Agentur-Netzwerk über unzählige Fallstudien herausragender Markenführung.
Richtig, aber niemals zuvor hat jemand aus diesem gewaltigen Erfahrungsschatz systematisch die strategische Quintessenz herausgefiltert, die dazu beiträgt, in Zukunft *mit wesentlich größerer Sicherheit* absatzstarke Markenstrategien zu entwickeln.
Warum hat das bisher niemand gemacht?
Weil es außerordentlich schwierig ist, aus hunderten spezifischer Fallstudien, deren Erfolg in spezifischen Marktkonstellationen entstanden ist, wiederkehrende strategische, psychologische und emotionale Grundmuster herauszufiltern, die man für die Lösung von Markenproblemen wieder anwenden kann.
Dieser Herausforderung haben wir uns erstmals gestellt. Entstanden ist das b|w-Modell. Wir haben uns bemüht, die komplizierte und trockene Materie so einfach wie möglich darzustellen und mit vielen Fallbeispielen zu illustrieren.
Um eine bessere Lesbarkeit zu erreichen, haben wir ausschließlich die männliche Form verwendet. Verbraucher, Kunde etc. bezeichnen aber sowohl weibliche als auch männliche Personen.
Wir wünschen Ihnen viel Spaß beim Lesen!

*Andreas Buchholz*
*Wolfram Wördemann*

# ÜBERBLICK

### 1. Das Effizienz-Dilemma
Warum mindestens die Hälfte der jährlich 56 Werbemilliarden wirkungslos bleibt.

### 2. Die Markenführung der Zukunft
Wie ein praktisch anwendbares Modell selbst für austauschbare Produkte absatzstarker Markenstrategien aussehen kann.

### 3. Motivationsfeld »Nutzen«
Wie man für durchschnittliche Produkte einen »virtuellen« Qualitätsvorsprung erzeugt.

### 4. Motivationsfeld »Normen«
Wie man Pflichtbewußtsein, Eitelkeit oder Moral der Verbraucher anspricht, um eindeutige Markenpräferenzen auszulösen.

### 5. Motivationsfeld »Konditionierung«
Wie man die Wahrnehmung eines Produktes so umkonditioniert, daß die Absatzzahlen sprunghaft steigen.

### 6. Motivationsfeld »Identität«
Wie eine Marke wachsen kann, weil sie dem Verbraucher eine faszinierend attraktive Indentität (Charakter, Persönlichkeit) verleiht.

### 7. Motivationsfeld »Emotionen«
Wie sich allein mit starken Emotionen ein durchschlagender Markterfolg erzielen läßt.

### 8. So arbeitet man mit dem b|w-Modell

Wie sich das b|w-Modell beispielsweise für die Einführung einer neuen Pils-Marke anwenden läßt.

### 9. Eigene Fallstudien

Wie man beispielsweise den Marktanteil einer Handy-Marke von 3 % auf 25 % erhöht – innerhalb von 8 Monaten.

### 10. Schlußbemerkung

Wie das Modell hilft, Antworten auf aktuelle Fragen der Branche zu finden.

# INHALT

**Vorwort** . . . . . . . . . . . . . . . . . . . . . . . . . . . 5

**Überblick** . . . . . . . . . . . . . . . . . . . . . . . . . . 7

**Das Effizienz-Dilemma** . . . . . . . . . . . . . . . . 13
Markenwerbung und Effizienz . . . . . . . . . . . . . . . 13
Das Risiko der Investoren . . . . . . . . . . . . . . . . . 14
Das Selbstverständnis der Werbebranche . . . . . . . . 15
Die strategische Herausforderung . . . . . . . . . . . . 17
Neue Methode gesucht! . . . . . . . . . . . . . . . . . . 19

**Die Markenführung der Zukunft** . . . . . . . . . . 25
Die Vision (im Jahr 1994) . . . . . . . . . . . . . . . . . 25
Die Studie . . . . . . . . . . . . . . . . . . . . . . . . . . 27
Das b|w-Modell . . . . . . . . . . . . . . . . . . . . . . . 29
Wie arbeitet man mit dem b|w-Modell? . . . . . . . . . 34
Der Praxistest . . . . . . . . . . . . . . . . . . . . . . . . 37
Zusammenfassung . . . . . . . . . . . . . . . . . . . . . 37

**Motivationsfeld »Nutzen«** . . . . . . . . . . . . . . 39
Bedürfnis-Strategien . . . . . . . . . . . . . . . . . . . . 44
   *Die Feindbild-Technik* 45
   *Die Spätfolgen-Technik* 48
   *Die Technik der sozialen Strafe* 49
   *Die Technik der Problem-Analogie* 51
Indikative Nutzen-Strategien . . . . . . . . . . . . . . . 52
Emotionale Nutzen-Strategien . . . . . . . . . . . . . . 56

Suggestive Nutzen-Strategien . . . . . . . . . . . . . . . . . 59
   *Die Technik der »reinen« Suggestion* 60
   *Die Gold-Standard-Technik* 64
   *Die Torture-Test-Technik* 66
   *Die Technik der Übersteigerung* 67
   *Die Technik des getarnten Versprechens* 68
Konsequenzen . . . . . . . . . . . . . . . . . . . . . . . . . 69

**Motivationsfeld »Normen«** . . . . . . . . . . . . . . . . . . 71
Konsistenz-Strategien . . . . . . . . . . . . . . . . . . . . . 77
Gewissens-Strategien . . . . . . . . . . . . . . . . . . . . . 79
Sanktionierungs-Strategien . . . . . . . . . . . . . . . . . . 82
Inkonsistenz-Strategien . . . . . . . . . . . . . . . . . . . . 87
Enttabuisierungs-Strategien . . . . . . . . . . . . . . . . . . 89
Konsequenzen . . . . . . . . . . . . . . . . . . . . . . . . . 93

**Motivationsfeld »Konditionierung«** . . . . . . . . . . . . . 95
Kategorisierungs-Strategien . . . . . . . . . . . . . . . . . . 99
Klassifizierungs-Strategien . . . . . . . . . . . . . . . . . 104
Substitutions-Strategien . . . . . . . . . . . . . . . . . . . 107
Die personelle Konditionierung . . . . . . . . . . . . . . . . 111
Die situative Konditionierung . . . . . . . . . . . . . . . . . 114
Konsequenzen . . . . . . . . . . . . . . . . . . . . . . . . . 116

**Motivationsfeld »Identität«** . . . . . . . . . . . . . . . . 119
Ideologie-Strategien . . . . . . . . . . . . . . . . . . . . . 124
Charakter-Strategien . . . . . . . . . . . . . . . . . . . . . 128
Star-Strategien . . . . . . . . . . . . . . . . . . . . . . . . 133
Konsequenzen . . . . . . . . . . . . . . . . . . . . . . . . . 139

**Motivationsfeld »Emotionen«** . . . . . . . . . . . . . . . . 141
Emotiver Transfer . . . . . . . . . . . . . . . . . . . . . . . 145
Sehnsuchts-Strategien . . . . . . . . . . . . . . . . . . . . . 149
Lebensstil-Strategien . . . . . . . . . . . . . . . . . . . . . 151
Roman-Strategien . . . . . . . . . . . . . . . . . . . . . . . 159
Konsequenzen . . . . . . . . . . . . . . . . . . . . . . . . . 161

**So arbeitet man mit dem b|w-Modell** . . . . . . . . . . . . . . . . . . . . 163
Das b|w-Modell als Werkzeugkasten . . . . . . . . . . . . . . . . . 163
Anwendungsbeispiel »Pils«. . . . . . . . . . . . . . . . . . . . . . . . . 165
Motivationsfeld »Nutzen« . . . . . . . . . . . . . . . . . . . . . . . . . 166
Motivationsfeld »Normen«. . . . . . . . . . . . . . . . . . . . . . . . . 170
Motivationsfeld »Konditionierung« . . . . . . . . . . . . . . . . . . . 171
Motivationsfeld »Identität«. . . . . . . . . . . . . . . . . . . . . . . . 173
Motivationsfeld »Emotionen« . . . . . . . . . . . . . . . . . . . . . . 175
Fazit. . . . . . . . . . . . . . . . . . . . . . . . . . . . . . . . . . . . . . . 179

**Eigene Fallbeispiele** . . . . . . . . . . . . . . . . . . . . . . . . . . . . . 181
Fallstudie Siemens Handy »S4 Power« . . . . . . . . . . . . . . . . . 181
Fallstudie Siemens Handy »S6« . . . . . . . . . . . . . . . . . . . . . 187
Fallstudie »Lebensversicherungen« . . . . . . . . . . . . . . . . . . . 191

**Schlußbemerkung** . . . . . . . . . . . . . . . . . . . . . . . . . . . . . . 199

**Anhang**
Literaturverzeichnis . . . . . . . . . . . . . . . . . . . . . . . . . . . . 201
Die analysierten Siegermarken. . . . . . . . . . . . . . . . . . . . . . 219
Personen- und Sachregister . . . . . . . . . . . . . . . . . . . . . . . 234
Anti-Werber gesucht! . . . . . . . . . . . . . . . . . . . . . . . . . . . 240

# DAS EFFIZIENZ-DILEMMA

## 1. MARKENWERBUNG UND EFFIZIENZ

Sie ist schön, sie ist bunt, sie ist teuer und gefragt. Und oft ist sie nichts als »heiße Luft«: Markenwerbung ist eine der risikoreichsten Investitionen in der modernen Betriebswirtschaft.

Vermutungen darüber gibt es schon seit Jahrzehnten. Henry Ford I. soll seinerzeit gesagt haben: »Die Hälfte des Geldes, das für Werbung ausgegeben wird, ist zum Fenster hinausgeworfen – unklar ist nur, welche Hälfte es ist.«[1]

Jahrzehnte später formulierte die Wissenschaftlerin Dr. Eva Heller in ihrem Standardwerk *Wie Werbung wirkt:* »Man kann heute davon ausgehen, daß mindestens Dreiviertel der Werbeetats ausgegeben werden, ohne Erfolg einzubringen.«[2]

Daß solche Zitate nicht nur feindselige Verleumdungen sind, beweisen Stellungnahmen der Werber selbst. Der wohl bekannteste lebende Werber der Welt, *David Ogilvy,* gab selbst zu: »Most of the advertising is shamefully ineffective«[3] – Die meiste Werbung ist beschämend unwirksam.«

Lange Zeit waren derlei Äußerungen lediglich Mutmaßungen. Doch mittlerweile liegen etliche wissenschaftliche Beweise vor.

Um einige zu nennen:

- *John Philip Jones*, Professor für Werbewirkung in New York, wies sowohl für die USA als auch für Deutschland nach, daß über einen Beobachtungs-

---

1 Ford, Henry: mündliche Überlieferung; Quelle unbekannt
2 Eva Heller: Wie Werbung wirkt. Theorien und Tatsachen. Frankfurt 1996.
3 Ogilvy in einem Vortrag auf dem 1. Deutschen Kommunikationstag 1979 in Berlin

zeitraum von 12 Monaten 54 % bis 65 % aller Kampagnen ohne Wirkung blieben.[4] Er beobachtete bei über 3 000 Haushalten, ob und wie sich das (all-)tägliche Konsumieren der Werbeblöcke im Fernsehen auf das Einkaufs-verhalten auswirkte.

– Das amerikanische Marktforschungs-Institut IRI stellte anhand von Werbe-tests bei 293 Marken fest, daß eine Etaterhöhung in über 50 % der Fälle keine Auswirkung auf den Umsatz hatte.[5]

– Der Innovations-Report der Handels-Zeitschrift »Lebensmittel-Praxis« re-gistrierte bei neuen Produkten eine Floprate, die je nach Produktka-tegorie zwischen 40 und 60 % im ersten Jahr liegt.[6] Eine ähnliche Unter-suchung der »Lebensmittel-Zeitung« ergab, daß 84 % aller neueingeführten Marken innerhalb von 4 Jahren weniger als die Hälfte Ihres Planziels er-reichen.

Ein Verlustrisiko, das scheinbar akzeptiert wird. Ein Vabanquespiel, auf das man sich seit Jahren immer wieder einläßt. Ein Terrain, auf dem die Gesetze des wirtschaftlichen Kalküls ohne Bedeutung sind.


## 2. DAS RISIKO DER INVESTOREN

Halten Sie es für möglich, daß ein internationales Großunternehmen einen zweistelligen Millionenbetrag in eine neue Produktionsmaschine investiert, ohne von ihrer Leistungsstärke und der zu erwartenden Umsatzsteigerung überzeugt zu sein? Daß sie lediglich aufgrund ihres ästhetisch-reizvollen Designs und ihres renommierten Herstellers beurteilt wird? Ausgeschlossen – werden Sie sagen.

Im Marketing ist dies allerdings keine Seltenheit. Für Markenkampagnen wer-den Millionen-Investitionen getätigt, ohne deren betriebswirtschaftlichen Erfolg einschätzen zu können. Manchmal wirken sie hervorragend, manchmal gar nicht, und manchmal können sie noch nicht einmal einen Abwärtstrend aufhalten.

---

4 Vgl. GWA (Hg.): So wirkt Werbung in Deutschland. Frankfurt 1994.
5 Aus einem Vortrag der Gesellschaft für Konsumforschung (GfK) 1996
6 Lebensmittel-Praxis Extra 3/97. Frankfurt 1997

– Denken Sie an die Kosten für die Agentur, die oft über Monate an dem Projekt gearbeitet hat und dabei fünf- bis sechsstellige Summen abrechnet. Oder die Kosten für interne Ressourcen. Was kostet es, wenn sich eine ganze Marketing-Abteilung mit einer Markenentwicklung befaßt, ohne die Marke wirklich voranzubringen? Schlimmer noch sieht es aus, wenn eine Produktneueinführung scheitert. Dann addieren sich die Entwicklungs-, Maschinen- und Produktionskosten schnell zu Multi-Millionen-Beträge.

– Eine verpaßte Chance läßt sich meist nicht mehr gutmachen. Die betroffenen Marken erschüttern das Vertrauen der Verbraucher und der Händler. Und erfahrungsgemäß ist es sehr schwierig, einen verunsicherten Kunden zurückzugewinnen.

Der schlimmste Faux-pas ist jedoch, wenn Werbung dem eigenen Produkt schadet, weil der Verbraucher sie irrtümlich dem Marktführer zurechnet und folglich dessen Produkt bevorzugt. Die Gesellschaft für Konsumforschung, GfK, registriert solche Effekte in den Marktwachstumskurven.

– Die Wettbewerber warten nicht. Jeden Tag, den man mit einer mittelmäßigen Markenkommunikation verliert, gewinnt die Konkurrenz, um ihre eigenen Botschaften tiefer im Bewußtsein der Verbraucher zu verankern. *John Philip Jones* bewies mit seinen Untersuchungen in den USA, daß einige Marken trotz Werbung innerhalb Jahresfrist bis zu 31 % Marktanteile verloren, weil die Kampagnen zu schwach waren, um sich gegen die Wettbewerber zu behaupten.[7]

Um so berechtigter ist die Frage: *Wie wirksam ist eigentlich Werbung?*

Damit sind wir beim *grundlegenden* Problem angelangt: der Berechenbarkeit von Markenwirkung.

# 3. DAS SELBSTVERSTÄNDNIS DER WERBEBRANCHE

Zunächst muß die Frage aber lauten: Muß Markenwerbung sich einer Erfolgsmessung überhaupt stellen? Muß sich der Erfolg einer kreativen Leistung in nüchternen Absatzzahlen niederschlagen?

---

7  Vgl. GWA (Hg.): Wie man den Erfolg von Werbung mißt. Frankfurt 1994

In der Branche gibt es dazu verschiedene Stimmen:
- Manche Werber vertreten die Auffassung, Werbung sei Kunst. Mit dieser These ging der bekannte Werber *Michael Schirner* schon in den 80er Jahren auf eine Vortragstournee. In seinen Augen erfüllt Werbung einen »höheren« kulturellen Auftrag und ist keineswegs nur dem »schlichten« wirtschaftlichen Wohl der Marke verpflichtet. Noch heute verstehen sich viele Agentur-Kreative mehr als Künstler und weniger als Verkäufer.
  *Georg Baums,* seinerzeit Präsident des GWA (Gesamtverband der Werbeagenturen) klagte einmal: »Manchmal kann man sich des Eindrucks nicht erwehren, eine Anzeige oder ein Commercial schäme sich seines Produktes und täte alles, um von ihm abzulenken.«[8]
  Doch die Stimmen der Künstler werden immer leiser. Laufen doch alle Agenturen ständig Gefahr, den ihnen anvertrauten Werbeetat zu verlieren, wenn die Kampagne nicht den erwarteten Umsatzerfolg erzielt. Die werbetreibende Industrie, die unter immer stärkerem Kostendruck operiert, will sich letztlich doch nicht als spendabler Kulturmäzen mißverstanden wissen.
- Eine andere Fraktion von Werbern ist der Ansicht, Werbung sei eine langfristige Investition in den Markenkern, dessen Wert sich nicht statistisch messen lasse. Diese »Denke« ist mittlerweile wissenschaftlich widerlegt. *John Philip Jones* wies in den frühen 90er Jahren nach, daß alle langfristig wirksamen Kampagnen auch eine Sofortwirkung besitzen. Umgekehrt gilt: Eine Kampagne ohne Sofortwirkung kann auch keine langfristige Wirkung haben.[9]
- Heute geht der Trend in der Werbung deutlich in Richtung von mehr Effizienz. *Bernd M. Michael,* Geschäftsführender Gesellschafter von *Grey International,* Düsseldorf, prognostiziert: »Werbung hat in Zukunft nach dem Kriterium des Return on Investment zu funktionieren. (...) Es werden Zeiten kommen, in denen die Agentur gefragt werden wird, welche Wirkungsgarantie sie für ihre Werbung geben kann, um daraus Honorarforderungen zu belegen.«[10]

Letztlich klingt die Frage, ob Markenwerbung wirken muß, geradezu paradox, bedenkt man, daß heutzutage in allen Unternehmensbereichen massiv gespart wird. Nur Markenkommunikation scheint eine Ausnahme zu bilden.

---

8  In: GWA (Hg.): Effizienz in der Werbung 1993. Frankfurt 1992
9  In: GWA (Hg.): So wirkt Werbung in Deutschland. Frankfurt 1994
10  Michael, Bernd M.: In GWA (Hg.): Effizienz in der Werbung 1996. Frankfurt 1996

Vor diesem Hintergrund schlagen wir eine pragmatische Lösung des Konfliktes vor: Werbung muß genau das leisten, was die Investoren – also die werbetreibende Industrie – von ihr erwartet: nämlich eine möglichst sofortige Absatzsteigerung.

Die überwiegende Mehrheit der Industrie-Unternehmen betrachtet Werbung als Investition und darf von ihren Agenturen erwarten, das ihr anvertraute Kapital mit dem bestmöglichen Markterfolg zu verwalten.

## 4. DIE STRATEGISCHE HERAUSFORDERUNG

Welche »Hebel« müssen also bedient werden, um mit dem geringsten Aufwand die größte Wirkung zu erzielen? Innerhalb der Branche werden meist die folgenden drei »Hebel« diskutiert:

1. Werbedruck
2. Kreativität
3. Strategie

Natürlich ist jeder dieser drei Faktoren äußerst wichtig, und natürlich spielen sie alle drei zusammen. Aber welcher von ihnen ist ausschlaggebend, um die Werbemilliarden effizienter einzusetzen?

Dieser Frage wurde in einer aktuellen wissenschaftlichen Untersuchung namens »ARM – Advertising-Response-Modell« nachgegangen. Es handelt sich dabei um ein Gemeinschaftsprojekt der Gesellschaft für Konsumforschung (GfK) und dem Gesamtverband Werbeagenturen (GWA).[11]

Fazit: die *strategische Qualität,* eine Markenpräferenz zu erzeugen, ist mit Abstand der wichtigste Erfolgsfaktor für verkaufswirksame Markenwerbung.

Die Ergebnisse im einzelnen:

● *Werbedruck*
  Viele Werber und Marketing-Experten glauben, der Werbeerfolg hinge hauptsächlich von der Höhe der Media-Ausgaben ab. Daraus folgt die häufig geäußerte Absicht, sich »Marktanteile zu kaufen«. Doch die Formel

---

11  In GWA (Hg.): So wirkt Werbung im Marketing-Mix. Frankfurt 1997

»mehr Mediaausgaben = mehr Werbewirkung« wird durch die GfK/GWA-Studie widerlegt: eine hundertprozentige Steigerung des Werbedrucks bewirkt nämlich nur eine durchschnittliche Steigerung des Marktanteils von 3,5% – also beispielsweise von 10% auf 10,4%. Außerdem gilt: Mehr Werbedruck erzeugt bekanntlich mehr Gegendruck von den Wettbewerbern. Dies kann also nicht die Antriebsfeder für mehr Effizienz sein.

- *Die Kreativität*
  Ebenso verbreitet ist die Auffassung, eine Werbekampagne wirke hauptsächlich dadurch, daß sie viel Aufmerksamkeit erregt, nach der Devise: je kreativer, desto wirksamer. Das klingt zwar plausibel, ist aber wissenschaftlich nicht haltbar. Aus der GfK/GWA-Studie geht hervor, daß Kampagnen, die eine 20% höhere Aufmerksamkeit erzielen als andere, durchschnittlich nur um etwa 0,5% wachsen, also beispielsweise von 20% Marktanteil auf 20,1%. Daraus folgt: Es reicht nicht aus, von den Agenturen mehr Kreativität zu fordern, um das milliardenschwere Effizienz-Problem der Werbebranche zu lösen.

- *Die Strategie*
  Sowohl Werbedruck als auch Kreation können ihre Sprengkraft erst richtig entfalten, wenn die Strategie darauf ausgerichtet ist, eine klare Markenpräferenz zu erzeugen. Ohne Strategie wird Werbewirkung zur Glückssache.
  Die GfK/GWA-Studie zeigt, daß Kampagnen, die im Werbemitteltest eine 100% höhere Markenpräferenz[12] auslösen als der Durchschnitt, den Marktanteil um 16,1% steigern – bei konstantem Werbedruck. In der richtigen Strategie liegt also der Grund, warum manche Marken mit 5 Millionen Mark Werbebudget ein stärkeres Wachstum erzielen können als andere mit 20 Millionen Mark. Werbepraktiker wissen, daß solche Erfolge möglich sind.

---

12 Lt. den Erfahrungen der GfK ist dies möglich

## 5. NEUE METHODE GESUCHT!

*Jetzt stoßen wir auf den eigentlichen Kern des Problems: Es wird immer schwieriger, überzeugende und in ihrer Wirkung berechenbare Markenstrategien zu entwickeln.*

- *Produkte werden immer austauschbarer*
  In fast allen Branchen werden Produkte einander immer ähnlicher. Beispielsweise berichtete der SPIEGEL,[13] daß selbst Vorstandschefs der größten deutschen Brauereien bei einer Blindverkostung ihr eigenes Produkt nicht erkennen. Ähnlich sieht es in anderen Branchen aus: Worin unterscheiden sich Orangensäfte voneinander – oder Mineralwässer, Zigaretten, Windeln, Papiertaschentücher oder Zahncremes? Faktische Produktunterschiede schmilzen dahin; und kommt einmal eine echte Innovation auf den Markt, ziehen die Wettbewerber meist innerhalb weniger Monate nach.

- *Der Wettbewerb wird härter*
  Jedes Jahr drängen allein im deutschen Lebensmittel-Einzelhandel 28 000 neue Produkte auf den Markt und konkurrieren um die Gunst des Verbrauchers.

- *Es gibt immer mehr Werbung*
  Jährlich werden in Deutschland mehr als 60 000 Marken beworben – in über 25 TV-Programmen, 170 Hörfunkprogrammen und 600 Zeitschriften. Allein im Fernsehen laufen jährlich 1 450 000 Spots in 35 646 000 Sekunden. Das entspricht einem Wachstums-Index von 900 gegenüber 1985.

Vor diesem Hintergrund wird deutlich, wie schwierig es heutzutage ist, eine tragfähige Markenstrategie zu entwickeln.
Selbst die größten Konsumgüter-Unternehmen der Welt, selbst die Mammut-Agenturnetzwerke haben keine klare Methode, um mit Problemen wie den folgenden umzugehen:

- Wie vermarktet man ein Fruchtsaftgetränk, das den Verbrauchern weniger gut schmeckt als die zahlreichen »echten« Säfte?

---

13  Spiegel 37/97

– Wie vermarktet man ein hochwertiges Produkt, das an seine Wachstums-
grenzen gestoßen ist, weil es neue potentielle Verwendergruppen schlicht
für zu teuer halten?
– Wie gestaltet man für austauschbare Produkte Imagewerbung, die mit
maximaler Sicherheit einen Wachstumsschub auslöst?

Das sind typische Fragen, mit denen sich die Konsumgüter-Riesen und ihre
Agenturen täglich auseinandersetzen.
Und daß es bislang keine funktionierende Methode gab, um solche Probleme
*systematisch* zu lösen, beweist die enorme Floprate, die in einigen Branchen
nicht nur bei 50 %, sondern bei bis zu 95 %[14] liegt.

*Welche methodischen Ansätze existieren denn in der heutigen Werbung, um
eine verkaufswirksame Markenstrategie zu entwickeln? Und warum funktionieren sie nicht richtig?*

### Die Methode der Werbepraktiker

Werbepraktiker gehen in bezug auf austauschbare Produkte folgenden Fragen
nach: Welchen überlegenen *emotionalen* oder *psychologischen* Nutzen bietet
es den Verbrauchern? Welche Werte können wir für unsere Marke besetzen?
Wie können wir einzigartige Markenwelten etablieren, die unser Produkt von
allen anderen unterscheidet? – Von Werbepraktikern hören wir Vokabeln wie
Markenwelt, Lifestyle, Trends, emotionaler Mehrwert, Erlebnisdimension und
viele mehr. Doch was steckt *methodisch* dahinter?

– Was ist eigentlich ein emotionaler Nutzen? (Bietet der *Marlboro*-Cowboy
einen emotionalen Nutzen? Oder ist das eine reine Markenwelt? Und wenn,
was lernt man daraus, um andere erfolgreiche Markenstrategien zu entwikkeln?)
– Was ist der sogenannte »psychologische« Nutzen? Worin unterscheidet er
sich vom emotionalen Nutzen, und wie erzeugt man ihn?
– Welche Eigenschaften muß eine Markenwelt erfüllen, damit sie Erfolg
bringt? (Oder wirkt etwa jede? Oder gar keine? Oder handelt es sich nur um
ein gestalterisches Format?)
– Nach welchen Gesetzmäßigkeiten funktioniert Lifestyle-Werbung?

---

14 Insider-Schätzungen

Wir haben bisher keine zwei Experten kennengelernt, die derartige Fragen übereinstimmend und in unseren Augen befriedigend beantworten können. Jeder füllt sie offenbar mit seinen persönlichen Inhalten, Gedanken und Erfahrungen.

Natürlich entwickeln Werbepraktiker trotzdem manchmal herausragende Kampagnen-Ideen für austauschbare Produkte. Immerhin sind einige der größten Markenstrategien der Welt so entstanden: *Coca-Cola, Marlboro, Levi's* oder *Bacardi*. Aber diese rühmlichen Ausnahmen bestätigen nur die Regel: daß nämlich die Mehrzahl aller Kampagnen ohne Wirkung bleiben.

### Die Methode der Image-Macher

Auch »Imagewerbung« gehört zum Grundwortschatz der Werbepraktiker. Dahinter steckt eine wissenschaftliche Lehre, deren bekanntester Vertreter, Professor Kroeber-Riel, glaubte: »Die emotionale Erlebnisvermittlung durch Produkte und Leistungen spielt auf gesättigten Märkten eine entscheidende Rolle.«[15]

Kroeber-Riel wollte insbesondere austauschbare Produkte (z. B. Seife) mit positiven emotionalen Imagewerten aufladen und somit ihren Abverkauf steuern.

Seine These: Jede Werbewirkung löst feinste körperliche Reaktionen auf Puls, Hautwiderstand und Gehirnströme aus, die man mit modernster Technologie messen kann.

Das bedeutet im Umkehrschluß: optimiert man emotionale Kampagnen dahingehend, daß sie eine besonders starke »psychobiologische« Aktivierung hervorrufen, dann führen sie auch zum Verkaufserfolg.

Kroeber-Riel hielt diese Methode für bahnbrechend: »Durch konsequente Verwendung von biologischen Erkenntnissen und Gesetzmäßigkeiten will man Grenzen durchbrechen, an welche die traditionelle Psychologie bei der Erklärung menschlichen Verhaltens gestoßen ist.«[16]

Für die Werbepraxis sind die empirisch gewonnenen Erkenntnisse von Kroeber-Riel allerdings wenig spektakulär:

– Farben funktionieren besser als Schwarz/Weiß
– Bilder wirken stärker als Text

---

15  Kroeber-Riel: Konsumentenverhalten. Saarbrücken 1996. S. 125
16  Ebd.

– das Logo wirkt in Anzeigen rechts unten am besten
– je kürzer die Headline, desto besser
– stärker aktivierende Anzeigen werden besser erinnert

Die Erkenntnisse Kroeber-Riels sind rein gestalterischer Natur und weisen keine strategische Tiefe auf. Außerdem fehlen Aussagen darüber, welche Kriterien ein Image erfüllen muß, damit es sich tatsächlich auf die Kaufentscheidung auswirkt.

Kurz: Die Image-Methode ist nicht geeignet, um das Effizienz-Problem der Markenwerbung zu lösen.

### Die Methode der Markentechniker

Die Philosophie der »Marke« ist heute so aktuell wie nie. Die ersten Markenartikel entstanden um das Jahr 1890: abgepackte Ware mit Hersteller-Namen und einer Qualitätsgarantie. Jahrzehnte später – 1939 – legte *Hans Domizlaff* in seinem Klassiker »Die Gewinnung des öffentlichen Vertrauens« das erste »Lehrbuch der Markentechnik« (Untertitel) vor. Darin formuliert er 22 Grundgesetze der natürlichen Markenbildung, darunter die folgenden drei:

– Die Voraussetzung der natürlichen Markenbildung ist die Warenqualität.
– Nicht die Preisfrage entscheidet in erster Linie, sondern das Vertrauen in die Qualität.
– Das Ziel der Markentechnik ist die Sicherung einer Monopolstellung in der Psyche der Verbraucher.[17]

Was damals bahnbrechende Neuigkeiten waren, ist zwar auch heute noch richtig, gehört aber zum Allgemeinwissen der Branche. Die heutigen Verfechter der Markentechnik wollen der Marke einen starken, unverwechselbaren »Charakter« geben. So wie z. B. *Charlie Chaplin* seinen unverwechselbaren Charakter mit Melone, Schnäuzer, Krawatte, Stock und Schuhe unterstrich, kann auch jede Marke unverwechselbare Markenzeichen mit Signalwirkung besetzen.

Dazu zwei kritische Anmerkungen:

– Markenzeichen sind zunächst einmal nur der *äußere Ausdruck* eines (vorhandenen?) inneren Markencharakters. Jemand, der sich wie Charlie Chap-

---

17 Domizlaff, H.: Die Gewinnung des öffentlichen Vertrauens. Hamburg 1992

lin verkleidet (also dieselben äußeren Markenzeichen verwendet), hat noch lange nicht Chaplins Charakter. Wie gestaltet man aber einen faszinierenden Charakter zum Beispiel für eine Zigaretten-, eine Bier-, eine Mineralwassermarke? Diese Frage ist viel substantieller als die *gestalterische* Frage nach dem richtigen Markenzeichen. Ein vorhandener zuverlässig funktionierender Lösungsweg dafür ist uns nicht bekannt.

- Ein starker Markencharakter ist kein Allheilmittel, um den Markterfolg von austauschbaren Produkten zu steigern. Zwar ist er für einige Warengruppen ein wichtiger Erfolgsfaktor (z. B. Modemarken, Zigaretten), für andere aber erfüllt er nur eine unterstützende Funktion (z. B. Pharmaprodukte)

### Die Methode der Motivforscher

Die Motivforscher suchen die »eigentlichen« Ursachen des menschlichen Verhaltens, die sogenannten Motive. Motive liegen jenseits der Ratio in den Tiefen des Unterbewußtseins verborgen. Die meisten kennen die »wahren« Beweggründe ihres Handelns nicht oder rechtfertigen sich mit Rationalisierungen, Entschuldigungen oder Lügen. Geistiger Vater der Motivforschung ist *Ernest Dichter*, der seine Erkenntnisse 1961 in dem Buch »The Strategy of Desire« dargelegt hat,[18] das auch heute noch als Standardwerk gilt. Unter Motiven versteht er Instinkte, soziale Normen, Triebe, gesellschaftliche Verstrebungen, Bedürfnisse, gesetzliche Zwänge, Interessen, Affekte – letztlich alles, was zu einer Handlung führen kann. Allerdings weist die Motivforschung für die Anwendung in der Praxis erhebliche Mängel auf:

- Die Motiv-Lehre versteht den Konsumenten als ein von dumpfen Instinkten gesteuertes Wesen, dessen Verstand für die Kaufentscheidung keine wesentliche Rolle spielt.
- Die Ergebnisse sind häufig für die Praxis irrelevant und auf Nebensächlichkeiten begrenzt. Beispiel: *Dichter* beobachtete, daß Leute, die Handwerkszeug kaufen wollen, dieses oft prüfend in der Hand halten. Daraus schloß er, daß Handwerkszeug nach Gewicht gekauft wird. Unbewußt natürlich.
- Die Motivforscher beschränken sich auf die Beschreibung von bestehenden Kaufmotiven für eine Produktkategorie, lassen aber die wichtige Frage offen, wie man sie beeinflussen kann.

---

18  Dichter, E.: Strategie im Reich der Wünsche. Düsseldorf 1961

Soweit die vier häufigsten Methoden, die in der Werbung verwendet werden, um eine starke Markenstrategie hervorzubringen. Tatsache ist jedoch: keinem dieser seit Jahrzehnten erprobten Ansätze ist es gelungen, das Effizienz-Niveau der heutigen Werbung nachhaltig zu steigern.

# DIE MARKENFÜHRUNG DER ZUKUNFT

## 1. DIE VISION (im Jahr 1994)

Wo muß eine neue Methode ansetzen, die es ermöglicht, selbst für austauschbare Produkte wirksame Markenstrategien zu entwickeln? – Sicherlich nicht in
theoretischen Abstraktionen, sondern in dem praktischen Erfahrungsschatz,
den die Werbewirklichkeit in über 100 Ländern der Welt hervorgebracht hat.
Jährlich werden einige hunderttausend Kampagnen geschaltet und von der
Realität hart, aber gerecht bewertet. Das sind die Lektionen, von denen Marken-Profis aus allen Branchen und Ländern lernen können.

Diese Überlegung stand am Anfang einer Vision, die uns 1994 dazu bewog,
unsere Positionen im Marketing des Konsumgüter-Riesen Procter & Gamble
aufzugeben, um im Rahmen einer eigenen Marketing- und Werbeagentur eine
jahrelange Forschungsarbeit aufzunehmen:

Unsere Herausforderung bestand darin, den strategischen Erfahrungsschatz der
erfolgreichsten Marken aus aller Welt in einem Modell zu verdichten, das sich
für die Lösung aktueller Markenprobleme jederzeit praktisch anwenden läßt.

Dieses visionäre Modell sollte hohen Anforderungen gerecht werden:

- Es sollte sich als Instrument eignen, um systematisch starke Markenstrate-
  gien zu erarbeiten, die eine Hebelwirkung auf den Absatz haben.
- Es sollte auch für unscheinbare, durchschnittliche, austauschbare Produkte
  anwendbar sein.
- Es sollte universell funktionieren – unabhängig von Branche, Zielgruppe,
  Kultur und Zeitgeist.
- Es sollte möglichst *praktisch* sein, präzise Regeln und Gesetzmäßigkeiten
  benennen, sogar im Reich der Images, der Psychologie und der Emotionen.

Geht es also darum, Strategien »von der Stange« wie billige Konfektionsware anzubieten? Ganz im Gegenteil: Wir wollen Marken-Profis ein modernes, zeitgemäßes Arbeitsinstrument zur Verfügung stellen, mit dem sie noch systematischer und effizienter als bisher *maßgeschneiderte* Markenstrategien entwickeln können, die den Absatz signifikant steigern. Wir wollen also keine strategischen Patentrezepte, keine Standardstrategien liefern, sondern verstehen das Modell als einen praktischen Werkzeugkasten für individuelle Präzisionsarbeit.

Bei unserer Markenanalyse war eine Frage entscheidend: *Wie* nehmen die Siegermarken aus aller Welt Einfluß auf die Kaufentscheidung der Verbraucher? Welche kognitiven, emotionalen und psychologischen »Hebel« bedienen sie im Bewußtsein der Konsumenten, um auf ihr Verhalten einzuwirken? Solche »Hebel«, mit denen die Schaltzentrale im Kopf gesteuert wird, sind universeller Natur, sie funktionieren unabhängig von Produkt, Branche oder Zielgruppe. Darum helfen sie, neue maßgeschneiderte Markenstrategien zu erarbeiten, die mit maximaler Sicherheit Wachstum generieren.

Was ist neu an diesem Ansatz?

Bisher gab es nur nach Branchen sortierte Sammlungen von Fallstudien erfolgreicher Marken aus den verschiedenen Ländern und Kulturen, die in ihrer spezifischen Marktsituation hervorragend funktioniert haben.

Solche Fallstudien sind jedoch so speziell und so breit gestreut, daß man sie schwerlich zur Lösung aktueller Markenprobleme heranziehen kann. Es ist ähnlich, als stünde man vor einer Anhäufung unzähliger einzelner Adressen und Telefonnummern aus aller Welt. Sie sind so lange nutzlos, bis jemand die Zeit und die Muße findet, sie zu systematisieren und ein Telefonbuch daraus zu machen. Erst dann wird aus dem wertlosen Informationsmüll eine Arbeitshilfe von unschätzbarem Wert.

Schwieriger ist es, Marken-Fallstudien so auszuwerten, daß ihre strategische Substanz bequem verfügbar wird. Nach welchem Kriterium soll man sie systematisieren? Alphabetisch, nach Produktarten, Branchen, Ländern oder nach Zielgruppen? All das wäre wenig ergiebig. Sinnvoll erscheint vielmehr, Marken-Fallstudien nach jenen *strategischen Prinzipien* zu systematisieren, mit denen sie auf die Kaufentscheidung der Verbraucher einwirken.

Dieser Ansatz ist neu. Bislang gab es keine funktionierende Methode, um den gewaltigen, weltweiten Erfahrungsschatz der Branche für die Lösung aktueller Markenprobleme verfügbar zu machen. Wie verwandelt man ein austauschbares Produkt systematisch in eine Siegermarke? Dies Phänomen kommt zwar in jedem Land, in jeder Branche und Zielgruppe immer mal wieder vor. Aber niemand weiß, wie man solche seltenen Erfolge systematisch erzielen kann. Genau hier knüpft das b|w-Modell an.

## 2. DIE STUDIE

Wie zapfen wir den großen strategischen Erfahrungsschatz der Branche an? Über einen Zeitraum von 4 Jahren haben wir 480 herausragend wirksame Marken-Kampagnen aus aller Welt zusammengetragen. Sie alle zählen zu den erfolgreichsten 5 %[19], bilden also die Spitze eines Eisbergs, der mindestens aus 10 000 Kampagnen besteht.
Die untersuchten Kampagnen stammen

- aus allen Teilen der Welt (Europa, USA, Südamerika, Asien, Australien),
- aus allen Branchen (Food, Nonfood, Gebrauchsgüter, Dienstleistung und Non-Profit),
- aus allen klassischen Medien (Schwerpunkt TV-Spots, aber auch Kinofilme, Plakate, Printanzeigen und Rundfunkspots).

Ihre herausragende Wirkung ist nachgewiesen. Viele von ihnen sind mit einem »Effie« oder einer vergleichbaren Trophäe ausgezeichnet worden, andere wurden als Fallstudien in Fachjournalen auf der ganzen Welt gewürdigt, und wieder andere sind unveröffentlichte interne Auszeichnungen internationaler Konsumgüter-Konzerne. Wir werden zwar bei den meisten der von uns zitierten Fallstudien die Marktentwicklung mit Daten belegen, können dies aber aus Geheimhaltungsgründen nicht in jedem Fall tun.
Richtig ist natürlich, daß für den Erfolg einer Marke nicht nur die Massenkommunikation verantwortlich ist, sondern auch eine Reihe anderer Variablen, wie Distribution, Preis, Promotion etc. Dennoch können wir durch einen zeitlichen Abgleich von Werbekampagne und Absatzboom sowie Kontrolle der anderen Variablen relativ zuverlässig den Einfluß der Werbung abschätzen.

---

19 Als Maßstab: Weniger als 1% aller Kampagnen qualifizieren sich für die Effie-Trophäe für hervorragende Wirksamkeit

Unsere Studie durchlief vier Entwicklungsphasen:

### Phase 1: Erforschung der wichtigsten Kaufmotivationen

Von der modernen Sozialpsychologie lernen wir, welche Grundmotivationen auf menschliche Handlungsentscheidungen – also auch Kaufhandlungen – einwirken. Ähnlich wie Kriminologen, die schließlich auch bei jeder Tat nach dem Motiv suchen, sei es nun Habgier, Geltungssucht, Liebe oder Haß, gingen wir analog davon aus, daß es für jede Kaufentscheidung ein dominierendes rationales, emotionales oder psychologisches Motiv geben muß.

### Phase 2: Analyse der Siegermarken

Wir analysierten 480 Siegermarken in bezug auf die Frage, wie sie strategisch auf die Kaufentscheidung des Verbrauchers einwirken. Drei wichtige Erkenntnisse resultierten daraus:

- Die Siegermarken sprechen tatsächlich jene sozialpsychologischen Motivationen an, die eine Handlung auslösen können.
- Sie verwenden dabei immer wiederkehrende strategische, psychologische und emotionale Grundmuster.
- Diese kehren sogar branchenübergreifend immer wieder.

### Phase 3: Modell-Entwicklung

Um die handlungswirksamen Strategiemuster greifbar zu machen, systematisierten wir sie nach fünf Motivationsfeldern:

- Nutzen
- Normen
- Konditionierung
- Identität und
- Emotionen

Motivationsfelder sind also der psychologische Schlüssel, mit dem wir die breit gestreuten Strategiemuster der Siegermarken so einfach wie möglich systematisieren und praktisch verfügbar machen können.

Übrigens spielt der *Nutzen* offenbar nicht die tragende Rolle für die Kaufentscheidung. Denn in den anderen vier Motivationsfeldern finden wir strategische Grundmuster, die eine viel stärkere Hebelwirkung auf den Absatz haben können. Manche Marken verzichten sogar darauf, ihren vorhandenen Produktvorteil zu dramatisieren, weil es in den anderen Motivationsfeldern Ansätze gibt, die mehr Wachstum versprechen.

### Phase 4: Abgleich mit nicht erfolgreichen Kampagnen

Trennen die strategischen Grundmuster, gegliedert nach fünf Motivationsfeldern, tatsächlich die Spreu vom Weizen? Um dies zu überprüfen, haben wir weitere einhundert durchschnittliche Kampagnen untersucht, die nachweislich keinen nennenswerten Absatzerfolg hatten. Das Ergebnis: Viele von ihnen mögen zwar kreativ sein; aber sie gehorchen nicht jenen Gesetzmäßigkeiten, mit denen man die Weichen im Kopf des Verbrauchers in Richtung auf eine bestimmte Marke einstellen kann.


## 3. DAS b|w-MODELL

Die Kernidee der fünf Motivationsfelder beruht darauf, herauszufiltern, auf welchem strategischen Weg wir auf die Kaufentscheidung der Verbraucher einwirken wollen. Um dies zu verdeutlichen, formulieren wir die Kernthese immer nach demselben Muster: »Der Verbraucher bevorzugt Ihr Produkt, weil...«
Bevor wir in den folgenden Kapiteln unsere strategischen Grundmuster und ihre Gesetzmäßigkeiten vorstellen, stellen wir hier kurz dar, wie sich die fünf Motivationsfelder voneinander abgrenzen.

### Motivationsfeld 1: Nutzen

Kernthese: **»Der Verbraucher bevorzugt Ihr Produkt, weil er glaubt, daß es ihm einen größeren Nutzen bietet als die Wettbewerbsprodukte.«**

Über die Art und Weise, einen »echten«, faktischen Produktvorteil zu vermarkten, wurden unzählige Bücher geschrieben. Faktische Produktvorteile werden aber immer seltener; der »virtuelle« Vorteil ist auf dem Vormarsch. Dieser zeichnet sich dadurch aus, daß er auf der einen Seite nicht mit den fünf Sinnen des Verbrauchers überprüfbar, auf der anderen Seite aber genauso befriedigend und glaubwürdig ist wie ein faktischer Produktvorteil, den man sehen, riechen, schmecken, hören oder spüren kann.

Beispielsweise kann der Verbraucher mit Hilfe seiner fünf Sinne nicht überprüfen, ob eine teure Gesichtscreme tatsächlich der Faltenbildung besser vorbeugt als eine preisgünstigere, ob Cornflakes wirklich gesund sind oder ob die eine Zahncreme besser vor Karies schützt als die andere. Solche Nutzenversprechen sind »virtueller« Natur und können trotzdem zu einer soliden, glaubwürdigen Markenstrategie werden. Welche strategischen Grundmuster für den »virtuellen Nutzen« in Betracht kommen und nach welchen Gesetzmäßigkeiten man ihre Wirkung optimieren kann, lesen Sie in Kapitel 3.

Wenn es nicht möglich erscheint, eine starke Nutzenstrategie für eine Marke zu entwickeln, greifen die meisten Marken-Profis zu sogenannten Image-Strategien. Das ist der große nebulöse Bereich der Psychologie und der Emotionen, bei dem die Floprate weit über 50 % liegt. Denn bisher ist nicht bekannt, welchen Gesetzmäßigkeiten Imagewerbung gehorchen muß, um zuverlässig auf die Kaufentscheidung der Verbraucher einzuwirken. Die folgenden vier Motivationsfelder sollen den Image-Nebel auflösen:

**Motivationsfeld 2: Normen**

Kernthese: **»Der Verbraucher bevorzugt Ihr Produkt, um einen inneren Konflikt (mit seinen Normen und Werten) zu vermeiden oder zu lösen.«**

Normen sind mit die stärksten Auslöser für menschliches Handeln schlechthin. Sie kommen ins Spiel, wenn wir aus Pflichtbewußtsein, Verantwortungsgefühl, Dankbarkeit, Schamgefühl etc. handeln. Auch bei Kaufentscheidungen sind Normen wichtig, zum Beispiel wenn eine Marke

- bestehende Schuldgefühle von Müttern gegenüber ihrer Familie zu beseitigen verspricht,
- empfindlich an unserem Stolz kratzt,
- Tabus aus dem Weg räumt, die dem Abverkauf wie eine Barriere entgegenstehen (z. B. Kondome).

Die wohl bekannteste deutsche Marke, die mit einer Normen-Strategie groß geworden ist, ist der Weichspüler *Lenor,* der jahrelang eindringlich an das Gewissen aller »guten« Hausfrauen appellierte. Welche strategischen Grundmuster hier zugrunde liegen und wie sie funktionieren, lesen Sie in Kapitel 4.

# Das buchholz|wördemann-Modell

**Nutzen**
Bedürfnis-Strategien
Indikativer Nutzen
Emotionaler Nutzen
Suggestiver Nutzen

**Emotionen**
Emotiver Transfer
Sehnsuchts-Strategien
Lebensstil-Strategien
Roman-Strategien

**Normen**
Konsistenz-Strategien
Gewissens-Strategien
Sanktionierungs-Strategien
Inkonsistenz-Strategien
Enttabuisierungs-Strategien

**Die Motivationsfelder der Kaufentscheidung**

**Identität**
Ideologie-Strategien
Charakter-Strategien
Star-Strategien

**Konditionierung**
Kategorisierung
Klassifizierung
Substitution
Personelle Konditionierung
Situative Konditionierung

**Motivationsfeld 3: Konditionierung**

Kernthese: **»Der Verbraucher bevorzugt Ihr Produkt, weil er unbewußt darauf konditioniert wurde.«**

Dahinter steckt der Gedanke, daß der Verbraucher alle Produkte und Marken, die er kennenlernt, automatisch in geistige »Schubladen« einsortiert. Ein einfaches Beispiel: Es gibt Hustenbonbons, die die Verbraucher in die geistige Schublade für »Hustenmittel« stecken und infolgedessen nur dann verwenden, wenn sie tatsächlich an Husten leiden. Andere Hustenbonbons bringt der Verbraucher jedoch in der geistigen Schublade für »Bonbons« unter und lutscht sie das ganze Jahr über. Die geistige Schublade entscheidet in diesem Fall also über das Absatzpotential. Es gibt fünf verschiedene Konditionierungs-Strategien, die wir zusammen mit ihren Erfolgsfaktoren in Kapitel 5 vorstellen werden.

**Motivationsfeld 4: Identität**

Kernthese: **»Der Verbraucher bevorzugt Ihr Produkt, weil es ihm hilft, seine (Wunsch-)Identität vor sich selbst und vor anderen markant zum Ausdruck zu bringen.«**

Kleider machen Leute, sagt ein altes Sprichwort. Aber nicht nur Kleider, sondern alle äußerlich sichtbaren Merkmale geben dem Menschen Charakter: seine *Rolex,* sein Irokesen-Schnitt, sein Rosenkranz, sein Trabbi, seine Springerstiefel, seine *BILD*-Zeitung oder seine *Birkenstock*-Sandalen.
Die charakterisierende Kraft einzelner Dinge – also auch der Markenartikel – kann äußerst stark sein. Sie können innerhalb von Sekundenbruchteilen ein ganzheitliches Bild über Charakter, Identität und Persönlichkeit eines Menschen erzeugen.
Äußerlichkeiten weisen jemanden als Erfolgsmenschen oder als Verlierer aus, als »Öko« oder »Bonzen«, als Proleten oder Snob, als Macho oder als Softie. Äußerlichkeiten bestimmen manchmal sogar über den sozialen Erfolg der Menschen – im Freundeskreis, im Beruf, in der Gesellschaft. Manche Marken verleihen ihrer Zielgruppe genau die Eigenschaften, die sie sich am sehnlichsten wünscht – und haben großen Absatzerfolg damit. Über die Grundstrategien und ihre Erfolgsfaktoren lesen Sie mehr in Kapitel 6.

**Motivationsfeld 5: Emotionen**

Kernthese: **»Der Verbraucher bevorzugt Ihr Produkt, weil er die Marke liebt.«**

»Liebt« nicht jeder Mensch bestimmte Gegenstände – oder Marken? Zum Beispiel den Lieblings-Pulli, das Liebhaber-Stück, das Urlaubs-Andenken. Das Besondere daran ist: »Geliebte« Gegenstände sind nicht ersetzbar. Wer würde schon ohne weiteres seinen Lieblings-Pulli gegen einen anderen eintauschen, der eine bessere Qualität hat? Kurz: Wer eine Marke nur »sympathisch« findet, der geht auch mal fremd; nur wer sie liebt, ist ihr auch treu.
Am deutlichsten sieht man dies am Beispiel von Zigaretten, obwohl gerade diese zu den austauschbaren Produkten gehören, die im Blindtest niemand zu unterscheiden vermag. Trotzdem schwört jeder Raucher auf »seine« Marke und verzichtet womöglich sogar auf den Rauchgenuß, wenn sie einmal nicht verfügbar ist.
Nach welchen Gesetzmäßigkeiten kann man aber gezielt »Liebe« auslösen? Tatsache ist: Es gibt präzise definierte Erfolgsstrategien, um vielversprechende Markenstrategien zu finden. Mehr darüber lesen Sie in Kapitel 7.

Die sozialpsychologisch fundierte Systematik des vorgestellten Modells hilft uns, auf all jene Verfahrensweisen zuzugreifen, mit denen die Siegermarken aus aller Welt gezielt auf die Kaufentscheidung ihrer Zielgruppen einwirken.
Auf der philosophischen Ebene ist diese Systematik natürlich hinterfragbar: Kann man nicht auch Normen als Nutzen auffassen? Oder liegen nicht auch allen erfolgreichen Nutzenstrategien Emotionen zugrunde? Etc. Derartige Fragen gehören in das Reich der theoretischen Sozialpsychologie. Für den praktischen Zweck unseres Modells – effiziente Markenstrategien zu finden – ist es hingegen hilfreich, die einzelnen Motivationsfelder so trennscharf wie möglich voneinander abzugrenzen.

## 4. WIE ARBEITET MAN MIT DEM b|w-MODELL?

Einige praktische Anwendungs-Beispiele sollen einen ersten Eindruck davon vermitteln, was das Modell leisten kann:

Stellen Sie sich vor, Sie müßten ein Fruchtsaftgetränk vermarkten, das in den Augen der Verbraucher wie eine billige Alternative zu den »echten« 100-Prozent-Säften erscheint: *Granini, La Bamba, Hohes C* usw. Denn es ist süßer, weniger fruchtig und weniger gesund als diese Wettbewerber. Wie kann eine starke Markenstrategie für ein solches Produkt aussehen? Ein vollmundiges Qualitätsversprechen würde der aufgeklärte Verbraucher nicht akzeptieren. Was bleibt? Vielleicht eine Imagekampagne? Vielleicht ein emotionaler Nutzen? Aber welcher? Oder kann Lifestyle-Werbung uns helfen?

Jetzt ziehen wir das Modell zu Rate und prüfen die einzelnen Bereiche. Im Motivationsfeld »Konditionierung« entdecken wir schließlich eine vielversprechende »Kategorisierungs-Strategie«. Bisher hat der Verbraucher das Produkt ganz automatisch der Kategorie »Fruchtsaftgetränke« zugeordnet. Wir nehmen es aus dieser Kategorie heraus und stecken es in die Kategorie der »Durstlöscher«. Hier befindet es sich plötzlich im Wettbewerbsumfeld der Softdrinks wie *Coca Cola, Fanta, Sprite* – und sieht plötzlich sehr positiv aus: gesünder, fruchtiger und weniger süß. Hinzu kommt, daß die Kategorie der Durstlöscher etwa zehnmal größer ist als die der Fruchtsaftgetränke.

Kategorisierungs-Strategien lassen sich für die verschiedensten Produkte aus den verschiedensten Branchen anwenden. In manchen Fällen können sie den Absatz innerhalb weniger Monate verdoppeln oder verdreifachen.

Ein zweites Vermarktungsproblem: Mit welcher Strategie verkaufen Sie eine Edelschokolade, die dank ihrer hervorragenden Qualität jahrelang stark gewachsen ist, nun aber stagniert, weil viele Verbraucher das Produkt für zu teuer halten?

Soll die Markenstrategie weiterhin über Qualität sprechen? Soll sie das »Genußerlebnis« stärker dramatisieren? Soll sie Imagewerbung machen? Soll sie im Nebel der psychologischen und emotionalen Kreationen auf einen Glückstreffer hoffen? Oder muß sie sogar den Preis senken, also auch für die bestehenden treuen Verbraucher?

Das Modell bietet im Motivationsfeld »Normen« eine Lösung. Denn die entscheidende Kaufbarriere ist eine sogenannte psychologische Preisschwelle:

Eine im Kopf fest verwurzelte Norm sagt dem Verbraucher, daß er für eine Tafel Schokolade maximal 1 DM ausgeben sollte. Zwanzig oder dreißig Pfennig mehr würden seine finanziellen Möglichkeiten zwar nicht erschöpfen, aber die Norm im Kopf ist rigide und unbestechlich. Lieber verzichtet er auf den hochwertigsten Schokoladengenuß, als die Preisnorm zu übertreten. Um derart hemmende Normen zu entmachten, haben sich »Sanktionierungs-Strategien« bewährt. Das Prinzip: Wir rühren empfindlich an Stolz und Ehre jener Verbraucher, die sich aus Geiz gegen unsere Marke entscheiden. Wir amüsieren uns mit mildem Spott über ihren verbissenen Ehrgeiz, ein paar Pfennig zu sparen. Dagegen rebelliert der Verbraucher innerlich: so nötig hat er das Sparen nun auch wieder nicht. Auf diese Weise sorgen wir dafür, daß er die Preis-Norm über Bord wirft und beim nächsten Einkauf unser Produkt wieder in wohlwollende Erwägung zieht.

Derartige Normen-Strategien haben erfahrungsgemäß das Potential, eine Marke innerhalb eines Jahres um 10 % (oder mehr) wachsen zu lassen.

Drittes Problem: Wie vermarktet man einen Kokosnuß-Likör, der dank seiner hervorragenden Markenstrategie im Verlauf der vergangenen Jahre bereits 80 % Marktanteil erobern konnte, jetzt aber stagniert? Die restlichen 20 % sind wie eine Festung, an der die Werbemillionen abprallen. Denn sie gehören jenen Billigmarken, die ihre Produkte fast um die Hälfte günstiger anbieten.

Was soll man tun? Die Erfolgskampagne der letzten Jahre weiterfahren, um die Marktposition zu verteidigen? Oder gibt es eine raffinierte Methode, die verbleibenden 20 % doch noch zu »knacken«? Im Motivationsfeld »Nutzen« finden wir die Lösung. Wir müssen einen radikalen strategischen Kurswechsel vornehmen. Die bisherige Präferenz-Strategie (»Wir sind besser«) hat ausgedient. Statt dessen empfehlen wir, eine »Bedürfnis-Strategie« anzuwenden. Durch die appetitlichsten Cocktail-Kreationen zu den unterschiedlichen Anlässen überzeugen wir bisherige Nichtverbraucher, in Zukunft öfter mal diesen Kokosnußlikör zu verwenden.

Mit diesem strategischen Schwenk kann unser Likör nicht nur um 20 % wachsen, sondern um 100 oder gar 200 %. Selbst bei gleichem Media-Aufwand.

Man arbeitet mit dem Modell also wie mit einem Werkzeugkasten, in dem für jedes Markenproblem geeignete Werkzeuge einsortiert sind. Wer die darin enthaltenen professionellen Instrumente geschickt und kreativ einsetzt, wird damit einen Absatzschub auslösen. Je erfahrener der Anwender des Instru-

ments, desto kreativer, überraschender und vielversprechender werden die
Resultate sein. Sicherlich besteht auch hier die Gefahr, selbst die besten Werkzeuge falsch einzusetzen – und damit ihr Potential zu neutralisieren. Um das zu
verhindern, legen wir für jedes Instrument Erfolgsgesetze fest – wie eine
Gebrauchsanweisung.

Wichtig: diese Instrumente sind für jede Marke anwendbar – unabhängig von
Produktkategorie, Zielgruppe, (Sub-)Kultur oder Zeitgeist.

Die Grenzen des Modells sind ebenfalls klar definiert: Es ist unmöglich, in dem
berühmten »Elfenbeinturm« Markenstrategien zu entwickeln, ohne den Markt
und die Zielgruppe genau zu kennen. Ein Modell kann diese Expertise weder
simulieren noch darauf verzichten.

Daraus folgen einige Überlegungen zur Zusammenarbeit zwischen den
Modell-Experten und den Experten für den Markt (Produktmanager, Marktforscher etc.):

- Die Modell-Experten handeln wie Ingenieure, die im Umgang mit den Werkzeugen erfahren und geübt sind. Sie bringen durch das Modell eine möglichst breite Kenntnis mit ins Spiel – über Branchen, Länder und Trends
  hinaus.
- Die Marketing-Manager und Marktforscher innerhalb des Unternehmens
  setzen dagegen ihr weitreichendes Wissen um das spezifische Produkt und
  seine Marktbedingungen.

Die Zusammenarbeit gliedert sich in drei Phasen:

**Phase 1: Problemanalyse**
Das Ziel: gemeinsam mit den Marktexperten festzulegen, in welchen Motivationsfeldern die großen Barrieren und Potentiale für den Markterfolg
liegen.

**Phase 2: Strategische Kreativität**
Das Ziel: mit Hilfe des Modells drei bis fünf durchschlagende Markenstrategie-
Alternativen zu entwickeln.

Wie gehen wir dabei genau vor? Aus Phase 1, der Problemanalyse, geht hervor,
ob die Lösung nur in einem oder in mehreren Motivationsfeldern liegen kann.
Nun gehen wir eine Stufe weiter und stellen festgelegte Schlüsselfragen, die

uns möglichst direkt auf eines der bewährten strategischen Grundmuster führen. Die Schlüsselfragen beziehen sich jeweils auf

- die Produkt-Ebene
- die Verbraucher-Ebene
- die Kontext-Ebene

### Phase 3: Potential-Optimierung

Das Ziel: in Zusammenarbeit mit Marketing- und Marktforschungsexperten sowie ggf. Vertretern der Zielgruppe zu entscheiden, welche der vorgeschlagenen Markenstrategien das größte Absatzpotential hat. Hierzu sind profunde Kenntnisse in bezug auf die Zielgruppe und die spezifischen Marktbedingungen vonnöten, die ein Modell nicht prognostizieren kann. Die endgültige Strategie-Auswahl bleibt also sinnigerweise immer in den Händen der Marktexperten.

## 5. DER PRAXISTEST

Schon heute arbeiten einige nationale und internationale Konzerne erfolgreich mit dem b|w-Modell.

Im Kapitel 9 werden wir darstellen, wie die Anwendung des Modells dazu verhalf, den Marktanteil von *Siemens*-Handys in Italien innerhalb von 8 Monaten von knapp 3 % auf 25 % zu steigern. Obwohl die *Siemens*-Handys keine überragenden Qualitätsvorsprünge besaßen, der italienische Markt besonders hart umkämpft ist, die Produkte zudem nicht den Design-Erwartungen der Italiener entsprachen und *Siemens* darüber hinaus in Italien eher für »Kraftwerke« als für »Telekommunikation« steht.

## 6. ZUSAMMENFASSUNG

Die wichtigsten Erkenntnisse noch einmal im Überblick:

- Werbung muß verkaufen (und nicht nur künstlerisch wertvoll sein).
- Werbung aber ist de facto extrem ineffizient.

- Der große Hebel für mehr Werbeeffizienz liegt in starken Strategien (und nicht einfach darin, von den Agenturen mehr Kreativität zu fordern).
- Bislang gibt es keine funktionierende Methode, um für austauschbare Produkte in gesättigten Märkten systematisch starke Markenstrategien zu finden, die mit maximaler Wahrscheinlichkeit einen Wachstumsschub bewirken.
- Unsere neue Methode baut auf den Erfahrungen der Siegermarken aus aller Welt auf: Von ihnen lernen wir, wie man auf die Kaufentscheidung des Verbrauchers gezielt Einfluß nehmen kann.[20]
- Das Ergebnis einer dreijährigen Forschungsarbeit ist ein praktisch anwendbares Modell, ein Arbeitsinstrument, mit dem sich maßgeschneiderte Markenstrategien für jedes Produkt entwickeln lassen.

In den folgenden Kapiteln stellen wir die strategischen Grundmuster mit ihren Gesetzmäßigkeiten (Erfolgsfaktoren) vor. Um das Modell mit Leben zu füllen, werden wir jedes Grundmuster anhand von Muster-Fallbeispielen veranschaulichen. Diese erfolgreichen Ausnahmen bestätigen jedoch nur die Regel, daß für die Mehrzahl aller Marken heutzutage noch keine derart profilierten Strategien angewandt werden, um das jeweilige Wachstumspotential auszuschöpfen.

---

20 Wer jedoch nach Strategien sucht, um den Verbraucher zu täuschen, wird vergeblich suchen. Denn noch nie ist eine Marke dadurch gewachsen, daß sie ihre Verbraucher für dumm verkauft.

# MOTIVATIONSFELD »NUTZEN«

**Kernthese: »Der Verbraucher bevorzugt Ihr Produkt, weil er glaubt, daß es ihm einen größeren Nutzen bietet als die Wettbewerbsprodukte.«**

Die Erfolge der Siegermarken beweisen: Der Markterfolg eines Produktes hängt immer seltener von seiner *faktischen* Qualität ab, immer häufiger aber von der »virtuellen« Qualität, die das Produkt in der Wahrnehmung der Verbraucher besitzt. Wie man einen faktischen Produktvorteil vermarktet, ist hinlänglich bekannt. Darum konzentrieren wir uns in diesem Kapitel auf die Frage, wie man einen »virtuellen« Vorteil für eine Marke aufbaut.

Klären wir zunächst einmal den Unterschied: Mit der faktischen Qualität meinen wir jene, die mittels technologischer Verfahren, wie sie beispielsweise die *Stiftung Warentest* verwendet, nachgewiesen wird.

Mit der virtuellen Qualität meinen wir die subjektive Bewertung einer Marke durch den Verbraucher.

Dazwischen kann eine tiefe Kluft liegen: Manche qualitativ hervorragenden Produkte fristen ein geächtetes Schattendasein als billige Handelsmarken. Andere Produkte eher durchschnittlicher Qualität avancieren hingegen zu globalen Siegermarken.

Woran das liegt? Vermutlich daran, daß Qualität bei den meisten Produkten sehr schwer wahrnehmbar ist. Der Verbraucher kann mit seinen fünf Sinnen die geringfügigen – wenn überhaupt vorhandenen – Qualitätsunterschiede der meisten Warengruppen immer weniger beurteilen. Wie soll er ohne sensible technische Instrumente feststellen,

– ob eine Zahncreme besser gegen Karies hilft als eine andere?
– ob ein modernes Markenwaschmittel weißer wäscht als das andere?
– ob ein Premium-Pils hochwertiger ist als das andere?

Je weniger faktische Unterschiede erkennbar sind, desto mehr vertrauen Verbraucher ihrem virtuellen Qualitäts-Urteil:

- Beispielsweise sind die meisten Benutzer der Zahncreme *Elmex* felsenfest davon überzeugt, daß ihre hochpreisige Zahncreme die Zähne besser schützt als ein günstigeres Wettbewerbsprodukt. Wissenschaftlich ist das jedoch umstritten.
- Die treuen *Persil*-Käufer glauben sicherlich, daß sie für den von ihnen geleisteten Aufpreis auch ein besseres Waschergebnis erzielen als mit einer günstigeren Marke. Gibt es aber Beweise dafür?
- Die Freunde von *Warsteiner*-Pilsener sind schwerlich davon abzubringen, daß ihre Marke besser schmeckt als andere. Aber im Blindtest erkennt kaum jemand sein Bier.

Dies führt uns zu einer wichtigen Konsequenz: In den Köpfen der Verbraucher ist ein virtueller Produktnutzen genauso real und genauso befriedigend wie ein faktisch nachweisbarer Produktnutzen. Nicht nur kurzfristig, sondern auch auf Dauer. Wer daran zweifelt, sollte ruhig einmal den Versuch unternehmen, einem Verbraucher seine Elmex, sein Persil oder sein Warsteiner auszureden. Es ist fast unmöglich, denn der virtuelle Qualitätsvorsprung ist tief und fest in den Köpfen der Verbraucher verankert.
Selbst mit Fakten und Beweisen kann man die virtuelle Festung meist nicht niederreißen. Zwei Beispiele:

- Als die *Stiftung Warentest* nachwies, daß eine billige Gesichtscreme aus dem Supermarkt faktisch von besserer Qualität war als diverse hochwertig positionierte Wettbewerbsprodukte zum vierfachen Preis, führte dies nur zu geringfügigen Marktanteilsveränderungen, aber nicht zu einem erdrutschartigen Niedergang der teuren Marken.
- Umgekehrt wird ein billiges No-name-Papiertaschentuch, dem die *Stiftung Warentest* eine sehr gute faktische Qualität bescheinigt, kaum die Chance haben, den Marktführer *Tempo* zu verdrängen.

### Wie stark kann ein virtueller Vorteil sein?

In der Realität gibt es immer wieder verblüffende Beispiele, die bestätigen, daß der virtuelle Nutzen stärker sein kann als ein faktischer. Betrachten wir dies an einigen ungewöhnlichen Beispielen:

*Coca-Cola* genoß hundert Jahre lang (von 1885 bis 1985) weltweit den virtuellen Vorsprung, das »Original« zu sein; *Pepsi* war der ewige Zweite. Doch eines Tages machten die *Pepsi*-Marktforscher die Entdeckung, daß sie zu Unrecht auf Platz 2 standen. Denn ihre Brause schmeckte den Verbrauchern im Blindtest viel besser als die von *Coca-Cola*. Das war die Geburtsstunde eines gewaltigen Feldzuges: »Mach den Pepsi-Test!« Millionen Verbraucher wurden in Fußgängerzonen und Shopping-Zentren aufgefordert, mit verbundenen Augen verschiedene Cola-Sorten zu testen. Das Motto: »Nur Dein Geschmack entscheidet.« Die meisten Verbraucher entdeckten dabei zu ihrer eigenen Überraschung, daß *Pepsi* ihnen besser schmeckte. Mit der Augenbinde neutralisierte *Pepsi* also den virtuellen Qualitätsvorsprung von *Coca-Cola* und zwang den Verbraucher, sich allein auf sein Geschmacksurteil zu verlassen. So gelang es *Pepsi*, den Giganten *Coca Cola* im hundertsten Jahr vom Platz 1 des 25-Milliarden-Dollar schweren US-amerikanischen Getränkemarktes auf Platz 2 zu verdrängen. Jetzt gerieten die *Coca-Cola*-Manager in Zugzwang. Sie vertrauten ihrem virtuellen Vorsprung (»das Original«) nicht mehr und entschieden, ihr Produktrezept zu verbessern. So wurde die *Coca-Cola* süßer und rückte im Geschmack näher an die *Pepsi*-Cola heran. Die Maßnahme erwies sich jedoch als Bumerang: Die Verbraucher liefen Amok, um gegen die Rezeptänderung zu protestieren. Sie wollten ihr »Original« zurück, koste es, was es wolle. Palettenweise erstanden sie die braune Brause, um sie daheim zu horten. Die Tatsache, daß die neue, veränderte *Coca-Cola*-Rezeptur besser schmeckte (!), wurde ignoriert. Denn der virtuelle Nutzen (»das Original«) war weitaus wichtiger als der Geschmack. Als die *Coca-Cola*-Manager ihren Irrtum einsahen, zogen sie das besser schmeckende Produkt aus dem Verkehr und führten das »Original« wieder ein. Eine neue Werbekampagne appellierte nun an die Ehre der Verbraucher, sich nicht mit einer »Kopie« zufriedenzugeben. Diese Kampagne machte *Coca-Cola* noch stärker als zuvor. Der virtuelle Nutzen hatte sich gegen den faktischen Geschmacksvorteil des Wettbewerbers durchgesetzt.

Eine faszinierende Rolle spielt die virtuelle Qualität im Bereich der Kunst: Manchmal fertigen begnadete Fälscher exakte Kopien berühmter Werke an, so daß selbst Experten ohne komplizierte technologische Methoden keinen Unterschied erkennen können. Und trotzdem bleibt das Original erheblich wertvoller als die Kopie. Weil es einen unerschütterlichen virtuellen Vorsprung hat. Oder stellen Sie sich vor, daß ein unbekannter No-name-Künstler eines seiner Werke als verschollenen »Original Picasso« in die Kunstwelt einschmuggelt. Dann ist leicht vorstellbar, daß dieses »Machwerk«, unabhängig von seiner

Qualität, astronomische Preise erzielt – jedenfalls solange, bis der Schwindel auffliegt. In der Kunst- und Kulturszene gilt also in besonderem Maße: die virtuelle Qualität (in den Köpfen der Menschen) ist das entscheidende Kriterium. Ob es allerdings in der Kunst überhaupt so etwas wie faktische Qualität gibt, bleibt umstritten.

Ein Beispiel aus dem »wahren« Leben: Als 1989 die Berliner Mauer fiel, konnte man Monate später an der Grenze eine skurrile Beobachtung machen: Auf der einen Seite priesen westdeutsche Bauern ihre kleinen, blassen Eier aus den Hochleistungs-Legebatterien an; auf der anderen Seite verkauften ostdeutsche Bauern ihre prallen Prachteier von freilaufenden Hühnern. Doch das große Geschäft machten die westdeutschen Bauern. Offensichtlich sahen die überwiegend ostdeutschen Kunden einen virtuellen Vorteil in der westdeutschen Eier-Qualität, der den optischen Nachteil (klein, bleich) überkompensierte.
Halten wir fest: Ein virtueller Nutzen kann eine mindestens ebenso stabile Alleinstellung im Markt bewirken wie ein faktischer Qualitätsvorsprung. Er verschafft dem Verbraucher selbst auf Dauer eine ebenso tiefe Befriedigung.

Was ändert sich durch den virtuellen Nutzen für die Praxis? In der heutigen Marketing- und Werbepraxis werden immer noch die meisten Markenstrategien direkt aus der faktischen Produktqualität abgeleitet. Solche Strategien gelten als besonders solide, führen aber immer häufiger zu einem Mißerfolg, da die beworbenen »harten« Produktfakten für die Kaufentscheidung des Verbrauchers wenig relevant sind. Beispielsweise wirbt aktuell eine Handy-Marke mit der einzigartigen und faktisch nachweisbaren Besonderheit, eine integrierte Antenne zu besitzen, die äußerlich nicht sichtbar ist. Ein »hartes«, faktisches Argument, aber für die Mehrzahl der Verbraucher wenig relevant.

Die Zukunft gehört zweifelsohne den »virtuellen« Nutzenstrategien. Um sie zu entwickeln, wird die Schlüsselfrage nicht mehr lauten: »Wie unterscheidet sich mein Produkt von den Wettbewerbern«, sondern: »Welches ist der relevanteste virtuelle Nutzen, der in den Köpfen der Verbraucher noch nicht besetzt ist?« Dabei werden emotionale, persönliche und soziale Nutzenkonzepte gleichermaßen überprüft. Viele der heutigen Marken wären wesentlich erfolgreicher, wenn ihre Marketer den Mut hätten, sich endlich von ihrem irrelevanten faktischen Produktvorteil zu verabschieden und statt dessen konsequent eine virtuelle Nutzenstrategie zu verfolgen.

### Haben virtuelle Nutzenstrategien genügend Substanz?

Virtuelle Strategien können leicht als »Luftblasen« ohne Tiefe mißverstanden werden, vielleicht sogar als Täuschung des Verbrauchers. Das ist jedoch ein Irrtum. Drei Argumente sprechen für die Tiefe virtueller Strategien:

- *Die natürliche, biologisch bedingte Entstehung*
  Stellen Sie sich ein Kind vor, das jahrelang mit einer bestimmten Sorte Nuß-Nougat-Creme aufgewachsen ist. Es räumt dieser Marke ganz unwillkürlich einen virtuellen Vorteil ein, den gleichwertige Wettbewerbsprodukte schwer aufholen können. Es liegt also in der Natur des Menschen, virtuelle Unterschiede zu erzeugen, wo faktische Unterschiede fehlen. Der virtuelle Qualitätsunterschied ist also eine Erfindung der Natur, nicht des modernen Marketings.

- *Die dauerhafte echte Befriedigung*
  Nehmen wir das Beispiel Bier. Tatsache ist, daß selbst eingeschworene Biertrinker »ihre« Marke im Blindtest nicht erkennen, obwohl sie fest davon überzeugt sind, daß sie den besten Geschmack hat. Der virtuelle Nutzen ist also »schmeckbar«.

- *Die hohe Akzeptanz unter Verbrauchern*
  Stellen Sie sich ein Land vor, in dem virtuelle Produktunterschiede abgeschafft werden. Zu diesem Zweck werden alle Produkte austauschbarer Qualität auch in derselben uniformen Verpackung und Beschriftung präsentiert. Markenwerbung ist nicht gestattet. Nur nackte Fakten zählen. Was für ein schreckliches Land! Wie trostlos jeder Supermarkt! Wie langweilig jeder Einkauf! Dem Verbraucher wird das angenehme Gefühl geraubt, die bestmögliche Kaufentscheidung getroffen zu haben. Man zwingt ihn, sich mit nüchternen Qualitäts-Fakten zu beschäftigen. Welcher Verbraucher würde schon gerne in so einem Land leben?

### Wie bekommt ein virtueller Nutzen Gewicht?

Indem man ihn genauso ernst nimmt und genauso behandelt wie einen faktischen Nutzen: er muß nämlich

- spezifisch
- relevant (für die Kaufentscheidung)

- glaubwürdig und
- eigenständig (gegenüber den Wettbewerbern) sein.

Was so banal klingt, wird in der Praxis selten genug berücksichtigt. Zu viele Marken ohne faktischen Qualitätsvorsprung schaffen es nicht, sich mit Leib und Seele hinter einen virtuellen Nutzen zu stellen. Statt dessen flüchten sie in

- abstrakte Leerformeln (z. B. mehr Qualität, mehr Kompetenz, mehr Erfahrung, mehr Ideen, mehr Zukunft etc.)
- generische Versprechen, die auch für Wettbewerber gelten (z. B. wirbt eine Handy-Marke damit, unterwegs jederzeit verfügbar zu sein)
- Unglaubwürdigkeiten (z. B. eine Knabberei, die mehr Spaß in die Clique bringt) etc.

**Die strategischen Grundmuster**
Siegermarken verwenden vor allem die folgenden vier strategischen Grundmuster, um einen virtuellen Nutzen aufzubauen:

1. Bedürfnis-Strategien
2. Indikative Nutzenstrategien
3. Emotionale Nutzenstrategien
4. Suggestive Nutzenstrategien

# 1. BEDÜRFNIS-STRATEGIEN

Das Prinzip: **Je mehr ein bestimmtes Bedürfnis des Verbrauchers stimuliert wird, desto dringender will er es befriedigen.**

Für Hunger oder Durst gilt: Je größer der Appetit, desto lustvoller genießen wir Speisen oder Getränke.
Jeder weiß, daß sich Appetit gezielt anregen läßt, beispielsweise mit dem Duft eines frisch gebackenen Kuchens oder eines frisch gebrühten Kaffees.
Analog ist es ebenso möglich, das Bedürfnis der Verbraucher nach einem bestimmten Produkt(nutzen) zu stimulieren. Widerspricht dies ethischen Grund-

sätzen? Das kommt ganz darauf an, wie man dieses Instrument einsetzt. Nutzt man es beispielsweise, um bei Kindern große Lust auf Mundhygiene mit Zahnseide zu erzeugen, wird sich wohl kaum jemand darüber beschweren.

Mit welchen bewährten strategischen Techniken stimulieren Siegermarken die Bedürfnisse ihrer Verbraucher?

## Die Feindbild-Technik

Das Prinzip: **Geben Sie dem speziellen Problem, das Ihre Marke besonders gut löst, ein schreckliches Gesicht, einen schrecklichen Namen, oder zeigen Sie es in seiner schlimmstmöglichen Form.**

### Fallbeispiel BLENDAX ANTI-BELAG

*Blendax Anti-Belag* ist – wie der Name schon vermuten läßt – eine spezielle Zahncreme gegen Zahnbelag. Eine glasklare, einzigartige Positionierung, die aber ursprünglich auf kein relevantes Bedürfnis der Verbraucher traf. Diese wollten Karies bekämpfen und vielleicht noch Parodontose oder Zahnstein. Aber Zahnbelag? Zwar wußte fast jeder, daß er Zahnbelag hat – aber kaum jemand litt darunter. Denn Zahnbelag ist unsichtbar, schmeckt nicht und riecht auch nicht aufdringlich. Also wirkt er auch nicht allzu gefährlich. Eine harte Nuß für die Marketing-Experten. Wie baut man Zahnbelag als Feindbild auf, gegen das es sich zu kämpfen lohnt? – Dies war die Geburtsstunde der *Blendax-Anti-Belag*-Färbetabletten. Kauen Sie eine dieser Pillen, dann färbt sich der Zahnbelag rot. Lächeln Sie danach Ihr Spiegelbild an, werden Sie erschrecken: denn die rote Farbe auf den Zähnen weckt die Assoziation von Blut.

So bekommt das harmlos erscheinende Problem Zahnbelag ein häßliches Gesicht. Das Problem wird relevant, und folglich auch die Lösung: *Blendax Anti-Belag.* Diese Strategie half der Marke, Anfang der 80er Jahre sehr schnell einen Marktanteil von 11 % in einem heftig umkämpften Markt aufzubauen. Übrigens ohne dem Verbraucher beweisen zu müssen, daß *Blendax Anti-Belag* Zahnbelag tatsächlich besser entfernt als andere Zahncremes.

### Fallbeispiel PAMPERS

Seit jeher verkündet die Windelmarke *Pampers* jungen Müttern ihre Botschaft von größtmöglicher Trockenheit. Mit den Jahren aber wurden auch die Wettbewerbs-Windeln immer saugfähiger. Warum also mehr Geld für eine *Pampers* ausgeben? *Pampers* versprach einen überlegenen Nutzen, für den es kein ausgeprägtes Bedürfnis mehr gab. Die Trockenheits-Story war ausgereizt. Der technologische Wettkampf schien zu Ende.

*Pampers* entschied sich zu einem radikalen Schritt, um das Bedürfnis nach maximaler Trockenheit zu vergrößern:

Statt wie bisher nur verschämt von »Nässe« zu reden, sollte der Feind nun gnadenlos bei seinem ekligen Namen genannt werden: Urin. Nur die *saugstärkste* aller Windeln verhindert, daß aggressiver Urin manchmal stundenlang an der blütenzarten Babyhaut klebt. Urin auf der Haut? Das klingt geradezu nach asozialen Verhältnissen. Wie kann eine Mutter, die ihr Kind liebt, so etwas zulassen? Ein zuvor verharmlostes Problem (»die Nässe«) wird plötzlich zu einem Feind (»der Urin«), den es zu bekämpfen gilt. Natürlich nur mit der saugstärksten aller Windeln.

Nachdem *Pampers* in den frühen 90er Jahren unter heftigen Wettbewerbsdruck geraten war, trug diese Kampagne (neben anderen Marketingaktivitäten) dazu bei, den Marktanteil von ca. 45 % (1992) auf 58 % (1997) zu steigern.

### Fallbeispiel MELITTA TOPPITS

Gibt es ein unspektakuläreres Produkt als Gefrierbeutel? Auch für die verantwortungsvollste Hausfrau dürfte es kaum etwas Unwichtigeres geben als die Frage nach der zeitgeistgemäßen Gefrierbeutelmarke. Warum überhaupt Geld für eine teure Marke ausgeben, wo es doch genügend billige No-name-Produkte gibt?

Für den Qualitätsvorteil von *Melitta Toppits* gab es unter den Verbrauchern kein relevantes Bedürfnis. Darum fiel der Absatz von Index 100 im Jahr 1980 auf Index 87 im Jahr 1985.

Die Marketing-Experten lösten dieses Problem, indem sie ein skandalöses Problem erschufen, das einigen Hausfrauen (und -männern) tief in die Knochen fuhr: »Gefrierbrand«. Dazu abschreckende Bilder der durch Gefrierbrand entstellten Folienbeutel und der drohende Hinweis, daß dadurch wertvolle Vitamine zerstört werden. Es ist anzunehmen, daß die Verbraucher seit Jahren mit dem Problem geplatzter oder verzogener Gefrierbeutel bestens vertraut waren. Nur hatte dieses Problem ihren Seelenfrieden bislang nicht erheblich gestört. Bis der harmlose Feind seinen schauerlichen Namen bekam: Gefrierbrand. Damit kann man sich nicht so einfach abfinden; so etwas muß man bekämpfen. Der Absatz von *Melitta Toppits* stieg von 1985 bis 1988 um 42 %.

Die Feindbild-Technik funktioniert übrigens nicht nur in der Werbung, sondern auch in der Politik: Jahrelang ereiferten sich die deutschen Bürger bei dem Gedanken an das bundesweit grassierende »Waldsterben«. Anscheinend starben die Bäume wie Fliegen, vergiftet durch Smog, Abgase und sauren Regen. Kaum ein Normalbürger konnte die Dringlichkeit und Ernsthaftigkeit dieses Phänomens wissenschaftlich korrekt beurteilen. Der Begriff »Waldsterben« jedoch führte zur allgemeinen Erhitzung der Gemüter. Die Vorstellung toter Bäume, die ausgedörrt in den Himmel ragen und nicht länger den Sauerstoff erzeugen, den wir alle zum Leben brauchen, erzeugte das Gefühl einer globalen Bedrohung.

Allein das Wort »Waldsterben«, das sogar in den französischen Sprachschatz als »le Waldsterben« einging, gab dem Problem seine ungeheuerliche Relevanz. Denn im November 1996 entlarvte Alt-Bundeskanzler Helmut Schmidt das Waldsterben als ein kollektives Hirngespinst: »Der Wald ist vital.«[21] Er bezog sich dabei auf eine 12-Länder-Studie, aus der unter anderem hervorging, daß der Gesamtholzbestand seit 1950 europaweit um 43 % zugenommen hatte. Der virtuelle Feind »Waldsterben« hatte 15 Jahre lang in der Bevölkerung und in den Medien starke Bedürfnisse ausgelöst: nach Tempo 100 für Autofahrer, nach härteren Auflagen für die Industrie etc. Virtuell erzeugte Bedürfnisse setzen also sogar einen ganzen Staatsapparat in Bewegung.

---

21 In: Der Spiegel 46/96. S. 256 ff.

**DIE ERFOLGSFAKTOREN**

- **Gefährlichkeit des »Feindes«:** Wieviel Angst suggeriert der gewählte Feind dem Verbraucher?
- **Besiegbarkeit:** Angst-Appelle wirken nur dann, wenn der Verbraucher dem Produkt zutraut, das Problem zuverlässig zu lösen. Falls nicht, erweist sich die Strategie als Bumerang: der Verbraucher meidet das Produkt. Sozialpsychologen nennen dieses Phänomen »Reaktanz«.
- **Unterstützendes Produktmerkmal:** Die Feindbild-Strategie funktioniert am besten, wenn das Produkt ein einzigartiges Merkmal aufweist (z. B. Äußerlichkeiten wie Name, Farbe oder Form), aus dem seine besondere Kompetenz zur Bekämpfung des Feindbildes geschlußfolgert werden kann.

## Die Spätfolgen-Technik

Das Prinzip: **Dramatisieren Sie eine unheilvolle Situation, in die der Verbraucher unweigerlich gerät, wenn er ein vordergründig harmlos erscheinendes Problem nicht löst.**

### Fallbeispiel BLEND-A-MED

*Blend-a-med* war viele Jahre lang mit Abstand Deutschlands erfolgreichste Zahncreme-Marke, mit einem Marktanteil von bis zu 24 %. Verwunderlich daran ist, daß *Blend-a-med* ein Problem zu lösen versprach, das eine nur mäßige Relevanz für die Verbraucher hatte: nämlich Zahnfleischbluten. In der Nachkriegsgeneration kursierte damals sogar die Volksweisheit, daß Zähne erst dann wirklich gründlich gereinigt sind, wenn das Zahnfleisch zu bluten beginnt. Wie erklärt man in dieser Situation Zahnfleischbluten zu einem gefährlichen Feind? Der erste Schritt war die Anwendung einer Feindbild-Technik: das Problem bekam den gefährlich klingenden, medizinischen Namen »Parodontose«. Der zweite Schritt war eine Spätfolgen-Technik: Der Werbe-Spot zeigte ein Horrorszenario, das Parodontose als Symptom drohenden Zahnausfalls darstellte. Die zwangsläufige Verknüpfung von Zahnfleischbluten und Zahnausfall machte Parodontose zu einem so furchteinflößenden Feind, daß *Blend-a-med zur* Nr. 1 unter den Zahncremes avancierte.

Der rapide Markenverfall von *Blend-a-med* setzte erst Anfang der 90er Jahre ein, als die Marke ihre Parodontose-Positionierung mit Seitensprüngen in Richtung Karies- und Zahnsteinbekämpfung verwässerte. Heute liegt der *Blend-a-med*-Marktanteil deutlich unter 15%.

---

**ERFOLGSFAKTOREN:**

- **Gefährlichkeit der Spätfolge:** Je dramatischer der Angst-Appell, desto größer das strategische Potential.
- **Glaubwürdigkeit:** Akzeptiert der Verbraucher, daß die Spätfolge ursächlich aus dem wenig relevanten Problem erwächst? Und wenn ja: wie beurteilt er die Wahrscheinlichkeit, daß diese Spätfolge dann tatsächlich auftritt?
- **Lösungs-Kompetenz:** Die Spätfolge-Technik funktioniert am besten, wenn ein wahrnehmbares Produktmerkmal die spezielle Problemlösungs-Kompetenz der Marke signalisiert. Eine einzige Äußerlichkeit (Name, Farbe, Form etc.) kann dafür schon ausreichen.

---

## Die Technik der sozialen Strafe

Das Prinzip: **Dramatisieren Sie die schwerwiegenden sozialen Konsequenzen, denen der Verbraucher ausgesetzt ist, wenn er sein Problem nicht (bald) löst.**

### Fallbeispiel **HEAD & SHOULDERS** (Japan)

Head & Shoulders ist ein spezielles Shampoo gegen Schuppen, dessen Wirksamkeit klinisch erwiesen ist. Allerdings waren Schuppen vor einigen Jahren für die Verbraucher kein relevantes Problem, solange sie nicht in dicken, weißen Flocken auf die Schulter rieselten. Es wäre also müßig gewesen, dem Verbraucher die Produktvorzüge in den schillerndsten Farben auszumalen, solange ihn das Schuppen-Problem nicht weiter störte. Wie aber stimuliert man das Bedürfnis nach einem Schuppen-Shampoo? Wie sorgt man dafür, daß der Verbraucher Schuppen mit ähnlicher Entschiedenheit bekämpft wie Läuse oder Flöhe? *Head & Shoulders* kreierte das Konzept: »You never get a second chance to leave a first impression.« – Sie bekommen niemals eine zweite Chance, einen ersten Eindruck zu hinterlassen. Was so freundlich klingt, ist in Wirklichkeit eine Drohung: Wer seine Schuppen nicht beseitigt, kann dadurch seine ganze berufliche Laufbahn ruinieren. Der japanische TV-Spot zeigt eine blutjunge Schauspielschülerin, die kurz vor ihrer entscheidenden Aufnahmeprüfung von einer Schuppenplage heimgesucht wird. »Ich hatte mich schon von meiner Karriere verabschiedet«, bekennt das Mädchen treuherzig. Aber dann kam gerade noch rechtzeitig *Head & Shoulders* ins Spiel und rettete ihren beruflichen Erfolg. Es wird also behauptet, daß *Head & Shoulders* nicht nur Schuppen vernichtet, sondern die entscheidende Weiche für den Verlauf eines gesamten Lebens stellt. Demnach muß, wer Schuppen nicht bekämpft, mit weitreichenden sozialen Konsequenzen rechnen.

### ERFOLGSFAKTOREN

- **Relevanz der sozialen Strafe:** Wie unangenehm empfinden die Verbraucher die soziale Bestrafung, die erfolgt, wenn sie ihr Problem nicht lösen? Dies läßt sich besonders eindringlich in Grenzsituationen dramatisieren: Das Spektrum reicht von verscherzten Sympathien, Blamagen und verlorenen Freundschaften bis hin zu einer ruinierten Karriere.
- **Glaubwürdigkeit:** Es kommt nicht darauf an, die Zielgruppe mit einer amüsanten Story zu unterhalten, sondern ihr ein realistisches soziales Schreckens-Szenario auszumalen. Sowohl die Charaktere als auch die dargestellten Situationen müssen so weit wie möglich der Lebenswelt der Zielgruppe entspringen.
- **Lösungs-Kompetenz:** Der Verbraucher muß der Marke zutrauen, daß sie das Problem kompetent lösen kann. Ansonsten droht der Bumerang-Effekt: die Verbraucher meiden die angstmachende Marke.

# Die Technik der Problem-Analogie

Das Prinzip: **Bilden Sie eine Analogie, vorzugsweise aus der Natur, die einem harmlos erscheinenden Problem eine dramatische Wende verleiht.**

### Fallbeispiel **LITAMIN**

Das Schaumbad *Litamin* erhebt den Anspruch, die Haut im Gegensatz zu anderen Schaumbädern nicht auszutrocknen.
Jahrelang hatten die Verbraucher trockene Haut nach dem Baden eher als natürliche Begleiterscheinung akzeptiert, die ihnen kein Kopfzerbrechen bereitete. Es bestand folglich keine dringende Notwendigkeit, das wenig relevante Problem zu beseitigen. Aber plötzlich führte *Litamin* ein verdorrtes, staubtrockenes Laubblatt als Analogie für trockene Haut ein. So erwachte das Bedürfnis. *Litamin* wurde zur rettenden Lösung und gewann in einem Markt von weitgehend austauschbaren Produkten stabile 10 % Marktanteil.

### Fallbeispiel **DR. BEST-ZAHNBÜRSTEN**

Seit 1987 gibt es im Zahnbürsten-Markt einen Trend zu Hochpreismarken. Konkurrenzloser Marktführer war mit weitem Abstand – dank immer ausgeklügelterer Borstenkonzepte – *Blend-a-dent*. *Dr. Best* hingegen befand sich im sinkenden Niedrigpreissegment und hatte keine neuartigen Bürsten zu bieten. Damals entstand die technisch unspektakuläre Idee, den heute so berühmten »Schwenkhals« einzuführen.
Die Putzleistung der Bürste wurde damit natürlich nicht verbessert. Der Schwenkhals trug lediglich dazu bei, das Zahnfleisch zu schonen. Aber war das ein relevantes Verbraucherbedürfnis? Bis zu diesem Zeitpunkt hatten sich die wenigsten Verbraucher darüber gesorgt, daß ihre Zahnbürste das Zahnfleisch verletzen könnte (außer bei ausgeprägter Parodontose).
Das änderte sich, als *Dr. Best* seine berühmte »Tomaten-Analogie« einführte. In den TV-Spots demonstrierte der Doktor höchstpersönlich, wie die zarte Haut einer Tomate (Analogie für Zahnfleisch) unter dem gnadenlosen Druck einer »herkömmlichen« Zahnbürste zerplatzt und das rohe Fruchtfleisch austritt. Abhilfe versprach einzig die *Dr. Best-Zahnbürste* mit dem

Schwenkhals. Die Kampagne führte zu einem Wachstum von 52 % im ersten Jahr und insgesamt 154 % nach zwei Jahren. Heute ist die *Dr. Best*-Zahnbürste eindeutiger Marktführer in diesem Segment.

---

**ERFOLGSFAKTOREN:**

- **Natur-Analogien:** Sie gewinnen am ehesten das Vertrauen der Verbraucher. Alles Natürliche genießt das gewisse »göttliche« Urvertrauen, das den kritischen Verstand des Verbrauchers besänftigt. (Bisher hat offenbar noch niemand dagegen protestiert, daß die Haut einer überreifen Tomate nicht mit gesundem Zahnfleisch vergleichbar ist.)
- **Unterstützendes Produktmerkmal:** Die Technik gewinnt Tiefe, wenn es zumindest eine äußerliche Eigenschaft gibt – wie z. B. den Schwenkhals der *Dr. Best*-Zahnbürste –, die den virtuellen Nutzen stärkt.

---

Zwischenbilanz: Wir haben vorausgehend vier bewährte Techniken vorgestellt, mit denen Siegermarken beim Verbraucher genau jenes Bedürfnis stimulieren, das sie besonders kompetent lösen können. Bemerkenswert ist, daß es allein mit einer problemlastigen Strategie gelingt, einen erheblichen Markterfolg zu erzielen. Daraus folgt: wenn eine Marke ein bestimmtes Problem für sich besetzen kann, dann traut ihr der Verbraucher automatisch – ohne echten Beweis – auch die beste Lösungs-Kompetenz zu. Wir erzeugen also indirekt – über das Problem – eine virtuelle Alleinstellung, die sich nicht gegenüber dem kritischen Urteil des Verbrauchers behaupten muß.

Soweit die Bedürfnis-Strategien, mit denen man *indirekt* einen virtuellen Qualitätsvorsprung aufbaut. Mit den folgenden bewährten strategischen Grundmustern wollen wir dasselbe Ziel auf *direktem* Wege erreichen.

## 2. INDIKATIVE NUTZEN-STRATEGIEN

Das Prinzip: **Präsentieren Sie ein besonderes Merkmal (Indikator) aus dem Entstehungs-, Entwicklungs- oder Verwendungs-Umfeld des Produktes, von dem der Verbraucher auf einen Qualitätsvorsprung schlußfolgert.**

Immer wenn der Verbraucher sich zwischen austauschbaren Produkten entscheiden muß, sucht er zielstrebig nach Indikatoren, die ihm das befriedigende Gefühl geben, die bestmögliche Kaufentscheidung gefällt zu haben.

Ohne Indikatoren ginge es dem Verbraucher ähnlich wie jenem oft zitierten Esel, der zwischen zwei vollen Säcken Heu verhungert, weil er sich zwischen beiden nicht entscheiden kann.

Welche äußeren Indikatoren eignen sich, um eine virtuelle Alleinstellung zu erreichen?

- *Authentisches Verwender-Bekenntnis (Testimonial):*
  Wenn Experten ein bestimmtes Produkt bevorzugen, versteht der Verbraucher dies als Indikator für überlegene Qualität. Die Firma *Dr. Oetker* präsentiert beispielsweise namhafte französische Köche, die sich freimütig zur Verwendung der fertig gemixten Koch- und Backzutaten bekennen. Generell ist jedoch bei Experten-Testimonials Vorsicht geboten, da ihre Glaubwürdigkeit über die Jahre stark gelitten hat. Jeder Verbraucher weiß mittlerweile, daß Prominente für Werbe-Statements Millionen erhalten.

- *Herkunft:*
  Manchmal ist die Herkunft ein Indikator für Qualität. Zum Beispiel: *Wodka Moskovskaya*. Andere Wodkasorten haben einen russischen Namen, dieser hat eine russische Seele, erklärt uns die Werbung. Aufgrund seiner »echtrussischen« Herkunft deklassiert *Moskovskaya* alle Wettbewerbsprodukte als »Kopien«, auch wenn ihre Geschmacksqualität viel besser sein mag.

- *Herstellungsweise:*
  Stellen Sie sich vor, daß sie bei einem Spirituosen-Händler zwischen zwei Aquavit-Flaschen wählen müssen, die etwa in der gleichen Preisklasse liegen. Von der einen erfahren Sie allerdings, daß ihr Inhalt 4,5 Monate lang in alten, kostbaren Fässern von Norwegen über den Äquator nach Australien und zurück geschippert wurde. Der andere Aquavit mag ebensogut oder besser schmecken, den virtuellen Geschmacksvorteil wird er selbst bei einer Verkostung kaum überbieten können.

Soweit einige der häufigsten und wohl bekanntesten Indikator-Strategien. Mit welcher strategischen Kreativität man dabei vorgehen kann, zeigen die folgenden Fallbeispiele:

## Fallbeispiel **BETANAL**

*Betanal* ist ein Pflanzenschutzmittel, genauer gesagt ein Rübenherbizid der *Agrevo,* seinerzeit Tochterfirma des Pharma-Konzerns *Schering.* Das Produkt genoß jahrelang eine Alleinstellung im Markt, weil seine einzigartige Formel Patentschutz genoß. So wurde *Betanal* zu einem »Global Player«, der in 103 Ländern einen Gesamtumsatz von fast 400 Mio. Mark erwirtschaftete. Doch ab Mitte der 80er Jahre lief das Patent aus; jeder Wettbewerber durfte nun nach derselben Formel ein identisches Produkt herausbringen. Die prognostizierten Auswirkungen waren verheerend: aus Erfahrung wußte man, daß der Absatz ohne Patent im Laufe von etwa 5 Jahren auf 20–30 % des ursprünglichen Volumens fallen konnte. Wie sollte man sich also verhalten? Einen faktischen Qualitätsvorteil gab es nicht, und zu allem Übel war *Betanal* sogar um ein Drittel teurer als die neuen Wettbewerber. Gespräche mit jungen Landwirten führten auf den richtigen Weg. Einer von ihnen sagte: »Ich werde in meinem Leben noch etwa 30 oder 35 Ernten einfahren. Wenn nur eine einzige Mißernte darunter ist, stecke ich tief in der Klemme.« Die Landwirte hatten offenbar ein starkes Bedürfnis nach Sicherheit, und *Betanal* verfügte über einen mächtigen Indikator, um diese Sicherheit zu vermitteln: nämlich seine Kompetenz als Erfinder und langjährig exklusiver Hersteller des Produkts. Daraus erwuchs die große Idee, das *Betanal Forschungs-Institut* zu gründen. Das notwendige Labor, die Wissenschaftler und die Technologie waren bereits vorhanden, aber erst jetzt operierte man unter der Flagge eines »Instituts«, das seine Forschungsaktivitäten zielgruppengerecht in dem neuen eigenen Journal »Agronomical« veröffentlichte. Der Erfolg war überwältigend: *Betanal* konnte sein Preisniveau halten, die Absätze sogar kurzfristig steigern und bis zum heutigen Tag den großen Absatzeinbruch verhindern.

## Fallbeispiel **NORWEGIAN CRUISE LINE** (USA)

Haben wir Probleme, wenden wir uns am liebsten an einen Menschen, der uns versteht. Wir sind der Ansicht, daß derjenige, der uns am besten versteht, uns auch am besten helfen kann. Dieses Prinzip gilt auch in bezug auf Marken. Am liebsten wählen wir diejenige Marke aus, die unsere Bedürfnisse und Probleme besser aufgreift als eine andere. Problemverständnis kann also auch ein Indikator für besonders gute Produktqualität sein. Die Kreuzfahrtlinie *Norwegian Cruise Line* litt jahrelang an rückläufigen Buchungen. Mit besonderen Merkmalen war sie leider nicht gesegnet. Kreuzfahrt ist Kreuzfahrt. Was kann die Werbung anderes zeigen als Wasser, Himmel und den üblichen Luxus an Bord?

Von einem faktischen Qualitätsvorsprung keine Spur. Aber ein virtueller Vorteil brachte die Dampfer wieder auf Erfolgskurs. So wurde die *Norwegian Cruise Line* zu derjenigen Kreuzfahrtlinie, die ihre Kunden besser versteht als alle anderen. Was heißt das? *Norwegian Cruise Line* verstand, daß eine Kreuzfahrt für die Kunden viel mehr ist als die sattsam bekannten Äußerlichkeiten: Sonne, Meer, Faulenzen etc. Die wahre Faszination besteht darin, aus dem Alltag mit all seinen Normen, Regeln und Gesetzen auszubrechen. Einer der Schlüsselsätze der Kampagne lautete darum: »Es gibt kein Gesetz, das Ihnen verbietet, dienstags nachmittags um 17 Uhr miteinander zu schlafen.« Die Kampagne erkannte, daß es dem Kunden nicht nur um die äußere Freiheit – die endlose Weite des Meeres – geht, sondern ebenso um die innere Freiheit, nämlich die im Kopf. Mit dieser Kampagne konnte die *Norwegian Cruise Line* ihren Abwärtstrend aufhalten und ihre Kapazitäten zum ersten Mal seit vielen Jahren wieder voll auslasten.

### ERFOLGSFAKTOREN

- **Aussagekraft des Indikators:** Ein Indikator funktioniert am besten, wenn er im Kopf der Verbraucher schlagartig die Assoziation überlegener Qualität hervorruft. Muß man diesen Zusammenhang erst erklären, ist der Indikator untauglich.
- **Dramatisierung des Indikators:** Der Indikator muß das Zentrum der Kommunikation bilden. Ihm werden alle weiteren Botschaften untergeordnet.

Oft ergeben sich starke Indikator-Strategien aus der gründlichen Beschäftigung mit dem Produktumfeld, nämlich Entstehungs-, Herstellungs- und Verwendungsumfeld. Gespräche mit Produktentwicklern, Forschern, Lieferanten und Verbrauchern fördern, manchmal überraschend, den »richtigen« Indikator zutage, der einen virtuellen Nutzen erzeugt und letztlich den Absatz steigert.

Hervorzuheben ist, daß Indikator-Strategien eine hohe Glaubwürdigkeit genießen. Denn der Verbraucher selbst schlußfolgert aufgrund des Indikators eine überlegene Produktqualität, ohne daß die Marke explizit darüber spricht. Der Verbraucher überzeugt sich also selbst. Mehr Glaubwürdigkeit kann sich eine Marke wohl kaum wünschen.

## 3. EMOTIONALE NUTZEN-STRATEGIEN

Das Prinzip: **Veranschaulichen Sie dem Verbraucher die positiven emotionalen Auswirkungen, die sich möglichst direkt aus dem Gebrauch Ihres Produktes ergeben.**

Emotionale Auswirkungen können einen persönlichen oder einen sozialen Schwerpunkt haben.

Der persönliche emotionale Nutzen verspricht meist
- Wohlbefinden, Entspannung,
- Selbstsicherheit, Souveränität, Coolness
- Sicherheit (auf Gegenwart oder Zukunft bezogen)

Der soziale emotionale Nutzen bezieht sich meist auf
- die Beziehung zum Partner, zur Familie, zu Kindern und Freunden (selbst zu Haustieren)
- die erotische Anziehungskraft
- soziale Anerkennung, Karriere, neue Freunde, Gruppenzugehörigkeit

Einige Beispiele:
- Die Kaffeemarke *Jacobs Krönung* läßt uns glauben, daß die Anerkennung von Bekannten, Nachbarn und Freunden von der Wahl des richtigen Kaffees abhängt. Mit dieser emotionalen Nutzenstrategie wurde *Jacobs Krönung* mit ca. 10 % Marktanteil zum Marktführer, mit weitem Abstand vor *Onko* (ca. 6 %).
- Das Geschirrspülmittel *Calgonit Ultra* suggeriert, daß kalkfrei blitzende Gläser einer jungen Frau helfen können, ihrem attraktiven Nachbarn näherzukommen. »Dann klappt's auch mit dem Nachbarn« verspricht der Slogan. *Calgonit Ultra* wuchs mit dieser Kampagne innerhalb Jahresfrist um 19,2 %,

stärker als alle Wettbewerber, obwohl deren Mediavolumen bis zu viermal höher lagen.

- Deutschlands erfolgreichste Pralinenmarke *Mon Chérie* leitete nach mehrjähriger Stagnation mit dem Versprechen, daß man mit dieser Praline Gästen gegenüber nichts falsch machen kann, ihr neues Wachstum ein. Diese Strategie steigerte den Absatz um 83 % innerhalb von sieben Jahren.

### Fallbeispiel AXE

Die Herrenserie *Axe* wirbt seit Jahren erfolgreich mit dem Slogan: »Der Duft, der Frauen provoziert.« Jahrelang sahen wir in den TV-Spots junge, selbstbewußte Frauen, die einem *Axe*-Benutzer begegnen und von seinem Duft so betört sind, daß – entgegen dem landläufigen Verhaltensmuster – sie den ersten Schritt wagen, um ihn näher kennenzulernen.

1997 ging die Marke noch einen Schritt weiter: Eine junge Frau parfümiert sich unvorsichtigerweise mit *Axe*, verläßt das Haus und zieht zu ihrem äußersten Unbehagen wie ein Magnet die lüsternen Blicke ihrer Geschlechtsgenossinnen auf sich. Eine strategische Weiterentwicklung insofern, als nun ganz klar wird: die erotische Wirkung auf Frauen liegt allein im Produkt! Das emotionale Versprechen verhalf *Axe* 1987 zu einem sprunghaften Wachstum: 50 % im ersten halben Jahr, 100 % nach anderthalb Jahren, 200 % nach 3 Jahren. *Axe* ist die führende Körper-Pflege-Marke für Männer. Dank seiner virtuellen Alleinstellung.

### Fallbeispiel SEGA (USA)

Mit einer emotionalen Nutzen-Strategie gelang dem Computerspiel-Hersteller *Sega* der Durchbruch gegen den Marktführer *Nintendo*. Der TV-Spot zeigt ein schüchternes kleines Milchbübchen auf der Schulbank, der von zwei feisten Klassenkameraden gepiesackt wird. Auf den ersten Blick wird klar: der schmächtige Knirps ist ein bedauernswerter Außenseiter. Etwas Schlimmeres kann einem Schulkind wohl kaum widerfahren. Doch dann kommt *Sega* ins Spiel, und der Knirps ist schlagartig anerkannt. Die Lümmel, die ihn gerade noch malträtiert haben, schleichen nun demütig um ihn herum, um ihn mit Chips und Cola zu verwöhnen. Aber unser Knirps kennt keine Gnade: er genießt es, den Klassenkameraden nun seinerseits die Hölle heiß zu machen. – Die Kampagne hatte einen überragenden Erfolg.

*Nintendo* stürzte von 70 % auf 40 % Marktanteil, und *Sega* wurde mit 60 % absoluter Marktführer. Und dies, obwohl *Sega* 7 Mio. Dollar weniger Media-budget ausgab als *Nintendo*. Bemerkenswert ist: die Eigenschaften des Produktes selbst gerieten weit aus dem Focus der Kommunikation. Im Vordergrund stand allein der emotionale Nutzen, nämlich: mit *Sega* wirst du plötzlich von allen akzeptiert.

Es gibt heute unzählige austauschbare Produkte, die ihr Glück mit einer emotionalen Nutzenstrategie versuchen. Die meisten von ihnen scheitern allerdings, weil sie die Erfolgsfaktoren dieser Strategie ignorieren:

### ERFOLGSFAKTOREN

- **Eindeutiges Versprechen:** Es reicht nicht aus, eine bestimmte Emotion »besetzen« zu wollen. Die Emotion muß vielmehr zu einem echten Versprechen werden, nach der Devise: Wer das Produkt benutzt, kommt automatisch in den Genuß jener Emotion. Es wäre also falsch, eine Limonadenmarke mit »Spaßemotionen« aufladen zu wollen, ohne damit ein konkretes, ernstgemeintes Versprechen zu verbinden.
- **Problem-Lösungs-Formel:** Der emotionale Nutzen wirkt um so stärker, wenn man ihn als Lösung eines persönlichen bzw. sozialen Problems dramatisiert. Was wäre beispielsweise die soziale Anerkennung in der *Jacobs*-Werbung, wenn man nicht zuvor den drohenden »Halbe-Tassen-Effekt« dargestellt hätte: daß nämlich die Gäste nach kurzer Verweildauer das Haus verlassen, weil ihnen der »falsche« Kaffee serviert wurde.[22]
- **Glaubwürdigkeit:** Je direkter und glaubwürdiger der emotionale Nutzen aus dem Grundnutzen eines Produktes hervorgeht, desto besser. Positivbeispiele: Eine trockene Windel, die das Baby glücklicher macht. Ein Weichspüler, der das Wohlbefinden steigert. Negativbeispiele: Eine Limonade, die neue Freundschaften schafft. Ein Snack, der eine langweilige Party in ein rauschendes Fest verwandelt. Ein Handy, das der Karriere auf die Sprünge hilft. Eine Margarine, die für mehr Familienharmonie am Frühstückstisch sorgt.

---

22 Vgl. hierzu auch die Ausführungen zu den Bedürfnis-Strategien in Kapitel 3

- **Eigenständigkeit:** Wahre Emotionen sind klischeefeindlich. Eine Marke muß also das von ihr versprochene Gefühl (z. B. erotische Anziehung) in eine eigene Bilder- und Markenwelt übersetzen, die sich möglichst stark von den herrschenden Klischees unterscheidet.

# 4. SUGGESTIVE NUTZEN-STRATEGIEN

Das Prinzip: **Spitzen Sie alle gestalterischen Elemente der Werbung (Bild, Ton, Stil und Sprachwelt) darauf zu, nur ein einziges Argument zu suggerieren, das für die Kaufentscheidung besonders relevant ist.**

Gerade bei suggestiven Strategien entsteht der Verdacht, sie seien »weich«, substanzlos oder besäßen nur eine exekutionelle Oberflächlichkeit. Das ist jedoch falsch. Es gibt genügend Siegermarken, die allein aufgrund ihrer suggestiven Kraft zum Marktführer wurden.

Trotzdem haftet dem Begriff »Suggestion« immer etwas Unwirkliches, Flüchtiges, Nebulöses an. Man traut einer »suggestiven« Strategie selten zu, eine Hebelwirkung auf das Käuferverhalten auszuüben. Die Macht der Suggestion läßt sich jedoch anschaulich am Beispiel von Placebos beweisen. Placebos sind wirkstofflose Schein-Medikamente, die eine unglaublich starke Wirkung auf den Patienten haben können, selbst bei schweren Krankheiten. In einem Experiment verabreichten Wissenschaftler ihren Probanden ein Aufputschmittel mit dem Bluff, es handele sich um ein Beruhigungsmittel. Tatsächlich war die suggerierte Wirkung stärker als die medizinische. Die Wirkung von Placebos hängt auch von der Form und Beschaffenheit der Pillen ab. Eine sehr kleine, aber auch eine sehr große Pille suggeriert mehr Wirkung als eine mittelgroße. Und es ist schon fast eine Binsenweisheit, daß »bittere Pillen« besser wirken als jene mit einem angenehmen Geschmack. Auch die Farbe ist wichtig: Grüne Pillen helfen offenbar bei Angstzuständen besser, gelbe bei Depressionen, rote bei rheumatischer Arthritis.

Die Wirksamkeit von Suggestiv-Strategien liegt in ihrer besonders hohen Glaubwürdigkeit. Denn kognitive Behauptungen, die sich bewußt an den Verstand des Verbrauchers richten, verlieren ihre Wirksamkeit oftmals dadurch, daß sich der geschulte Verbraucher rational mit ihnen auseinandersetzt. Schon *Domizlaff*, der Vater der Markentechnik, erkannte in den 30er Jahren: »Sobald sich irgendein Verbraucher (...) mit Werbemitteln beschäftigt, also durch kritische Betrachtung die unkontrollierbare Einwirkung auf sein Unterbewußtsein verhindert, (...) hat er bereits die Werbemittel sich selbst gegenüber zur Wirkungslosigkeit verdammt.«[23]

Die Macht der Suggestion kennen wir auch aus dem Alltag. Besonders deutlich wird dies am »Visitenkarten-Effekt«: Legen Sie einer Testperson die Visitenkarte einer ihr unbekannten Firma vor, um folgende Fragen zu stellen: Ist diese Firma lokal, regional, national oder international tätig? Wieviel Umsatz macht sie? Wann etwa wurde sie gegründet? Wie viele Mitarbeiter beschäftigt sie? Ist sie seriös? Welchen Qualitäts-Standard erfüllen die Produkte? – In der Regel erhalten Sie auf alle diese Fragen verblüffend klare Antworten. Legen Sie dieselbe Visitenkarte nun nacheinander einer ganzen Gruppe von Testpersonen vor, werden Sie von allen ganz ähnliche Antworten erhalten. Dabei enthält die Visitenkarte natürlich überhaupt keine Informationen über die Firma. Alle Eigenschaften werden also nur durch gestalterische Elemente suggestiv vermittelt.

## Die Technik der »reinen« Suggestion

Das Prinzip: **Suggerieren Sie mit allen gestalterischen Elementen (Bild-, Stil-, Sprach- und Tonwelt) ganz gezielt nur ein einziges Nutzenversprechen, das für die Kaufentscheidung besonders relevant ist.**

### Fallbeispiel WARSTEINER PILSENER

Die Markenstrategie von *Warsteiner* ist so einfach, daß sie sich in drei Worten zusammenfassen läßt: Hochwertigkeit, Hochwertigkeit, Hochwertigkeit. *Warsteiner* suggeriert Hochwertigkeit, ohne darüber zu sprechen, ohne irgendeinen Beweis. Entscheidend ist allein, daß Hochwertigkeit für den Kauf eines Bieres eine hohe Relevanz hat. Wie spitzt *Warsteiner* seine Gestaltungsmittel auf »Hochwertigkeit« zu?

---

23 Domizlaff, H.: a.a.O. S. 336

- Farbwelt: ein edler schwarzer Fond, die Lichtdramaturgie klassischer Theaterbühnen
- Bildwelt: das Produkt als Star im Vordergrund, stolzer Verzicht auf eine Kulisse, die einen Teil der Aufmerksamkeit binden könnte
- Tonwelt: feierlich, klassisch, elitär; tiefe Stimmen, vornehmer Sprechduktus
- Stilwelt: elitäre Abstraktion, künstlerische Reduktion, intellektueller Wortwitz

Diese Faktoren gehören normalerweise zur Kreation und weniger zur Strategie. Bei einem herkömmlichen nutzen-orientierten TV-Spot sind sie Dekor und nicht Mittelpunkt. Doch wenn alle gestalterischen Instrumente kompromißlos nur eine einzelne Eigenschaft suggerieren, dann können sie sogar mehr Kraft gewinnen als ein faktischer Qualitätsvorsprung.
Der eindeutige Beweis: *Warsteiner* ist seit 1988 die Nummer 1 im deutschen Biermarkt, in dem zehn praktisch austauschbare Premium-Pilsmarken gegeneinander kämpfen. Doch *Warsteiner* konnte seinen Absatz von 1980 bis 1990 verdreifachen, allein von 1989 bis 1990 erzielte die Marke ein Wachstum von 24,9 %.

Nur wenige Marken bauen wie *Warsteiner* ihre Kampagne voll und ganz auf der Technik der reinen Suggestion auf.

Hier einige weitere Beispiele:

- *Suggerierte Natürlichkeit*
  z. B. *Milka* mit ihrer ›lila Kuh‹ und Bildern von saftigen Schweizer Bergwiesen. Auf diese Weise baute die Marke die negativen Assoziationen von Süßigkeiten ab und verstärkte die gesunde Assoziation von Milch und Natur. So erzielte *Milka* allein zwischen 1982 und 1985 über 35 % Wachstum.

- *Suggerierte Zartheit (Zärtlichkeit)*
  Die *Nivea*-Welt zerschmilzt in ihrer eigenen Zartheit. Wir sehen zarte Haut, zärtliche Blicke und Berührungen, eine zärtliche Kamera (Weichzeichner!), zärtliche Musik und zärtliche Stimmen. Mit keinem verbalisierten Versprechen, keiner wissenschaftlichen Studie läßt sich eindringlicher und glaubwürdiger kommunizieren, daß *Nivea* der Haut zarte Pflege schenkt.

*Nivea* rangiert mit fast einer Milliarde Umsatz heute unter den Top 10 aller deutschen Marken und wächst seit Jahren zweistellig. Zum Vergleich: die zweitstärkste Hautpflegemarke ist *Vichy* auf Platz 80 der Marken-Hitparade mit ca. 250 Millionen Mark Umsatz.

- *Suggerierte Reinheit*
  Die Wodkamarke *Finlandia* erzielte in den USA innerhalb von 2 Jahren 15 % Wachstum, indem die unberührte kalte Reinheit ihrer Heimat Finnland visuell dramatisiert wurde. Mit dieser Suggestiv-Strategie konnte *Finlandia* dem Marktführer *Absolut Wodka* Anteile abtrotzen, obwohl dieser über ein fünfmal so großes Mediabudget verfügte.

### Fallbeispiel VEREINSBANK

Die *Vereinsbank* suggeriert, die »menschliche Bank« zu sein. Die Kampagne zeigte erfrischend sympathische »Alltagsmenschen«, so daß deutlich wird: Diese Bank »liebt« den Normalbürger mit seinem ganz persönlichen Charme. – Die *Vereinsbank*-Kampagne ist ein Kunstgriff im doppelten Sinne: Denn erstens ist »Menschlichkeit« ein relevantes Präferenz-Merkmal für eine Bank. Und zweitens unterscheidet sie sich grundlegend von der Kommunikation anderer Banken in Deutschland. Aus deren Werbung kennt man überwiegend aalglatte, synthetische Klischee-Typen, die in einer belanglosen, sterilen Werbewelt leben.

Die hohe Kunst der Suggestiv-Strategien liegt in ihrer paradoxen Anwendung. Darunter verstehen wir, daß die suggestive Botschaft absichtlich genau das Gegenteil ausdrückt wie die kognitive verbale Botschaft.

### Fallbeispiel LÄTTA

*Lätta* ist eine Halbfett-Margarine, also eines jener Light-Produkte, die eines gemeinsam haben: sie suggerieren Leichtigkeit. Viele Light-Produkte sind schon an ihrer Verpackung zu erkennen: es werden leichte, helle Farben benutzt oder farbige Flächen durch feine, weiße Streifen aufgebrochen. Das gilt für Margarine ebenso wie für Limonade, Bier und andere Lebensmittel. Das Ziel ist, Leichtigkeit im Sinne von »Kalorienarmut« zu kommunizieren. Unweigerlich entsteht aber gleichzeitig der suggestive Eindruck, der

Geschmack sei nicht vollwertig. Eine fatale Situation. Darum betonen die Light-Marken in ihrer Werbung unablässig ihren vollen, kräftigen Geschmack. Aber es nutzt ihnen nichts. Denn die Verpackung und die ganze Werbegestaltung suggerieren Leichtigkeit, Leichtigkeit und nochmals Leichtigkeit. Von einem solchen Produkt kann man sich einfach nicht vorstellen, daß es vollen Geschmack bietet. Wir sehen daran: Die suggestive Botschaft ist wesentlich stärker als die verbale. *Lätta* war die erste Light-Marke, die mit der Technik der paradoxen Suggestion einen Ausweg fand. Auf der rationalen, verbalen Ebene kommunizierte sie »Halbfettmargarine«, also ein Light-Produkt. Auf der suggestiven Ebene aber kommunizierte sie vollen Geschmack durch satteste Farben. Nicht einmal Margarinesorten der Vollfettstufe haben jemals mit so kräftigen Farben geworben. Die Rechnung ging auf: Der Verbraucher verstand, daß die Faszination von *Lätta* gerade in dieser Paradoxie bestand: halbes Fett, aber voller Geschmack. So wurde *Lätta* als stärkste Halbfettmargarine zur zweitstärksten Margarine überhaupt, die zwischen 1991 und 1994 ein Wachstum von 115 % erzielte.

### ERFOLGSFAKTOREN

- **Relevanz der suggerierten Eigenschaft:** Es gibt für zahlreiche Produktgruppen Merkmale, die sich für eine Suggestiv-Strategie anbieten (z. B. Spritzigkeit für ein Duschgel etc.). Die entscheidende Frage lautet aber: Ist dieses Merkmal tatsächlich auch eines der relevantesten möglichen Nutzenversprechen?
- **Fokus:** Jede zusätzliche Botschaft kann die suggestive Kraft abschwächen. Darum gilt: alle Gestaltungskomponenten sollen so gezielt wie möglich das gewünschte Nutzenversprechen suggerieren.
- **Eigenständigkeit:** Es ist wichtig, eine klischeehafte Darstellung des suggerierten Nutzens zu vermeiden. Aus Hochwertigkeit wird im Beispiel von *Warsteiner* beispielsweise eine aristokratische, klassische Hochwertigkeit. Für andere Produkte könnte man auch eine futuristische, kalte Hochwertigkeit kreieren. Oder eine poetisch romantische Hochwertigkeit. Die Kriterien sind: Was paßt am besten zum Produkt? Und was gibt uns die größtmögliche Eigenständigkeit im Wettbewerbsumfeld?

Mit dem größten Erfolg lassen sich Suggestiv-Strategien anwenden, wenn ein Produktnutzen vermittelt werden soll, der den kritischen Widerspruch des Verbrauchers provoziert: z.B. wenn die oben zitierte Halbfettmargarine vollen Geschmack verspricht. Auf der kognitiven Ebene (also verbal) hat ein solches Versprechen wenig Chancen.

Oder stellen Sie sich vor, eine Premium-Pilsmarke würde öffentlich behaupten, *natürlicher* zu sein als seine Wettbewerber. Die Verbraucher würden mit voller Berechtigung darauf verweisen, daß alle Pils-Sorten gleich sind: die gleichen Zutaten, die gleiche Herstellung. Wie kann da eines natürlicher sein als die anderen? Trotzdem gelingt es verschiedenen Pilssorten auf suggestivem Wege, mehr Natürlichkeit zu versprechen, ohne jedoch den Widerstand des Verbrauchers zu provozieren.

## Die Gold-Standard-Technik

**Das Prinzip: Suggerieren Sie einen überlegenen Qualitätsstandard, indem Ihre Marke ein Schlüsselbild für die beste anzunehmende Produktleistung (also den Gold-Standard) besetzt.**

Der Gold-Standard ist der Gipfel einer fiktiven Meßlatte, das Beste, was sich der Verbraucher überhaupt wünschen kann.

Eine Marke, die einen Gold-Standard erfolgreich besetzt, ist gegen Übergriffe der Konkurrenz ziemlich gefeit. Obwohl der Gold-Standard natürlich nur einen *virtuellen* Vorsprung markiert.

Einige Beispiele dazu:

- Der Orangensaft *Valensina* (aus Konzentrat) vergleicht sich mit frisch gepreßtem Orangensaft: »Entweder frisch gepreßt – oder Valensina.« Die TV-Spots zeigen uns, daß Menschen mit verbundenen Augen *Valensina* mit frisch gepreßtem Saft verwechseln. Diese Kampagne entstand 1985 und führte innerhalb eines Jahres zu 100 % Wachstum.
- Die amerikanische Instant-Babynahrung *Gerber* brüstete sich per TV-Spot und Packungshinweis mit ihrer Produktformel, die der Muttermilch verblüffend ähnlich sei. Daraufhin verzeichnete die Marke innerhalb weniger Monate regional bis zu 50 % Umsatzwachstum.

- Die Textilmarke *Goretex,* Spezialist für Unwetter aller Art, warb mit dem Anspruch, so »unvergleichlich wie unsere Haut« zu sein und verdreifachte dadurch ihren Umsatz innerhalb von knapp drei Jahren.

Die Technik des Gold-Standards beschränkt sich keineswegs auf wenige offensichtliche Optionen, sondern eröffnet der strategischen Kreativität ein weites Feld, wie der folgende Fall zeigt:

## Fallbeispiel **MERCEDES C-KLASSE**

Wir befinden uns auf einem Formel-I-Ring. Dort rast ein Wagen der neuen C-Klasse entlang, gefolgt von einem Mercedes Formel-I-Wagen. Verblüfft beobachten wir, daß der Formel-I-Wagen die C-Klasse nicht zu überholen vermag. Souverän fährt der Tourenwagen als erster über die Ziellinie. Eine faszinierende Unmöglichkeit: wie kann ein Straßenwagen schneller sein als eine Profi-Rennmaschine? Jetzt sehen wir den Tennis-Star *Boris Becker* aus dem Formel-I-Wagen steigen, während dem Tourenwagen der finnische Formel-I-Pilot *Mika Häkkinen* entsteigt. Becker klopft seinem Kontrahenten schmunzelnd auf die Schulter: »Aber morgen spielen wir Tennis.« Die Botschaft: die C-Klasse ist so schnell, daß sie bereits an den Gold-Standard der Formel I heranreicht.

### ERFOLGSFAKTOREN

- **Fokus:** Ein Gold-Standard muß selbstbewußt in das Zentrum der Kommunikation rücken. Der Verbraucher spürt, wenn Marken einen Gold-Standard als halbherziges Bekenntnis oder gar verschämtes Anhängsel betrachten. Die Technik des Gold-Standards verspricht den größten Erfolg, wenn man sie ernst meint und das ganze Gewicht der Kommunikation darauf legt.
- **Glaubwürdigkeit:** Der Gold-Standard kann zwar in der Regel nicht tatsächlich erreicht werden, aber zumindest die Größenordnung sollte für den Verbraucher nachvollziehbar sein.

- **Technische Reife:** Die Gold-Standard-Technik empfiehlt sich nur für ausge-
reifte Produkte. Ansonsten manövriert man sich für die nächsten Jahre in
eine Sackgasse, weil man künftige Produktverbesserungen nicht mehr glaubwürdig ausloben kann.

## Die Torture-Test-Technik

Das Prinzip: **Suggerieren Sie überlegene Qualität, indem Sie die Leistungsfähigkeit des Produktes in einer extremen Grenzsituation darstellen.**

Einige Beispiele:
- *Audi Quattro:* Nach der Einführung dieses Wagens mit Vierrad-Antrieb im
Jahr 1980 wurde der Fernsehzuschauer staunender Zeuge, wie der Wagen
souverän eine Ski-Piste hochfährt. Dies war für *Audi* der Anfang des Auf-
stiegs in die Oberklasse von *Mercedes* und *BMW.*
- *Wick Formel 44 plus* (Hustensaft): Ein Messerwerfer bekommt während
einer Zirkus-Vorstellung eine Hustenattacke, die seine Treffsicherheit empfindlich stört. – Höchst unangenehm für sein weibliches Opfer, das wehrlos
auf die rotierende Zielscheibe geschnallt ist. Doch unser Messerwerfer kennt
kein Zaudern. Schnell nimmt er einen Schluck von *Wick Formel 44 plus* und
fährt unbeirrt in seiner Vorstellung fort. Der Torture-Test war so erfolgreich,
daß er noch Jahre später eingesetzt wurde.
- Der Sekundenkleber *Pattex:* Ein preisgekrönter TV-Spot erzählt die Geschichte eines jungen Truckers, der mit *Pattex* ein paar Kleinigkeiten an seinem Sattelschlepper verklebt. Als er wieder einsteigt, fällt ihm die Tube aus
der Tasche und bleibt auf der Straße liegen. Beim Anfahren zermalmt der
Lkw die Tube unter seinen gewaltigen Reifen und kommt in derselben
Sekunde gewaltsam zum Stehen: der Sekundenkleber hatte den Wagen
unlösbar mit dem Asphalt verschweißt. – Die Kampagne verhalf *Pattex* zur
Marktführerschaft bei Klebstoffen (Kleinpackungen).

**ERFOLGSFAKTOREN**

- **Drama der Grenzsituation:** Je spannender, je außergewöhnlicher die dargestellte Situation, desto tiefer gräbt sich der virtuelle Vorteil in das Bewußtsein der Zielgruppe ein. Darüber hinaus hat es sich bewährt, den Höhepunkt
zwischen Drama und Auflösung als besonders einprägsames Schlüsselbild
(Big Picture) für die Marke darzustellen.
- **Produkt als Held:** Es muß eindeutig erkennbar sein, daß die Grenzsituation
nur durch das Produkt bewältigt werden konnte.

## Die Technik der Übersteigerung

Das Prinzip: **Suggerieren Sie überlegene Qualität, indem sie die Leistungsfähigkeit des Produktes mit selbstironischem Augenzwinkern ins Groteske
übersteigern.**

Diese Technik ist zwar eher gestalterischer als strategischer Natur, ihrer außer-
ordentlichen Wirksamkeit aber tut dies keinen Abbruch.

Einige Beispiele:
- *Odol Mundwasser Extrafrisch:* Mit der eigentlichen Absicht, ihn zu küssen,
reißt eine junge Frau mit ihrem frischen, orkanartigen Atem, ihrem Freund
die Kleider vom Leib. Mit dieser Kampagne erzielte das Produkt ein Wachstum von 180 % innerhalb von anderthalb Jahren.
- *Audi A6 Avant:* Dieses Modell ist so sparsam, daß selbst der Besitzer leicht
vergessen kann, wo sich der Tank befindet. Der Spot zeigt eine junge Frau, die
ihren Mann zum Flughafen begleitet. Auf dem Weg zum Schalter erklärt er ihr
noch einmal, wo sich Licht, Rückwärtsgang etc. befinden. Doch ihre Frage
nach dem Tank kann er leider nicht beantworten. Wo war er doch gleich? Er
überlegt...und überlegt...und überlegt... Dieser Spot war Teil einer Kampagne, die 1995 binnen Jahresfrist 22,8 % mehr Zulassungen erzielte.
- *Clairol Herbal Essences* dramatisiert, wie angenehm eine Kopfmassage mit
diesem Shampoo ist: Im TV-Spot kommt eine junge Dame nach intensiven

Wollustseufzern sogar zum Orgasmus. *Clairol* wurde trotz weit unterproportionaler Mediaausgaben zur schnellstwachsenden Shampoo-Marke.

---

**ERFOLGSFAKTOREN**

- **Drama der Übersteigerung:** Vom dramatischen Aufbau hängt es ab, wie gut sich die Übersteigerung einprägt. Es empfiehlt sich, den dramatischen Höhepunkt in einem Schlüsselbild (Big Picture) zu konzentrieren, das den Status eines Markenzeichens gewinnen kann – auch für Printmedien verwendbar.
- **Selbstironie:** Wird die Übertreibung mit augenzwinkernder Selbstironie vorgetragen, erreichen Sie paradoxerweise eine besonders hohe Glaubwürdigkeit. Sie vermeiden dadurch, den Verbraucher zu einer kritischen Auseinandersetzung mit Ihrem Suggestiv-Versprechen zu provozieren.

---

## Die Technik des getarnten Versprechens

Das Prinzip: **Suggerieren Sie einen überlegenen Nutzen, indem sie ihn als allgemeingültige Feststellung tarnen, ohne einen expliziten Bezug auf Ihr Produkt zu nehmen.**

Versprechen Sie also nicht: Meine Margarine macht Sie schlank, sondern: Ist es nicht wunderbar, schlank zu sein? Im zweiten Fall implizieren Sie dasselbe Versprechen, sprechen es aber nicht aus. Dadurch umschifft die aggressive Botschaft den kritischen Verstand des Verbrauchers und kann ihre suggestive Wirkung entfalten.

### Fallbeispiel KITEKAT

Stellen Sie sich vor, der Hersteller von *Kitekat* würde behaupten: »Unser Katzenfutter schmeckt nicht nur besonders gut (wie auch die Wettbewerber behaupten), sondern hält ihre Katze auch noch gesund.« Der Verbraucher würde mißtrauisch nach Beweisen fragen: Enthält *Kitekat* etwa besondere »Gesundmacher« wie Knoblauch, Vitamine oder gar Ginseng-

Wurzeln? Wie sonst kann es »gesünder« sein als die Wettbewerber? *Kitekat* tarnte sein aggressives Nutzenversprechen jedoch so geschickt, daß der Verbraucher keine kritischen Fragen stellte, sondern nur zustimmen konnte: »Ist die Katze gesund, freut sich der Mensch« lautet der Slogan. Wer dies oft genug hört, erliegt irgendwann der Macht der Suggestion und hält das Unmögliche für möglich, nämlich: »Kitekat hält Katzen gesund!«

---

**ERFOLGSFAKTOREN**

- **Spezifizierung:** Auch ein getarntes Versprechen muß auf den Punkt kommen und den virtuellen Vorteil beim Namen nennen. Es reicht also nicht aus, verbrauchte Vokabeln wie Qualität, Vertrauen, Kompetenz und dergleichen zu verwenden.
- **Relevanz:** Je relevanter die suggerierte Eigenschaft für die Kaufentscheidung ist, desto mehr Erfolg verspricht die Strategie.

---

## 5. KONSEQUENZEN

Die wichtigsten Erkenntnisse noch einmal im Überblick:

- Der virtuelle Nutzen wird für den Absatzerfolg einer Marke immer entscheidender.
- Austauschbare Produkte können durch einen rein virtuellen Qualitätsvorsprung zu Siegermarken werden.
- Der virtuelle Nutzen kann sogar »härter«, stabiler und solider sein als ein faktischer Produktvorteil! Denn der faktische Produktvorteil muß erst den mißtrauischen Verstand des Verbrauchers passieren, bevor er seine Wirkung entfalten kann. Der virtuelle Nutzen hingegen umschifft den Verstand und schlägt seine Wurzeln im Unterbewußtsein.

Wie wendet man virtuelle Nutzenstrategien in der Praxis an?
Wir prüfen die Anwendbarkeit auf drei Ebenen:

## 1. Die Produktebene:

Hier analysieren wir das Produkt selbst im Kontext seiner Entstehung, Entwicklung und der aktuellen Marktsituation. Gibt es einen faktischen Produktvorteil? Oder einen Anknüpfungspunkt für eine indikative Nutzenstrategie?

## 2. Die Verbraucherebene:

Nun prüfen wir, welches die relevantesten Kaufkriterien, Anforderungen, Bedürfnisse und Probleme bezüglich unserer Produktkategorie in den Köpfen der Verbraucher sind. Dazu zählen auch emotionale Bedürfnisse. Daraus können suggestive und emotionale Nutzenstrategien resultieren.

## 3. Die Kontextebene:

Schließlich untersuchen wir, welche Rolle unser Produkt im sozialen Leben des Verbrauchers spielen kann: gegenüber dem Partner, der Familie, gegenüber Verwandten, Freunden und Bekannten. Vielleicht ergibt sich daraus ein Ansatz für eine emotionale Nutzenstrategie.

So nähern wir uns systematisch den bewährten strategischen Grundmustern, mit denen wir einen stabilen virtuellen Qualitätsvorsprung markieren können.
Doch vergessen wir nicht, daß neben dem Nutzen noch andere Motivationen auf die Kaufentscheidung des Verbrauchers einwirken, die in manchen Fällen sogar noch erheblich mehr Wachstum generieren.

# MOTIVATIONSFELD »NORMEN«

Die Kernthese: **Der Verbraucher bevorzugt Ihr Produkt, um einen inneren Konflikt (mit seinen Normen und Werten) zu lösen oder zu vermeiden.**

Unter Normen verstehen wir die Gesamtheit aller (quasi-) moralischen Verhaltensregeln in unseren Köpfen, die einen erheblichen Teil unserer täglichen Verhaltensweisen steuern.

Normen sind der große moralische Gegenspieler des Nutzens. Bei jeder alltäglichen Handlungsentscheidung, die für uns einen Nutzen haben könnte, prüfen wir, ob irgendeine Norm dagegen spricht. Normen sind der konkrete Ausdruck unserer abstrakten Wertvorstellungen. Sie spielen immer dann eine Rolle, wenn wir uneigennützig oder sogar absichtlich *gegen* unseren persönlichen Nutzen handeln.

**Normen haben viele Gesichter**

Unser subjektives Empfinden sagt uns, daß wir überwiegend nutzenorientierte Entscheidungen treffen. Nur zu leicht unterschätzen wir aber die Macht der Normen über unser Leben. Normen spielen bei allen folgenden Handlungsmotivationen die entscheidende Rolle:

- *Handeln aus Pflichtbewußtsein:* Gerade die Deutschen stehen unter dem Verdacht, lieber ein Fläschchen Herztropfen mit ins Büro zu nehmen, als den Feierabend zu Hause zu genießen.
- *Handeln aus Vernunft:* Jede Fahrt zum Altglas-Container ist ein kleiner Ausdruck unserer persönlichen Verantwortung für die Umwelt. Einen unmittelbaren persönlichen Nutzen haben wir nicht davon.
- *Handeln aus Prinzip:* Viele würden ein gutes Geschäft ausschlagen, wenn es von jemandem angeboten wird, der eine grundsätzlich andere Ideologie

vertritt. Beispielsweise würden viele aus Prinzip die Produkte einer Firma boykottieren, die als Umweltsünder bekannt ist oder deren Manager scheinbar einer Sekte angehören.

- *Handeln aus Solidarität:* Selbst hartgesottene Geschäftsleute schanzen lieber dem alten Studienfreund einen Auftrag zu, dessen Firma vor dem Konkurs steht, als einem preisgünstigeren Wettbewerber.
- *Handeln aus Höflichkeit:* Angenommen, Sie arbeiten gerade unter extremem Zeitdruck an einer Präsentation und bekommen plötzlich einen Überraschungsbesuch. Trotzdem würden Sie dem Besuch aus Höflichkeit ein wenig Zeit einräumen.
- *Handeln (oder auch Nicht-Handeln) aus Förmlichkeit:* Umgangsformen, gesellschaftliche Etikette schreiben ein bestimmtes Verhalten vor. Kaum jemand würde ein Kompliment nicht erwidern, ein öffentliches Büffett eröffnen, Wein aus der Tasse trinken etc.

Handeln aus Dankbarkeit, Gefälligkeit, Fairneß, Rücksicht, Stolz, Hilfsbereitschaft, Mitleid ... Die Liste ließe sich fortsetzen.

Normen bilden einen Teil unseres Handlungskodex'. Sie leiten uns, wenn wir etwas tun oder unterlassen, weil wir es für »richtig« oder »falsch« halten. Normen sind also eine moralische Instanz und dafür verantwortlich, daß wir im Alltag meist nicht nutzenorientiert handeln.

### Normen regieren unser tägliches Leben

Normen beherrschen unseren Alltag von früh bis spät, selbst in den kleinsten Details. Es fällt Menschen ungeheuer schwer, absichtlich gegen ihre Normen zu verstoßen.

Das Freizeitforschungs-Institut *BAT* führte 1988 eine Studie über »Freizeit-Streß« durch. Mit diesem Schlagwort ist die gewaltige Bürde sozialer Normen gemeint, die uns in unserer Freizeit zwingt, Dinge zu tun, die uns keinen Spaß machen.

- 60 % der Deutschen erledigen Pflichtbesuche bei Bekannten, Freunden und der Familie.
- 56 % erleben den Einkauf von Geschenken als lästige Pflicht.
- 54 % fühlen sich unter Druck gesetzt, weil sie in ihrer Freizeit auf andere Rücksicht nehmen müssen, anstatt ihren persönlichen Hobbys nachzugehen.

Die Zahlen zeigen, daß Sitte und Moral in der breiten Masse der Gesellschaft keineswegs soweit verfallen sind, wie es uns die Massenmedien oft einreden wollen.

Normen sind das Fundament des zwischenmenschlichen Zusammenlebens. Eine Gesellschaft ohne Normen würde untergehen.

### Normen sind oft stärker als der Nutzen

Die wahre Macht der Normen erkennen wir aber erst, wenn wir uns mit extremen normenbedingten Entscheidungen beschäftigen.

Das *Guiness Buch der Rekorde* berichtet u. a. von dem Farmer Lowell Elliott aus Indiana (USA), der wohl als der ehrlichste Finder in die Geschichte eingehen wird. Er fand auf seinem Gelände einen Betrag in Höhe von 500 000 US-Dollar. Augenzeugen gab es nicht, es drohte ihm kein Risiko. Trotzdem übergab er die Summe bis auf den letzten Cent der Polizei. Elliott stand also vor der Wahl: Sollte er dem verlockenden Nutzen des Geldes nachgeben oder der drohenden Stimme seines Gewissens (die Norm!), die ihm befahl, das Geld abzuliefern? Hier war die Norm stärker!

Einen pikanten Konflikt zwischen Nutzen und Normen dramatisiert der Hollywood-Kassenschlager »Ein unmoralisches Angebot«: Der alternde Milliardär John Gage bietet der attraktiven jungen Immobilien-Maklerin Diana eine Million US-Dollar dafür, daß sie eine erotische Nacht mit ihm verbringt. Die junge Frau und ihr Ehemann David befinden sich in akuter Geldnot, und Diana fühlt sich durchaus zu dem älteren Herrn hingezogen. Aber darf sie sich für eine Million US-Dollar prostituieren? Oder, anders gesagt: Darf sie für einen materiellen Nutzen (1 Mio. US-Dollar) eine schier übermächtige Norm (»Eine Frau darf sich nicht prostituieren«) verletzen? Der Film regte unter den Zuschauern eine moralische Diskussion an. Für viele war die Norm ein unumstößliches Gesetz, von dem man sich mit keinem Geldbetrag der Welt freikaufen durfte. Übrigens hätte der Film seine Würze verloren, wären die Geschlechterrollen vertauscht gewesen: eine Milliardärin hätte also einem jungen Mann das unmoralische Angebot gemacht. Plötzlich weicht das Dramatische aus der Geschichte. Denn für einen Mann ist die Norm (»Du sollst dich nicht prostituieren«) weniger relevant. Dies liegt in der gesellschaftlich definierten Rollenzuweisung begründet. Männern sind sexuelle Abenteuer eher gestattet als Frauen. Das macht sie zu ›wahren‹ Männern. Es könnte ihnen sogar schmeicheln, wenn eine Dame ihnen Geld für sexuelle Dienste bieten würde.

Um die teilweise unerbittliche Macht von Normen zu veranschaulichen, führte ein amerikanisches Forscherteam ein schockierendes sozialpsychologisches Experiment durch.[24] Sie luden eine Schulklasse von 13–14jährigen Jungen zu einem angeblich wichtigen wissenschaftlichen Experiment ein, bei dem das Risiko bestand, bis zu 50 % Hörverlust zu erleiden. Das war allerdings nur ein Vorwand. Tatsächlich wollten die Forscher herausfinden, bis zu welcher Grenze sich die Jugendlichen unter den Druck einer willkürlich gesetzten Norm setzen ließen. 39 von 42 Schülern nahmen freiwillig an dem Experiment teil. Jeder von ihnen mußte einen »Geräusch-Generator« bedienen, der ihre Trommelfelle per Knopfdruck mit unhörbaren Ultrahochfrequenz-Geräuschen malträtierte. Auf einem auffälligen Display wurde dem Schüler gleichzeitig die unerbittlich wachsende Gefahren-Stufe vor Augen geführt. Die Skala reichte von Stufe 0 (keine Gefahr) über Stufe 8 (bis 50 % Hörverlust) bis Stufe 10. Die Schüler kooperierten aus reinem Pflichtbewußtsein, um den wissenschaftlichen Test nicht zu gefährden und den Versuchsleiter nicht zu enttäuschen. Das Ergebnis: 70 % der Schüler gingen bereitwillig das Risiko ein, mindestens 50 % ihrer Hörkraft zu verlieren. Und das, weil eine innere Norm (»Du mußt dem Wissenschaftler helfen«) es ihnen befahl. Weder Anreize noch Drohungen waren im Spiel. Dieses Experiment veranschaulicht die reine Kraft der Normen.

In letzter Konsequenz können Normen so übermächtig sein, daß Menschen dafür in den Tod gehen. In solchen Geschichten liegt dramatische Poesie, sie werden daher gerne von Dichtern und Autoren aller Kulturen und Jahrhunderte thematisiert. Denken wir zum Beispiel an die Ballade »John Maynard« von Theodor Fontane: Der Steuermann einer Fähre geht in den Tod, um den Passagieren das Leben zu retten, nachdem ein Feuer an Bord ausgebrochen war. Auch im wirklichen Leben gibt es Menschen, die für ihre Normen sterben.

- Sokrates leerte den tödlichen Schierlingsbecher, weil er seine ketzerischen Thesen über das Göttliche im Menschen (nämlich die innere Stimme des Gewissens) nicht widerrufen wollte.
- Der Schriftsteller Erich Mühsam wurde im KZ hingerichtet, weil er sich weigerte, das Horst-Wessel-Lied anzustimmen.
- Der Pilot Jürgen Schumann, Kapitän der Boeing »Landshut«, die im Oktober 1977 von Terroristen entführt wurde, opferte sein Leben für die anderen 90

---

24 Martin, J., Lobb, B., Chapman, G. C., Spillan, R.: Obedience under Conditions Demanding Self-Immolation. Human Relations, Volume 29, Number 4, 1976, S. 345–356

Passagiere an Bord. Obwohl er bei einer Zwischenlandung in Jemen die Chance zur Flucht hatte, kehrte er ins Cockpit zurück, wo er von den Terroristen hingerichtet wurde.

### Normen sind ein wirksamer Mechanismus zur Verhaltenssteuerung

In der Psychologie gelten Normen als eines der effektivsten Mittel, um eine gezielte Verhaltensänderung sogar bei gestörten Persönlichkeiten herbeizuführen. Eine solche Therapieform ist die sogenannte »Paradoxe Intervention«. Der Therapeut konfrontiert den Patienten mit einem unbequemen moralischen Paradox, das der Patient nur durch eine Verhaltensänderung auflösen kann. Beispiel: Ein 16jähriges Mädchen trieb seine Eltern und Lehrer durch hartnäckiges Daumenlutschen zur Verzweiflung. Alle üblichen Strafen, vom Auslachen bis zum Ausgehverbot, schlugen fehl. Erst als der berühmte Psychiater *Dr. Milton H. Erickson* das Mädchen verpflichtete, täglich zu einer festgelegten Zeit und für eine festgelegte Dauer an ihrem Daumen zu lutschen, legte das Mädchen seine skurrile Gewohnheit ab. Die paradoxe Intervention bestand also darin, aus dem rebellischen Verhalten (das Daumenlutschen) eine gehorsame Pflichterfüllung (eine Norm!) zu machen. Daumenlutschen ist aber nur solange eine rebellische Handlung, wie es gegen eine soziale Norm verstößt (»Das tut man nicht!«) und andere Menschen schockiert. Sobald der Psychiater das Daumenlutschen aber als brave Normerfüllung interpretierte, verlor es seinen Reiz.[25] Das Spiel mit Normen kann also selbst in Extremsituationen – wie sie in der Psychiatrie gegeben sind – eine bestimmte gewünschte Handlungsweise auslösen. Warum sollte das für die Kaufhandlung nicht auch möglich sein?

### Wie wirken sich Normen auf das Verbraucherverhalten aus?

Normen können das Zünglein an der Waage sein, wenn der Verbraucher eine Kaufentscheidung für oder gegen eine bestimmte Marke trifft. Dazu einige Beispiele:

- Millionen Verbraucher bevorzugen mittlerweile besonders umweltfreundliche Produkte, z. B. Putzmittel. Dahinter steckt nicht der Glaube an eine überlegene Qualität, sondern eine gesellschaftliche Norm, die uns zum Umweltschutz mahnt.

---

25  Vgl. Haley, J.: Die Psychotherapie Milton H. Ericksons. München 1988, S. 197

- Es häufen sich die Fälle, in denen Verbraucher aufgrund ihrer moralischen Entrüstung bestimmte Marken boykottieren. Dies gilt beispielsweise für die Marke *Benetton,* die die Öffentlichkeit mit erschütternden Werbemotiven schockierte: mit einem blutüberströmten Soldaten, einem sterbenden Aidskranken etc. Die Verbraucher boykottierten die Marke: Von 1993 bis 1995 mußten allein in Deutschland 100 Läden schließen, die restlichen verzeichneten Umsatzeinbußen bis zu 30 %. Ebenfalls Opfer eines Boykotts wurde der Mineralöl-Konzern *Shell,* als er Mitte 1995 seine Ölplattform »Brent Spar« im Meer versenken wollte. Die Verbraucher waren empört: Dreiviertel der Bevölkerung war nach einer *Emnid*-Umfrage bereit, den Konzern zu boykottieren. Tatsächlich ging der Umsatz einzelner *Shell*-Tankstellen um bis zu 50 % zurück. – Die Beispiele zeigen: wenn Firmen gesellschaftlich verwurzelte Normen verletzen, schlägt sich das direkt im Verbraucherverhalten nieder.
- Fast jeder kennt von sich selbst das Phänomen der psychologischen Preisschwellen, die uns gelegentlich zu irrationalem Verhalten treiben. Die Gesellschaft für Konsumforschung (GfK) wies 1989 in einem Feldexperiment nach, daß eine Markenmargarine bei einem Preis knapp unter 2 DM sprunghaft mehr Käufer fand als bei einem Preis knapp über 2 DM. Der geringe Preisunterschied stellt natürlich für den Verbraucher keine echte finanzielle Hürde dar. Die Kaufbarriere ist vielmehr eine Norm: Die Verbraucher wollen aus Prinzip nicht mehr als 2 DM bezahlen, weil sie es »nicht einsehen«.[26] Diese sture Verbraucher-Moral ist beispielsweise dafür verantwortlich, daß Tafelschokolade seit den 60er Jahren die magische Preisschwelle von 1 Mark noch immer nicht durchbrechen konnte, während die Inflation seither zu einer gesamtwirtschaftlichen Verteuerung von mehr als 200 % geführt hat.

**Die fünf strategischen Grundmuster**
Zahlreiche Siegermarken aus allen Branchen und Ländern bauen ihre Strategien auf der Macht menschlicher Normen auf.

1. Die Konsistenz-Strategien
2. Die Gewissens-Strategien
3. Die Sanktionierungs-Strategien
4. Die Inkonsistenz-Strategien
5. Die Enttabuisierungs-Strategien

---

26 Hoegl, S.: Preisschwellen und Preispolitik. Planung und Analyse 1989, 16, S. 371–376

# 1. KONSISTENZ-STRATEGIEN

Das Prinzip: **Beweisen Sie dem Verbraucher, daß Ihr Produkt bestimmten Normen und Werten, die ihm besonders wichtig sind, in höchstem Maße entspricht.**

## Fallbeispiel FROSCH

In den frühen 80er Jahren entstand der große Trend zum Umweltschutz. 1986 führte die Mainzer Firma *Werner & Mertz* eine Produktserie unter dem Namen *Frosch* ein. Ihre Devise: weniger ist mehr. Weniger Chemie, mehr bewährte Hausmittel wie zum Beispiel Essig. Weniger Produkte, breitere Anwendbarkeit. *Frosch* war die erste große Marke, die das Umweltargument, das in den Bereich der Normen gehört, nicht nur als Ergänzung einer Nutzenstrategie verstand, sondern es zum stolzen Mittelpunkt der Werbekampagne machte. *Frosch* sprühte nur so vor Umweltfreundlichkeit: dank seiner transparenten Verpackung, der grünen Reinigungssubstanz und dem freundlichen Frosch-Logo. Mit einer Printkampagne gelang es der Marke, ihren Umsatz in drei Jahren zu verdreifachen. Weil sie dem Verbraucher das angenehme Gefühl schenkt, in besonderem Einklang mit einer Norm (»Du sollst die Umwelt schonen!«) zu handeln.

Ein vergleichbarer Fall ist die Marke *Danke,* unter der umweltfreundliche Papierprodukte wie Klopapier, Küchenrollen etc. eingeführt wurden. Wofür bedankt sich die Marke so höflich? Vermutlich dafür, daß der Verbraucher den verführerischen Nutzenversprechen der großen, etablierten Wettbewerber tapfer widersteht (z. B. *Hakle*), um statt dessen einer Norm (»Du sollst umweltfreundlich sein«) treu zu bleiben.

## Fallbeispiel AMERICAN EXPRESS (USA)

In den USA tobt ein harter Wettbewerb der Banken um das hochprofitable Kreditkartengeschäft. Dort bieten Girokonten nämlich keinen Dispo, während Kreditkarten aber über Monate flexible Kredite gewähren.

Der Wettbewerb wird hauptsächlich in der ewigen Spirale von Service und Preiskampf ausgetragen. Beides sind Argumente, die dem Motivationsfeld Nutzen angehören.

*American Express* gelang jedoch ein herausragender Erfolg mit einer reinen

Konsistenz-Strategie. Ihr Argument: In Zukunft werden bei jedem Kredit-
karteneinsatz 3 Cents für die Dritte-Welt-Organisation »Share our Strength«
abgezweigt.

Worin liegt die Stärke des Konzeptes? *American Express* zieht sich aus dem
Schlachtfeld des Nutzens zurück und eröffnet ein neues im Bereich der Normen. Die Marke gibt dem Kunden das einzigartige Gefühl, einer Norm (»Du
sollst Bedürftigen helfen!«) zu entsprechen. Hinzu kommt: das gute Gefühl
kostet den Verbraucher keinen Pfennig, denn die Spende wird ja nicht auf
den Kaufpreis aufgeschlagen, sondern von *American Express* abgeführt.
Dieser Umstand könnte den Kunden sogar ermuntern, seine Karte noch häufiger einzusetzen als bisher. *American Express* generierte mit dieser Erfolgskampagne 5 Mio. US-Dollar.

## ERFOLGSFAKTOREN

- **Relevanz der angesprochenen Norm:** Konsistenz-Strategien versprechen
  Erfolg, wenn sie an dringende Normen appellieren. Die *Frosch*-Kampagne
  konnte beispielsweise erst zu einem Zeitpunkt greifen, als das Umweltbewußtsein der Menschen maximal ausgeprägt war. Zehn Jahre zuvor wäre dieselbe Markenstrategie vielleicht gescheitert.

- **Produkteignung:** Inwieweit kann das Produkt der angesprochenen Norm
  Genüge tun? Macht es in den Augen der Verbraucher tatsächlich einen Unterschied, ob sie *Frosch* verwenden oder ein »herkömmliches« Reinigungsmit-
  tel? – Je stärker *Frosch* seine eigene Umweltfreundlichkeit gegenüber den
  Wettbewerbern herausstellt, desto besser sind seine Chancen am Markt.

Die hier zitierten Beispiele lassen vermuten, daß typische Konsistenz-Strategien für Markenartikel eher die Ausnahme sind. Die größte Rolle spielen sie

- für besonders umweltfreundliche Produkte sowie
- für Marken, deren Verkauf mit einem guten Zweck verbunden ist (z. B.
  TransFair-Kaffee, Oxfam-Läden, Benefiz-Schallplatten etc.)

## 2. GEWISSENS-STRATEGIEN

Das Prinzip: **Dramatisieren Sie, wie der Verbraucher mit Hilfe Ihres Produktes seine (latenten) Schuldgefühle bzw. sein schlechtes Gewissen Dritten gegenüber abbauen kann.**

Was haben Gewissens-Strategien mit Normen zu tun?
Jeder Mensch hat in seinem Kopf Erwartungen (Normen) gespeichert, die ihm sagen, wie er sich anderen Menschen gegenüber verhalten sollte. Dahinter steckt nicht die oberflächliche Erwartung eines Vorteils, sondern etwas viel Tieferes: soziales Pflichtbewußtsein, Verantwortungsgefühl, Fairneß.
Sobald Menschen innerlich spüren, daß sie ihren eigenen normativen Erwartungen Dritten gegenüber nicht entsprechen, empfinden sie Gewissensbisse. Wenn nun eine Marke dem Verbraucher wieder zu einem guten Gewissen verhelfen kann, bietet sie ein attraktives Kaufmotiv.

### Fallbeispiel **LENOR**

Als der Weichspüler *Lenor* 1963 auf den deutschen Markt kam, galt das Produkt eigentlich als verzichtbarer Luxus. Eine gute Hausfrau mußte sich geradezu Vorwürfe machen, das schwer verdiente Haushaltsgeld für einen Luxusartikel zu verschwenden. Die Kaufbarriere war also eine Norm, die wie ein Wächter im Bewußtsein der Verbraucher saß und warnte: »Geh sparsam mit dem Haushaltsgeld um!« Wer dem Luxus nachgab, wurde möglicherweise von seinem Gewissen gebissen. In dieser Situation wurde die legendäre *Lenor*-Kampagne »geboren«, in der sich das personifizierte Gewissen wie ein Phantom aus der Gestalt der Hausfrau löst, um deren bisherige Moral auf den Kopf zu stellen: »Du bist es deiner geliebten Familie schuldig, sie mit einem Weichspüler wie Lenor zu verwöhnen!« Diese neue Norm förderte nun den Absatz, anstatt ihn zu behindern. Denn *Lenor* befreite die Hausfrau von ihrem schlechten Gewissen und schenkte ihr ein gutes. Mit dieser Kampagne etablierte *Lenor* einen neuen Markt, der heute über eine halbe Milliarde Mark umfaßt. *Lenor* eroberte seinen Platz unter den 100 Top-Marken in Deutschland; und noch heute erinnern sich die Menschen an das personifizierte *Lenor*-Gewissen, obwohl dieses Markenzeichen schon vor über zehn Jahren aus der Werbung genommen wurde.

## Fallbeispiel LUNCHABLES (USA)

Wie vermarktet man fertig verpackte Lunch-Pakete für Kinder? Eine heikle Herausforderung, denn gerade streßgeplagte, berufstätige Mütter leiden sowieso schon an Schuldgefühlen, weil sie wenig Zeit für ihren Nachwuchs haben. Selbst die mittäglichen Lunchpakete (auch »doggy bags« genannt) werden eher mit Hast als mit Liebe zubereitet. Leicht vorstellbar, daß maschinell abgefüllte, in Plastik verpackte Fertigprodukte wie *Lunchables* das schlechte Gewissen sogar noch steigerten. So verlockend praktisch das Produkt auch sein mochte, so sehr stand seinem Abverkauf eine rigide Norm im Wege: »Du sollst dich liebevoll um das Wohl deiner Kinder kümmern (anstatt sie mit Fertigware abzuspeisen)!« Kein Wunder, daß die Umsätze 18 lange Monate abbröckelten.

Doch im Frühjahr 1994 entschieden sich die *Lunchables*-Manager für eine Gewissens-Strategie. Der TV-Spot zeigt einen niedlichen kleinen Jungen, der sich mit treuherzig-traurigen Kulleraugen über die lieblos zubereiteten Lunch-Pakete seiner Mutter beschwert. Die »Rabenmütter« (vor dem Fernseher) wurden von Schuldgefühlen gequält.

Jetzt tritt *Lunchables* auf und präsentiert sich als das abwechslungsreiche Lunchpaket, mit immer gleicher Sorgfalt zubereitet, für das verantwortungsvolle und liebevolle Mütter sich ganz bewußt entscheiden. Anstatt ein schlechtes Gewissen zu verursachen, verschaffte *Lunchables* seinen Verbrauchern nun ein besonders gutes Gewissen. Binnen Jahresfrist wuchs der Absatz um 41 %.

## Fallbeispiel HALLMARK (USA)

Wie vermarktet man hochwertige, aber vor allen Dingen kostspielige Gruß- und Glückwunschkarten?

Naheliegend wären fadenscheinige Nutzen-Argumente: erlesene Papierqualität, künstlerisch wertvolle Motive, ansprechendes Design. Aber letztlich ist all das doch nur dekoratives Beiwerk! Bei einer Karte kommt es schließlich auf die persönlich formulierten Grüße an – und nicht auf die Marke! Für teure Karten galt also eine ähnliche Verbrauchernorm wie für Luxusartikel: »Du sollst nicht verschwenderisch sein.« *Hallmark* gelang es, diese hinderliche Norm für sich selbst auszumerzen. Ihr TV-Spot erzählt folgende Geschichte: Ein sympathisches und natürlich wirkendes junges Paar sitzt sich am Valentinstag in einem Bistro gegenüber. Sie liest sichtlich gerührt seine Glückwunschkarte und bedankt sich dafür mit glänzenden Augen und warmen Worten. Nun beginnt er sie zu foppen: »Komm schon, dreh die Karte um.« Sie wehrt ab, doch er läßt nicht locker: »Nun mach schon, du tust es doch sonst auch.« Sie ziert sich weiter, doch irgendwann gibt sie nach und entdeckt jenes vielsagende Markenzeichen *Hallmark*, das ihrem Glück das Sahnehäubchen verleiht. Der Claim: »When you care enough to send the very best.« – Wenn es dir wichtig genug ist, das Allerbeste zu verschicken. In Zukunft muß sich also jeder, der ein günstigeres Wettbewerbsprodukt kauft, schuldig fühlen: Ist mir der Empfänger nicht wichtig genug für eine *Hallmark*? Ist er nicht die wenigen Extra-Cents wert? Und wie peinlich ist es erst, wenn jener Beschenkte auf der Kartenrückseite die schmerzvolle Bestätigung findet, daß er in den Augen des Absenders offenbar keine *Hallmark* verdient? – Derartige Vorstellungen sind für viele Leute sicherlich ein Alptraum. Einfacher ist es doch, ein wenig mehr Geld auszugeben und dafür sein gutes Gewissen zu genießen.

*Hallmark* ersetzte also eine unvorteilhafte Norm (»Du sollst nicht verschwenderisch sein«) gegen eine abverkaufsförderliche Norm (»Du darfst deine geliebten Freunde, Verwandten und Bekannten nicht mit etwas Billigem enttäuschen«).

## ERFOLGSFAKTOREN

- **Stärke des Schuldgefühls:** Wie tief sitzt das Schuldgefühl bzw. das schlechte Gewissen, das Sie beim Verbraucher ansprechen? Und wer ist jener Dritte, auf den sich die Schuldgefühle beziehen? Meist sind es Ehepartner, Kinder, Freunde, Bekannte, Nachbarn oder Haustiere. Prinzipiell gilt: Je liebenswerter und unschuldiger jener Dritte ist, je mehr er unsere liebevolle Zuwendung verdient, desto besser.

- **Glaubwürdigkeit:** Wie »beweisen« Sie dem Verbraucher, daß Ihr Produkt besser geeignet ist, seine Pflicht gegenüber Dritten zu erfüllen als Wettbewerbsprodukte? Finden Sie einen geeigneten Indikator, z. B. eine Produkteigenschaft oder das Preisniveau.

• **Vorher-Nachher-Taktik:** Bewährt haben sich Geschichten, die in drei Schritten ablaufen: Zuerst sehen wir, wie jemand von Gewissensbissen gegenüber Dritten geplagt wird. Dann kommt das Produkt wie ein Held ins Spiel und beseitigt alle Schuldgefühle. Und zum Schluß sehen wir, wie glücklich jener Dritte über die Lösung ist.

Oberflächlich betrachtet könnte man glauben, die Gewissens-Strategie sei mit einem emotionalen Nutzen vergleichbar.

Tatsache ist jedoch, daß Gewissensentscheidungen viel tiefer in der Psyche der Menschen verankert sind. Es fällt Menschen in der Regel viel schwerer, gegen ihr Gewissen zu handeln, als auf einen emotionalen Nutzen zu verzichten. Richtig ist jedoch, daß sich beide strategischen Grundmuster sehr wirksam miteinander verknüpfen lassen.

Die oben genannte amerikanische Fallstudie zeigt, daß Gewissens-Strategien zur tragenden Kraft des Markterfolgs werden können. In Deutschland werden sie jedoch selten eingesetzt. Nennenswert ist natürlich die Bonbon-Marke *Nimm 2* mit den zehn wichtigsten Vitaminen. Diese Marke kann das Gewissen all jener hunderttausend Mütter beruhigen, die ihre kleinen Quälgeister mit Bonbons »bestechen« (das ruft ein schlechtes Gewissen hervor), aber dank der Vitamine trotzdem das Gefühl haben, ihnen etwas Gutes zu tun. Denn *Nimm 2* ist laut Slogan »Vitamine und Naschen«, nicht etwa umgekehrt.

## 3. SANKTIONIERUNGS-STRATEGIEN

Das Prinzip: **Dramatisieren Sie, daß die Zielgruppe nur mit Ihrem Produkt ihren hohen Ansprüchen an sich selbst gerecht werden kann (Appell an Stolz, Ehre und Eitelkeit).**

Was hat Sanktionierung mit Normen zu tun?
Jeder Mensch richtet bestimmte Erwartungen (Normen) an sich selbst, beispielsweise

- modern sein (und nicht altmodisch)
- offen sein (und nicht pedantisch, intolerant, engstirnig oder spießbürgerlich)
- clever sein (und nicht dumm)
- »Klasse« haben (und nicht jämmerlich wirken)

Es gibt wohl kaum einen Menschen, der frei von solchen oder ähnlichen Erwartungen wäre.

Das Prinzip der Sanktionierung beruht darauf, einem Menschen vorzuhalten, daß er seinen eigenen Erwartungen nicht gerecht wird, wenn er eine »falsche« Kaufentscheidung trifft. Das Ziel besteht also darin, andere Menschen bei ihrer Ehre zu packen, um ihr Verhalten in eine bestimmte Richtung zu steuern.

Da diese Technik so gut funktioniert, wird sie sehr wirkungsvoll in der Alltagskommunikation eingesetzt.

Ehepartner benutzen diese Strategie gern, um gegenseitig ihr Verhalten zu ändern. Wenn der aufstrebende Manager seiner Ehefrau die längst fällige Perlenkette verweigert, kontert sie mit einer moralischen Sanktionierung: »Du warst schon immer ein verdammter Geizhals.« Der Vorwurf »Geizhals« schmerzt ihn, weil dieser im krassen Widerspruch zu den normativen Erwartungen steht, die er an sich selbst stellt. (»Man sollte nicht geizig sein.«) Der Ehemann muß die so erzeugte innere Spannung abbauen. Zum Beispiel dadurch, daß er seine Handlungsabsicht ändert und die Perlenkette kauft.

Noch ein Beispiel aus dem »wahren« Leben: Im Foyer eines Stockholmer Kinos hängt ein Schild mit der Aufschrift: »Uralten, gebrechlichen Damen ist es erlaubt, ihre Hüte in unserem Theater aufzubehalten.« Dieses scheinbar freundliche Zugeständnis erzeugt bei den Angesprochenen einen psychologischen Spannungszustand: sie müssen sich alt und gebrechlich vorkommen, obwohl dies im krassen Widerspruch zu ihrer Eitelkeit steht, nämlich möglichst rüstig zu sein. Der einfachste Weg, die Spannung abzubauen, ist, den Hut abzunehmen. Das Schild bewirkt die gewünschte Verhaltensänderung (nämlich Hüte abzunehmen) zuverlässiger als alle möglichen Appelle, Warnungen oder höflichen Bitten.

Sanktionierung ist eines der stärksten Instrumente, um menschliches Verhalten zu steuern. Unser gesamtes Normen- und Wertesystem hat sich in der Kindheit überwiegend durch Sanktionierung herausgebildet. Fast alles, was wir »gut« oder »schlecht« finden, ist das Ergebnis unermüdlicher elterlicher Sanktionierung. Wenn das Kleinkind beispielsweise ein braunes Häufchen auf den

Teppich setzt, wird es bestraft; landet das Häufchen hingegen im Töpfchen, wird das Kind belohnt. Mit diesem einfachen Mechanismus aus Lohn und Strafe lernen Kinder einen großen Teil ihres moralischen Normen-Kodexes.

Ein unterhaltsames Beispiel für die Macht der Sanktionierung beschreibt das Märchen »Des Kaisers neue Kleider.« Darin bieten zwei Ganoven dem Kaiser an, ihm aus großen Mengen puren Goldes phantastische Gewänder zu schneidern. Und jetzt kommt ihre Sanktionierung ins Spiel: »Wer die Kleider nicht sehen kann, entlarvt sich damit selbst als Dummkopf.« Die Sanktionierung bewirkte, daß sich der Kaiser und sein ganzes Volk so verhielten, wie es die Ganoven wollten: sie alle bestätigten nämlich die Existenz der nicht vorhandenen Gewänder und schützten dadurch die Ganoven. Erst ein ahnungsloses Kind ließ den Schwindel auffliegen. – Das Märchen demonstriert, wie einfach sich das Verhalten von Menschen durch Sanktionierung steuern läßt.

Wie das Prinzip der Sanktionierung in der Praxis aussehen kann, zeigen die folgenden Beispiele:

### Fallbeispiel SCHWARTAU EXTRA

*Schwartau Extra* ist eine erfolgreiche Edelkonfitüre, die jahrelang durch ihr einzigartiges Qualitätsversprechen gewachsen ist. Doch Ende der 80er Jahre schien eine unüberwindbare Grenze erreicht. Das Potential der treuen Stammkunden schien ausgereizt – weitere potentielle Verbrauchergruppen waren nicht bereit, für mehr Qualität auch mehr Geld auszugeben.

Wie laviert sich eine stolze Traditionsmarke aus dieser Situation heraus? Soll sie mit Millionenaufwand die Qualitätshymne weiter singen? Aber warum den Verbraucher von etwas überzeugen wollen, was er ohnehin längst glaubt? Oder sollte man die Preise senken und damit den Profit gefährden?

*Schwartau Extra* erkannte, daß ihr großes Marktpotential nicht im Bereich des Nutzens, sondern der Normen lag. Die Marke entwickelte eine Rundfunk-Kampagne unter dem Motto: »Schwartau Extra und der 3-Pfennig-Tip.« Ein jovialer Sprecher beglückwünschte die Hörer zu ihrer Entscheidung, 3 Pfennig pro Frühstück zu sparen, indem sie auf *Schwartau Extra* verzichten. »3 Pfennig« – die Stimme des Sprechers überschlägt sich fast vor Begeisterung, das macht bereits mehr als 20 Pfennig pro Woche ... »Die Ironie war faustdick aufgetragen. Die Werbung verspottete den Verbraucher, indem sie seine gutgemeinte Spar-Disziplin als lächerliche Pfennigfuchserei entlarve. Das ging dem Verbraucher gegen die Ehre. Hat er es nötig, wegen 20 Pfennig pro Woche auf *Schwartau Extra* zu verzichten? – Die Sanktionierung hat ihren Zweck erfüllt: Trotz äußerst niedriger Media-Aufwendungen wuchs der Absatz von 1990 bis 1993 um 23 %.

Fallbeispiel **BERLINER VERKEHRSBETRIEBE**

In allen Großstädten treiben Vandalen mit Vorliebe in U-Bahn-Schächten und öffentlichen Verkehrsmitteln ihr Unwesen. Sie sprühen Graffiti an die Wände, schlitzen die Sitzpolster auf und reißen das Mobiliar aus den Metallgelenken. Dadurch entstehen jährlich Schäden in Millionenhöhe. Der immense materielle Schaden bewog die *Berliner Verkehrsbetriebe* 1990, den Vandalen den Krieg zu erklären. Eines der Elemente des ganzheitlichen psychologischen Feldzuges bildete eine Werbekampagne, die das ganze Jahr über in Berliner Kinos gezeigt werden sollte. Denn die Zielgruppen-Analyse hatte ergeben, daß die Vandalen ein ähnliches soziografisches Profil (Alter, Bildung, Einkommen) wie typische Kinogänger aufwiesen. Die Kommunikations-Strategie bedurfte eines besonderen psychologischen Einfühlungsvermögens, denn Vandalen sind hartgesottene »Underdogs«. Sie sind nicht nur gefeit gegen moralische Appelle, Warnungen und Drohungen aller Art, sondern amüsieren sich sogar darüber. Eine Kommunikationskampagne gegen Vandalismus barg also die Gefahr, zum Bumerang zu werden, indem sie einigen Vandalen zur »Berühmtheit« innerhalb der Szene verhalf. Allein die Abbildung der Verwüstungen auf der Kinoleinwand konnten ausreichen, damit sich die Täter in ihrem Freundeskreis dafür feiern lassen würden.

Die psychologischen Studien hatten gezeigt, daß Vandalismus ein Hilfeschrei nach öffentlicher Aufmerksamkeit ist. Denn Vandalen sind häufig sozial gescheiterte Existenzen, die tagsüber ein Schattendasein führen und sich durch ihre nächtlichen Eskapaden zumindest innerhalb ihrer Subkultur den (zweifelhaften) Ruhm verschaffen, der ihnen tagsüber versagt bleibt. Der einzelne Vandale empfindet sich als Nichts; erst in seiner Subkultur erfährt er die Anerkennung, die ihn zum gefürchteten Anti-Helden macht. Darum implizierten alle naheliegenden Kommunikations-Strategien (Drohungen etc.) das Risiko, die Vandalen zu neuen Höchstleistungen anzuspornen, anstatt sie von ihrem kriminellen Treiben abzuhalten. In dieser Erkenntnis war bereits die Lösung des Konflikts angelegt. Die Werbekampagne mußte dafür sorgen, daß der Vandale von seinen eigenen Freunden nicht Anerkennung, sondern Spott erfuhr. Kurz: Das Kinopublikum sollte den Vandalen öffentlich auslachen. Er sollte sich in seinem Kinosessel wie ein jämmerlicher Feigling vorkommen, und nicht wie eine stille Berühmtheit. Die Lösung lag also in einer Sanktionierungs-Strategie. Der Kinospot beginnt mit typisch-»pochender« Krimi-Musik. Wir sehen einen räudigen Straßenköter, eine gemeine, feige und trostlose Kreatur. Sie läuft die Treppe zu einem U-Bahnschacht hinunter. Schnitt. Jetzt sehen wir einen spraydosenbewaffneten Vandalen denselben U-Bahn-Schacht hinunterlaufen. Er sieht nicht weniger gemein, feige und trostlos aus. Schnitt. Der Köter nähert sich einer Wand. Schnitt. Der Vandale auch. Schnitt. Der Köter wirft einen ängstlichen Blick über die Schulter. Schnitt. Der Vandale auch. Schnitt. Der Köter pinkelt gegen die Wand. Schnitt. Der Vandale sprüht ein Graffiti an dieselbe Wand. Schnitt. Texttafel: »Vandalen sind arme Hunde.« Das nun einsetzende Hohngelächter des Publikums ist vermutlich die beste Waffe, um den Vandalen mitten ins Herz zu treffen. Denn nun sind es nicht mehr die *Berliner Verkehrsbetriebe*, die ihn als armen Hund bezeichnen (das könnte er vielleicht noch verkraften), sondern es ist das Kinopublikum, also junge Leute wie er selber, vielleicht seine eigenen Freunde, deren Wertschätzung ihm so wichtig ist.

## ERFOLGSFAKTOREN

- **Die sanktionierende Instanz:** Wer sanktioniert die Normen des Verbrauchers? Meist ist es die Marke selbst oder eine der Figuren aus der Werbung. Wichtig ist, wie groß die Autorität in den Augen der Zielgruppe ist. Im Falle von *Schwartau Extra* sanktioniert die Marke selbst den Verbraucher. Das ist meist die schwächere Form. In der Kampagne der *Berliner Verkehrsbetriebe* sind es die eigenen Kameraden, die im Kino neben dem Vandalen sitzen. Das ist natürlich ungleich stärker, um eine Verhaltensänderung herbeizuführen.
- **Stärke der Sanktionierung:** Welche der von vielen möglichen Sanktionierungsformen trifft den Verbraucher am härtesten? *Schwartau Extra* verspottet seine Nichtkunden als »kleinkarierte Pfennigfuchser«. Das ist sicherlich schmerzhaft genug, um das Verbraucherverhalten zu ändern. Für die Berliner

Vandalen muß es jedoch eine ungleich härtere Sanktionierung sein, als »arme Hunde« bezeichnet zu werden – auf das soziale Niveau eines Straßenköters herabgesetzt zu werden. Selbst der abgebrühteste Vandale möchte kein »armer Hund« sein. Je mehr ihn der Vorwurf trifft, desto größer ist die Wahrscheinlichkeit, daß er sein Verhalten in Zukunft ändert.

- **Glaubwürdigkeit:** Sanktionierungen brauchen ein sachliches Fundament; sonst verhallen sie als willkürliche Gehässigkeit. *Schwartau Extra* argumentiert sehr plausibel: Wer den Ehrgeiz hat, 3 Pfennig pro Frühstück zu sparen, ist zwangsläufig ein Pfennigfuchser. Dem läßt sich kaum widersprechen. Der Spot der *Berliner Verkehrsbetriebe* erzeugt Glaubwürdigkeit durch die dargestellte verblüffende Verhaltensähnlichkeit zwischen Vandale und Straßenköter.

# 4. INKONSISTENZ-STRATEGIEN

Das Prinzip: **Vermitteln Sie der Zielgruppe das unangenehme Gefühl, im krassen Widerspruch zu ihren eigenen Normen und Werten zu handeln.**

Jeder Mensch strebt danach, im Einklang mit seinen persönlichen Normen und Werten zu leben. Sobald uns jemand auf einen Widerspruch aufmerksam macht, fühlen wir uns innerlich unwohl, was dazu führen kann, daß wir unser (Kauf-) Verhalten ändern.

Hauptsächlich werden Inkonsistenz-Strategien nicht für Markenartikel, sondern für Sozialkampagnen angewendet, die das Verhalten der Bevölkerung in eine bestimme Richtung lenken wollen. Dies betrifft beispielsweise Kampagnen für die Verwendung von Kondomen, für Kinderschluckimpfung, gegen Kindesmißhandlung etc.

## Fallbeispiel **WORLD VISION**

*World Vision* ist eine der weltgrößten Spendenorganisationen, die sich auf Kinderpatenschaften spezialisiert hat. Wer eine solche Patenschaft übernimmt, spendet über mehrere Jahre monatlich einen Betrag von 50 DM, um

Kindern in der Dritten Welt zu ausreichender Ernährung, medizinischer Betreuung und einer Ausbildung zu verhelfen. Gleichzeitig schafft *World Vision* in den Wohnorten der Kinder die Voraussetzungen für eine menschenwürdige Zukunft: durch Ackerbau, Brunnenbau usw. 1979 drängte *World Vision* auch auf den deutschen Markt mit seinen bereits 10 000 vorhandenen Hilfsorganisationen.

Dennoch gelang es *World Vision* mit einer aggressiven Inkonsistenz-Strategie, bis 1981 einen Platz unter den Top 20 einzunehmen. Einige Werbeanzeigen provozierten mit folgenden Headlines:

»Wenn Sie eine Kinderpatenschaft übernehmen, müssen Sie vielleicht auf ein Glas Bier pro Tag verzichten.«

»Wer auf eine Kinderpatenschaft verzichtet, darf später einmal sagen: ›Das Kind ist zwar verhungert, aber dafür habe ich DM 1,50 pro Tag gespart.‹«

»Sicher finden Sie eine Ausrede, keine Patenschaft zu übernehmen.«

Zum Beispiel: »Ich kauf mir für 50 Mark im Monat lieber mehr Bier und Zigaretten (...) Ich helfe lieber dem Tierschutzverein (...) Für das Geld verlängere ich lieber meinen Urlaub um ein paar Tage (...) Ein einzelner kann sowieso nichts machen (...) Wenn sowieso soviel Kinder sterben, interessiert mich das eine auch nicht (...)«

Über Geschmack läßt sich streiten, doch eines ist unbestritten: Solche Anzeigen sind unbequem. Sie lösen eine innere Spannung aus, treiben den Verbraucher in die Enge. Sie bohren ihm mit spitzem Zeigefinger in die Rippen, um ihn auf einen Widerspruch (Inkonsistenz) in seinem Verhalten hinzuweisen: »Wie kann es sein, daß Alkohol und Zigaretten für mich wichtiger sind als das Überleben eines Menschen?« Wer sich auf diesen Widerspruch einläßt, muß darauf reagieren. Zum Beispiel dadurch, daß er dem Druck nachgibt und eine Kinderpatenschaft abschließt. Die *World-Vision*-Kampagne war zwar erfolgreich, löste aber eine so heftige ethische Diskussion aus, daß sich die Organisation nach einigen Jahren entschied, in der Werbung andere Wege zu gehen.

## ERFOLGSFAKTOREN

- **Ausprägung der Inkonsistenz:** Grundsätzlich gilt: der entlarvte Widerspruch muß die Zielgruppe provozieren, schockieren oder sogar moralisch quälen. Wird der Bogen überspannt, muß man jedoch mit einem Bumerang-Effekt rechnen. Um das zu vermeiden, sollte man aggressive Inkonsistenz-Strategien in enger Zusammenarbeit mit der Zielgruppe entwickeln.

- **Eignung der Lösung:** Wer eine Inkonsistenz-Strategie anwendet und damit eine starke innere Spannung im Bewußtsein der Verbraucher hervorruft, muß auch eine geeignete Lösung (im Sinne einer Verhaltensänderung) vorschlagen, die der Verbraucher akzeptieren kann.

# 5. ENTTABUISIERUNGS-STRATEGIEN

Das Prinzip: **Eliminieren Sie gesellschaftliche Tabus, mit denen Ihr Produkt behaftet ist, indem Sie auf eine möglichst provozierende Weise darstellen, daß es zum Alltag der Zielgruppe gehört.**

Bei manchen Produkten besteht die größte Kaufbarriere darin, daß sie gesellschaftlich »tabu« sind.

Der potentielle Verwender mag zwar den Nutzen des Produktes anerkennen, schreckt aber vor der Peinlichkeit zurück, es (regelmäßig) zu kaufen. Eine Norm sagt ihm: »Das tut man nicht!« oder er glaubt: Es ist peinlich, mit diesem Produkt gesehen zu werden.

Welche Produkte bedürfen einer Enttabuisierung?

In erster Linie Erotik-Artikel (Kondome, Potenzmittel etc.), Intimprodukte (Damenbinden; Windeln für Erwachsene etc.) sowie einige pharmazeutische Präparate (Hämorrhoiden-Salben etc.). Letztlich finden natürlich alle diese Artikel ihre Abnehmer. Doch die Scham hindert den Verbraucher daran, das Produkt regelmäßiger zu verwenden.

### Fallbeispiel **Corega Tabs**

Lange Zeit wurden Dritte-Zähne-Reiniger als »intimes« Produkt empfunden, das im Badezimmer verschämt in einem Schränkchen verschlossen wurde. Denn die verräterische Packung hätte jedem Besucher die pikante Tatsache enthüllt, daß der Hausherr und/oder die Hausdame nicht mehr im

Vollbesitz ihrer natürlichen Zähne sind. Peinlichkeit hin, Peinlichkeit her, die ›Dritten Zähne‹ mußten trotzdem gereinigt werden, und darum entwickelte sich der Markt nicht schlecht. *Kukident* führt den Markt der Dritte-Zähne-Reiniger jahrelang unangefochten an – dank einem Millionenbudget für Werbung und einem Außendienst in Bataillonsstärke.

Als *Corega Tabs* eingeführt wurde, standen der Marke nur 100 000 DM Mediabudget zur Verfügung. Eine Außendienstorganisation gab es nicht; die Produkte mußten per Post vertrieben werden. Zehn Jahre später verfügte *Corega Tabs* bereits über das 100fache Mediavolumen, und 1990 trotzte sie *Kukident* sogar die Marktführerschaft ab. Dabei verfügte das Produkt über keinen nennenswerten Qualitätsvorsprung. Wie war das möglich?

Die *Corega*-Leute entschieden sich, ihr Produkt für den Verbraucher zu enttabuisieren. Der klassische TV-Spot zeigte eine Party im Hause einer vornehmen Familie. Die Gastgeberin, eine Dame im besten Alter, zieht sich während der Feierlichkeiten in ihr Schlafzimmer zurück, um ihre ›Dritten Zähne‹ zu reinigen. Dort stehen sie nun, ihre *Corega Tabs,* zwischen Parfüms und Kosmetikartikeln auf dem Nachtschränkchen – als wäre es die natürlichste Sache der Welt. Diese attraktive Dame empfindet offenbar nicht die geringste Scham dabei, sich vor einem Millionenpublikum zu ihrer Marke *Corega Tabs* zu bekennen.

Hierin liegt der strategische Kunstgriff: die Marke in der provozierendsten aller vorstellbaren Grenzsituationen darzustellen: in bestem Hause, während einer Party, sichtbar auf dem Nachtschrank. Und da *Corega Tabs* selbst unter diesen extremen sozialen Umständen eine gute Figur macht, muß sich der Verbraucher um so weniger scheuen, die Marke in seinen eigenen Alltag aufzunehmen. Bemerkenswert ist, daß die Enttabuisierung zunächst nur für *Corega* funktionierte, nicht aber für die Wettbewerber.

### Fallbeispiel PHILLIPS MILK OF MAGNESIA (USA)

Phillips ist ein Präparat gegen Verdauungsbeschwerden. Helden der Werbekampagne sind ein älteres Ehepaar. Wo immer sie auftauchen, plaudert die Ehefrau freimütig über die Verstopfung ihres Mannes. Der sitzt daneben und würde vor Scham am liebsten im Boden versinken. In liebevoller Tolpatschigkeit versucht er, seine geschwätzige Frau zum Schweigen zu bringen, doch ohne Chance. Die alte Dame will sich durch nichts und niemand von ihren Verstopfungs-Anekdoten abbringen lassen. Eines Tages erleben wir die beiden im Restaurant. Der Kellner erscheint, und das unvermeidliche

Lieblingsthema kommt wieder auf den Tisch. Gipfel der Unterhaltsamkeit ist ein mütterlicher Ratschlag an den Kellner, *Phillips Milk of Magnesia* demnächst sogar auf die Speisekarte zu setzen. Die Werbung enttabuisiert das Produkt, indem sie die provozierendste aller möglichen Situationen darstellt und ihr charmant den Schrecken nimmt. Wer diese Werbespots gesehen hat, braucht sich nicht mehr dafür zu schämen, mit *Phillips Milk of Magnesia* im Handtäschchen »ertappt« zu werden.

## Fallbeispiel ANTI-AIDS-KAMPAGNE

Wie überzeugt man Menschen mit wechselnden Sexualpartnern im Zeitalter von Aids, Kondome zu benutzen? Und zwar nach Jahren der Aufklärung, in denen das gesamte Spektrum möglicher Argumente, Warnungen und Drohungen in allen Varianten über die Zielgruppe hereingeprasselt war?
Wo also muß eine Kommunikations-Kampagne ansetzen, um eine signifikante Wirkung zu erzielen? Wo liegen die großen emotionalen, psychologischen oder normativen Barrieren, die sich durch Kommunikation aus dem Weg räumen lassen?
Es stellte sich heraus, daß die größte Barriere normativer Natur war: Einige Verbraucher schämten sich, Kondome einzukaufen. Denn jahrelang wurden Kondome von den Medien als Schutz geächteter Randgruppen (z. B. Fixer, Prostituierte) gegen die tödliche Bedrohung Aids erklärt. Der schwere gesellschaftliche Auftrag des Kondoms ist allerdings nicht nur lusttötend, sondern kann sogar zu einer Kaufbarriere werden: Wie muß sich eine junge Frau fühlen, die in der Apotheke nach einer Packung Kondome fragt? Die Apothekerin könnte sie für ein Flittchen halten. Eine neugierige Nachbarin könnte zufällig hereinstolzieren, oder ein Bekannter, der sich hämisch über den »brisanten« Einkauf äußert. – Zweifellos ist nicht die gesamte Kondom-Zielgruppe von derartigen Sorgen betroffen, aber sicherlich ein Teil von ihnen. Vor diesem Hintergrund nahm die aktuelle Aids-Kampagne einen radikal neuen Kommunikations-Kurs ein. Das Produkt wurde konsequent aus dem düsteren assoziativen Umfeld von »Tod«, »Seuche« und »Verantwortung« herausgeschnitten.
Der TV-Spot ist in typischer Sketch-Manier gedreht: Ein junger Mann (der Kabarettist *Ingolf Lück*) greift im Supermarkt verstohlen wie ein Dieb nach einem Päckchen Kondome und versucht es möglichst unbemerkt an die Kasse zu schleusen. Hier erlebt er nun den schlimmsten Alptraum. Die Kassiererin (die Kabarettistin *Hella von Sinnen*) schwenkt seine Kondompackung

durch die Luft und brüllt ihrer Kollegin quer durch den ganzen Laden zu: »Tina, was kosten die Kondome?« Der junge Mann droht im Boden zu versinken, doch die alte Dame hinter ihm will nicht – wie es erwartet wird – schimpfen, sondern hat selbst Kondome eingekauft und weiß, daß sie gerade im Sonderangebot sind. Die Enttabuisierung funktioniert also auch in diesem Fall dadurch, daß die provozierendste Grenzsituation dargestellt und durch Humor ihres Schreckens beraubt wird. Neben der TV-Kampagne zeigen Großflächen-Plakate kunterbunte Kondome, die spielerisch in witzige Strichzeichnungen eingebaut sind, z. B. als Räder eines Fahrrads. So nehmen Kondome verschmitzt und ohne falsche Scham am öffentlichen Leben teil. Sie wirken so harmlos, unspektakulär und ehrlich wie das kindliche Spiel. Und genau in dieser äußerst provozierenden Harmlosigkeit liegt die Chance, Kondome zu einem selbstverständlichen Bestandteil freier Sexualität zu machen.

### ERFOLGSFAKTOREN

- **Stärke des Tabus:** Je stärker ein Produkt mit einem Tabu behaftet ist, desto mehr Markterfolg kann aus der Enttabuisierung resultieren.
- **Brechung des Tabus:** Je überraschender, auffälliger und provozierender das Tabu gebrochen wird (ohne die Gefühle der Verbraucher zu verletzen), desto mehr Überzeugungskraft gewinnt die Kampagne. Die Brechung des Tabus kann sich beziehen auf:

  a) *die Situation:* Zeigen Sie eine Grenzsituation, in der die Verwendung des Produktes die größtmögliche Peinlichkeit auslöst: wie zum Beispiel das Gespräch über Verstopfung in einem Restaurant.

  b) *die Personen:* Zeigen Sie genau jene Menschen, von denen man am wenigsten vermuten würde, daß sie sich zu einem bestimmten »tabuisierten« Artikel bekennen. Zum Beispiel Prominente, die als Anzeigen-Testimonials freimütig über ihre Hörgeräte sprechen.

  c) *die Gestaltung:* Verwenden Sie einen künstlerischen Stil, der als Inbegriff der Harmlosigkeit gilt. Die Aids-Kampagne benutzt absichtlich den naiv-kindlichen Malstil als höchste Steigerung der Harmlosigkeit. Ein Sado-Maso-Sexshop in Frankfurt wirbt z. B. mit Plakaten, die den kreuzbraven Duktus der 50er/60er Jahre-Werbung imitieren. Alle werblichen Aussagen über Dildos, Handschellen und dergleichen wirken dadurch nett und sympathisch.

# 6. KONSEQUENZEN

Fassen wir die wichtigsten Thesen noch einmal zusammen:

- Normen dominieren nicht nur unser Verhalten im Alltag, sondern prägen ebenso unsere Kaufentscheidungen.
- In letzter Konsequenz üben Normen sogar eine größere Macht über den Menschen aus als ein Nutzen. Zwar fällt es Menschen schwer, auf einen Nutzen zu verzichten, aber es ist ihnen schier unmöglich, absichtlich gegen ihre Normen zu verstoßen.
- Darum sollte man bei der Wahl der optimalen Markenstrategie immer auch überprüfen, ob es normative Vermarktungspotentiale oder Kaufbarrieren gibt.

Wie arbeitet man mit Normen, um eine starke Markenstrategie zu entwickeln? Die Analyse auf drei Ebenen hilft auch hier, Barrieren und Potentiale gezielt aufzuspüren:

## 1. die Produktebene:
Gibt es Normen, die dem Verkauf des Produktes bzw. der ganzen Produktkategorie entgegenstehen: z. B. eine psychologische Preisschwelle? Gibt es ein gesellschaftliches Tabu, das den Absatz bremst? Oder umgekehrt: Entspricht Ihre Marke in besonderer Weise einem wichtigen Wert der Zielgruppe, z. B. dem Umweltschutz, einem guten Zweck etc.? Solche Überlegungen können zu Konsistenz- oder Enttabuisierungs-Strategien führen.

## 2. die Verbraucherebene:
Wie lassen sich die normativen Ansprüche, die die Zielgruppe an sich selbst stellt (z. B. nicht altmodisch sein, nicht geizig sein, nicht engstirnig sein etc.) allein auf Ihre Marke beziehen? Daraus läßt sich eine Sanktionierungs-Strategie entwickeln. Auch Inkonsistenz-Strategien setzen meist auf der Ebene des Verbrauchers an.

## 3. die Kontextebene:
Welche Rolle kann Ihre Marke spielen, um den sozialen Verpflichtungen der Zielgruppe gegenüber Dritten (Familie, Freunde etc.) in besonderer Weise gerecht zu werden und ggf. Schuldgefühle auszuräumen? Hier kann eine Gewissens-Strategie anknüpfen.

# MOTIVATIONSFELD »KONDITIONIERUNG«

**Kernthese:** **»Der Verbraucher bevorzugt Ihr Produkt, weil er unbewußt darauf konditioniert wurde.«**

Bei dem Begriff »Konditionierung« denken die meisten an jenes berühmte Experiment des russischen Physiologen Pavlov (1849–1936): Jedesmal, wenn er einem Hund das Futter vorsetzte, klingelte er mit einem Glöckchen. Nach einer Weile trat der damals überraschende Effekt ein: dem Hund lief selbst dann schon das Wasser im Munde zusammen, wenn er nur das Glöckchen hörte, ohne aber Futter zu erhalten.

Aus diesem sogenannten »konditionierten Reflex« entstand zu Beginn dieses Jahrhunderts eine neue psychologische Verhaltenslehre: der Behaviorismus, der von Wissenschaftlern wie Watson, Skinner und Thorndike vertreten wurde. Sie glaubten zwar nicht, daß man Menschen wie den Pavlovschen Hund dressieren kann, daß aber menschliches Verhalten maßgeblich durch Vorbildfunktion, positive und negative Verstärkung konditioniert wird. Das läßt sich anschaulich am Beispiel eines Kleinkindes erklären. Wenn eine durch »Trial and Error« entstandene Verhaltensweise durch Anerkennung der Eltern positiv verstärkt wird, entsteht daraus eine Verhaltensroutine. Wird sie hingegen durch Tadel oder Strafe negativ verstärkt, wird die Verhaltensweise abgelegt.

Interessant daran ist: Durch die Konditionierung schleifen sich Verhaltensroutinen ein, die der Mensch gar nicht mehr auf ihren Nutzen prüft. Die Behavioristen vertreten deshalb die Ansicht, daß die Konditionierung das Verhalten viel stärker prägt als der zu erwartende Nutzen.

**Die Macht der Konditionierung**

Die Konditionierung dominiert das menschliche Verhalten häufig viel stärker als ein Nutzen. Gerade im Alltag spielen oftmals eingeschliffene Verhaltensroutinen, die wir gar nicht recht begründen können, die entscheidende Rolle.

Der Mensch handelt fast ununterbrochen, von morgens bis abends, das ganze Leben lang. Wollte er jede dieser Handlungen auf ihren optimalen Nutzen prüfen, wäre er praktisch handlungsunfähig. Denken Sie an die Situation im Supermarkt: wir müssen uns zwischen 30 000 Artikeln entscheiden. Unsere Konditionierung erlaubt es uns, die schier unendliche Komplexität der Möglichkeiten auf eine kleine, überschaubare Palette zu reduzieren.

Wie kommt es, daß Menschen in unterschiedlichen Ländern ein jeweils unterschiedliches Frühstück bevorzugen? Die einen essen Brot (wie die Deutschen), die anderen gebratenen Schinken mit Rührei (wie die Briten), wieder andere essen Reis (wie die Asiaten) usf. Und woran liegt es, daß die Nordeuropäer abends lieber Bier trinken und die Südeuropäer lieber Rotwein? Es sind konditionierte Verhaltensweisen, die man schwerlich mit Nutzenargumenten begründen kann. Sie haben sich kulturell herausgebildet und tief in unsere Alltagsroutine eingeschliffen.

Viele ältere Leute (selbst professionelle Autoren) ziehen es immer noch vor, Texte mühselig mit der Schreibmaschine zu tippen, obwohl der Computer erheblich mehr Komfort bietet: Texte sind bequem korrigierbar, speicherbar und lassen sich auf der Festplatte wie in einer Miniatur-Bibliothek ablegen. Das Beispiel läßt sich verallgemeinern: Es fällt Menschen generell schwer, jahrelange Routinen über Bord zu werfen, um sich mit einer besseren Lösung, die einen größeren Nutzen verspricht, anzufreunden. So mächtig ist die Konditionierung.

**Die konditionierte Wahrnehmung von Objekten**

Welche Bedeutung kann Konditionierung für die Kaufentscheidung des Konsumenten haben? Schließlich kann man das Verbraucherverhalten nicht einfach derart konditionieren, daß die Zielperson willenlos wie eine Aufziehpuppe in den Supermarkt läuft und dort eine bestimmte Marke wählt.

Bei Objekten – und Markenartikeln – setzt die Konditionierung schon viel früher ein: nämlich bei der Wahrnehmung.

Nehmen wir das Beispiel einer antiken Vase. Der eine nimmt sie als Kapitalanlage wahr, der zweite als ästhetisches Kunstwerk, der dritte als aussagekräftiges Zeugnis einer historischen Kultur und der vierte schließlich als Behälter für seine Blumen. Jede dieser vier Personen würde der Vase allein aufgrund seiner Konditionierung einen unterschiedlichen Wert beimessen: zwischen ein paar Mark und einem Vermögen.

Der Verkaufserfolg eines Produktes hängt also wesentlich davon ab, wie die Zielgruppe konditioniert wird.

Ein extremes Beispiel für die Macht der konditionierten Wahrnehmung ist die Geschichte der berühmtesten Briefmarke der Welt: die Blaue Mauritius. Zur Feier seines 5jährigen Regierungsjubiläums ließ der britische Gouverneur von Mauritius, Mr. Gomm, im September 1847 500 rote und 500 blaue Briefmarken drucken. Doch der überlastete Drucker beging einen Fehler von historischem Ausmaß: anstatt »post paid« druckte er »post office« auf die Marken. Und genau dieser Fehler machte die Mauritius zur wertvollsten Briefmarke der Welt. Heute existieren noch 12 blaue und 14 rote Exemplare. Bei der letzten Versteigerung erzielten zwei ungebrauchte Marken einen Verkaufspreis von 7 Mio. DM. Allein der konditionierten Wahrnehmung ist es zu verdanken, daß ein fehlerhaftes Stück Papier sich wundersamerweise in einen sagenhaften Schatz verwandelte. Und würde heute irgend jemand auf die Idee kommen, die Blaue Mauritius tatsächlich als Briefmarke zu benutzen, müßte man ihn wahrscheinlich für verrückt erklären.

Ein weiteres spektakuläres Beispiel für konditionierte Wahrnehmung lieferte der deutsche Künstler *Joseph Beuys,* der durch seine exzentrischen Kreationen (Fettecke etc.) bekannt wurde. Eines seiner Kunstwerke, ausgestellt im Leverkusener Museum, war eine schäbige, alte Badewanne, die er sorgfältig mit Heftpflaster, Mull und Vaseline ausgekleidet hatte. Bei einer Feier im Museum wurde das Kunstwerk jedoch irrtümlich als Bierkühler mißbraucht und zuvor gründlich gescheuert. Die Konsequenz: Das zuständige Landgericht verurteilte die Stadt (als Betreiber des Museums) zu einem Schadensersatz in Höhe von 180 000 DM. Wohlgemerkt: So hoch bezifferte der Künstler den ideellen Wert einer Handvoll Abfälle. Kein Mensch, kein Mikroskop und kein Labor der Welt wäre in der Lage gewesen, diesen hochkarätigen Abfall von ordinärem Straßendreck zu unterscheiden. Trotzdem: die Hand des Meisters *Beuys* hatte ihn berührt und in etwas verwandelt, das wertvoller ist als pures Gold (ca. 25 000 DM pro Kilo). Und dies nicht nur in den Augen einiger »verrückter« Sammler, sondern ebenfalls in der Wahrnehmung des zuständigen Landgerichts. So stark läßt sich die Wahrnehmung von Menschen konditionieren.

**Wie funktioniert die Konditionierung in der Praxis?**

Oft gelingt es mit einfachen Mitteln der Kommunikation, die Wahrnehmung einer Zielgruppe auf gewünschte Weise zu konditionieren.

Ein schönes literarisches Beispiel finden wir in dem Roman »Tom Sawyer« von *Mark Twain*:

Tom Sawyer muß zur Strafe einen endlosen Lattenzaun streichen. Tom haßt diese Tätigkeit über alles; vor allem aber fürchtet er den beißenden Spott seiner Freunde, die ihn für seine Strafarbeit auslachen werden. Doch Tom weiß die Wahrnehmung seiner Freunde zu konditionieren: Für ihn sei das Streichen keine Arbeit, verkündet er, sondern ein äußerst seltenes Freizeitvergnügen, das nur wenige auserwählte Kinder – wie er – ausüben dürfen. Mit dieser Konditionierung verwandelt Tom den Spott seiner Freunde in Neid. Und schließlich überlassen ihm nacheinander alle Kinder ihre gesamten »Kostbarkeiten«, nur um ein einziges Mal ein wenig streichen zu dürfen. Am Ende des Tages trägt der Lattenzaun drei Lagen Farbe, und Tom ist der »reichste« Junge der Stadt.

Sogar die Wahrnehmung gebildeter Menschen läßt sich mit einfachsten Mitteln konditionieren: Dies veranschaulicht das Ergebnis einer Umfrage unter Ärzten: Die Frage: »Wollen Sie operieren, wenn der Patient mit 10 % Wahrscheinlichkeit dabei stirbt?« verneinen viele. Dagen wird die Frage: »Wollen Sie operieren, wenn der Patient mit 90 % Wahrscheinlichkeit überlebt?« von den gleichen Ärzte bejaht.[27] Die Konditionierung durch Sprache – und nicht rationale Argumente – kann also über Schicksal, Leben und Tod von Menschen entscheiden.

Ein Beispiel aus der Geschichte: Nach *Waterloo* wollte der Preuße *Blücher* die französische Brücke »Pont de Jéna« sprengen, weil sie einer Schlacht gewidmet war, die die ansonsten unbesiegbaren Preußen verloren hatten. Der geniale französische Unterhändler *Talleyrand* konnte ihn davon abhalten, indem er die Brücke einfach in »Pont de l'École militaire« umtaufte. Wie konditionierte er damit die Wahrnehmung *Blüchers*? Indem er eine Brücke, die etwas Negatives symbolisierte, in eine Brücke verwandelte, die etwas Positives symbolisierte: nämlich den militärischen Geist. *Blücher* ließ daraufhin von der Sprengung der Brücke ab.[28]

---

27 In: Kahnemann, D., Tverski, A.: Rational choice and the framing of decisions. Journal of Business 1986, S. 251–278.
28 Brinton, C.: The Lives of Talleyrand. New York 1936, S. 190

Die Beispiele verdeutlichen, daß man mit Hilfe der Konditionierung verblüffend einfach das Verhalten einer Zielgruppe in eine gewünschte Richtung steuern kann.

Wenden wir uns nun der Frage zu, wie Konditionierung im strategischen Markenartikel-Management eingesetzt werden kann.

**Die strategischen Grundmuster**

Die Siegermarken aus aller Welt verwenden hauptsächlich die folgenden 5 Grundmuster der Konditionierung:

1. Die Kategorisierungs-Strategien
2. Die Klassifizierungs-Strategien
3. Die Substitutions-Strategien
4. Die Personelle Konditionierung
5. Die Situative Konditionierung

# 1. KATEGORISIERUNGS-STRATEGIEN

Das Prinzip: **Ordnen Sie Ihr Produkt entgegen der Wahrnehmungsroutine des Verbrauchers einer anderen Kategorie zu.**

Der Begriff der Kategorisierung wird einfacher, wenn wir auf das bereits zitierte Bild der »geistigen Schubladen« zurückgreifen. Das Prinzip heißt dann: Wir nehmen Ihre Marke aus der einen »Denkschublade« heraus und stecken sie in eine andere hinein. Die Wahl der »Schublade« determiniert den Markterfolg grundlegend:

- Welchen Wert mißt der Verbraucher Ihrem Produkt bei?
- Mit welchen Wettbewerbsprodukten vergleicht er Ihr Produkt?
- Wann, wo und wie häufig benutzt er Ihr Produkt?
  aber vor allem:
- Welches Wachstums-Potential hat Ihr Produkt?

## Fallbeispiel GERVAIS OBSTGARTEN

Bis 1985 hätten die meisten Verbraucher die Quarkspeise *Gervais Obstgarten* wohl in die »geistige Schublade« der Desserts einsortiert. Eine relativ kleine Schublade, überfüllt mit allerlei Joghurt-, Pudding- und Quarksorten. *Gervais* geriet unter massiven Druck. Mit einem überlegenen Qualitätsversprechen war wenig auszurichten, denn über Gesundheit, Geschmack und Genuß war bereits alles gesagt.

Es wurde entschieden, die Marke aus der überfüllten Schublade der Desserts herauszunehmen und in die Schublade der »Zwischenmahlzeiten« hineinzulegen, wo es sich in unmittelbarer Nachbarschaft von Pommes frites, Hamburgern, Döner Kebabs, Currywurst und Torten befand.

Wie wurde diese Kategorisierung umgesetzt? Die TV-Spots zeigten jemanden, der eine »schwere« Zwischenmahlzeit zu sich nimmt, infolgedessen durch den Boden bricht und einen gewaltigen Krater hinterläßt. Ihm gegenüber löffelt jemand vergnügt seinen *Gervais Obstgarten* – von einem Teller, versteht sich.

Die neue Kategorie eröffnete fundamentale Chancen:

- *Gervais Obstgarten* war plötzlich in einem viel größeren Markt, denn Zwischenmahlzeiten werden jederzeit und überall konsumiert.
- Im Vergleich zu Pommes frites & Co. konnte *Gervais* eine spektakuläre Alleinstellung beanspruchen – nämlich als die »leichte« Alternative.
- Gleichzeitig blieb *Gervais* der Markt der Desserts natürlich erhalten.

Diese Strategie trug dazu bei, den Absatz von *Gervais* zwischen 1978 und 1985 um mehr als 150 % zu steigern.

## Fallbeispiel Milchschnitte

Betrachtet man das reine Produkt, gehört die *Milchschnitte* des italienischen *Ferrero*-Konzerns in die geistige Schublade der Süßigkeiten. Die Markenstrategie beruhte jedoch darauf, das Produkt in die Schublade der Lebensmittel zu verlagern. Dafür ließen sich die *Ferrero*-Manager einiges einfallen:

- die Produkt-Optik erinnert sehr stark an ein Butterbrot: eine weiße Creme zwischen zwei flachen »Vollkorn«-scheiben.
- die Bezeichnung *Milchschnitte* verstärkt diesen Eindruck.

- die Packungsgestaltung zeigt ein Siegel mit der Aufschrift »Hauptzutat frische Vollmilch«; daneben sind eine volle Kanne Milch und ein Honigtopf abgebildet.
- die *Milchschnitte* ist im Kühlregal des Supermarkts plaziert – neben Joghurt, Butter, Käse und Milch.
- die Kooperation mit dem »Institut für Sporternährung e. V.« wirkt verstärkend, indem sie das Produkt als vollwertige Zwischenmahlzeit für Sportler empfiehlt
- die Kampagne benutzt »echte« Sportler als Testimonials (keine Schauspieler), die die *Milchschnitte* für den leichtesten aller Snacks während des Trainings halten.

So wurde die *Milchschnitte* zu einer der größten 100 Marken in Deutschland mit immer noch zweistelligen Zuwachsraten.

Die Kategorisierungs-Strategie ist für *Ferrero* ein typisches Erfolgskonzept. Seit Jahrzehnten verwandeln sie »sündhafte« Naschereien in wertvolle Lebensmittel – natürlich nur in der Wahrnehmung der Verbraucher.

## Fallbeispiel WRIGLEY'S EXTRA

Zu Beginn der 90er Jahre wurde auf dem deutschen Markt das Anti-Karies-Kaugummi eingeführt. Es wurde zum Verzehr nach jeder Mahlzeit empfohlen, um die gefährlichen kariesverursachenden Säuren zu neutralisieren, die im Mund durch Speisereste hervorgerufen werden.

Strategisch betrachtet, ist dieses neue Produkt eine hervorragende Chance, das jahrzehntelang als vulgär und ungesund verschriene Kaugummi wieder gesellschaftsfähig zu machen. Denn leider weckt das Kaugummi unangenehme Assoziationen von schmatzenden Teenagern und klebrigem Zukker, der den Zähnen schadet.

Das neue Anti-Karies-Kaugummi wurde gleichzeitig von *Wrigley's* (Wrigley's Extra), dem Kaugummi-Experten, und *Blendax* (Blend-a-gum), dem Zahnhygiene-Experten, angeboten. *Wrigley's* eroberte fast 90 % des neuen Marktes, während *Blend-a-gum* nur etwa 3 % für sich gewinnen konnte. Wir unterstellen, daß die Produktrezepturen weitgehend identisch sind, so daß der Verbraucher sie im Blindtest schwerlich voneinander unterscheiden könnte. Wo liegt also die Ursache für den Erfolg des einen und den Mißerfolg des anderen? Offenbar sind die Verbraucher in unterschiedlicher Weise konditioniert:

- *Wrigley's Extra* wird automatisch in die geistige Schublade der Kaugummis einsortiert, hat dort allerdings »Karies-Schutz« als einzigartigen Zusatznutzen.
- *Blend-a-gum* wird hingegen automatisch in die geistige Schublade der Zahnhygiene einsortiert, hat dort allerdings den einzigartigen Zusatznutzen eines Kaugummis.

Von der »Schublade« hängt aber nun die Kaufentscheidung ab:

- Das *Wrigley's* Produkt wird immer dann gekauft, wenn in erster Linie Lust auf ein Kaugummi besteht.
- *Blend-a-gum* wird hingegen von Personen bevorzugt, die in erster Linie eine Möglichkeit suchen, tagsüber ihre Zähne zu reinigen, ohne immer eine Zahnbürste mitführen zu müssen.

Es liegt auf der Hand, daß die erste Gruppe um ein Vielfaches größer ist; denn es gibt noch nicht allzu viele Menschen, die ihre Zähne tagsüber dringend gegen Karies schützen wollen. Halten wir fest: Der Markenname kann bereits die Wahrnehmung des Verbrauchers soweit konditionieren, daß der Markterfolg besiegelt ist. Bleibt die Frage, ob *Blend-a-gum* überhaupt eine Chance hatte. *Blend-a-gum* hätte seinen Kommunikations-Schwerpunkt gerade nicht auf seine Anti-Karies-Wirkung legen (das glaubt der Verbraucher ohnehin schon), sondern statt dessen seine Kaugummi-Kompetenz dramatisieren sollen (dort liegt die wirkliche Vertrauens-Lücke der Verbraucher).

## Fallbeispiel **POCKET COFFEE**

Für den Erfolg von Kategorisierungs-Strategien ist entscheidend, daß die neue »Schublade«, in die man hineindrängen will, genau inspiziert wird: Wie groß ist sie? Mit welchen Wettbewerbern haben wir es dort zu tun? Und wie gut bzw. schlecht sieht unser Produkt im Vergleich zu diesen Wettbewerbern aus?

Dies läßt sich am Beispiel der Süßigkeit *Pocket Coffee* von *Ferrero* veranschaulichen. Rein optisch würden die meisten Verbraucher dieses Produkt in die »geistige Schublade« der Pralinen einsortieren.

*Ferrero* hingegen etabliert eine neue Schublade: *Pocket Coffee* soll der kleine Kaffee für die Jackentasche sein. Wer tagsüber unterwegs einen Durchhänger hat, wird mit einem *Pocket Coffee* flugs wieder munter. Denn es handelt sich dabei um echten italienischen Espresso. Die ihn umhüllende Schokolade ist lediglich das »Gefäß«, die »Tasse« sozusagen.

Wie wirkt sich diese Kategorisierung auf die Marktentwicklung aus?

Auf der einen Seite befreit sich *Pocket Coffee* elegant von der Konkurrenz anderer mächtiger Pralinenmarken: *Rochér, Mon Chérie* etc. Auf der anderen Seite begibt sich die Marke in einen dubiosen Wettbewerb mit anderen Muntermachern: Kaffee, Espresso, Cola und Energy Drinks. Was kann eine koffeinhaltige Praline hier noch ausrichten? Erstens ist der spürbare Erfrischungs-Effekt gering (im Vergleich zu Kaffee wirkt die Koffeindosierung geradezu homöopathisch). Und zweitens kann man fast überall unterwegs echten Kaffee bzw. Espresso trinken.

So wird verständlich, warum es dem *Pocket Coffee* auch nach mehreren Jahren Testmarkt noch nicht gelingen konnte, nationales Terrain zu erobern.

Der Erfolg der Siegermarken aus aller Welt zeigt, daß Kategorisierungs-Strategien das Potential haben, den Absatz einer Marke innerhalb weniger Monate zu vervielfachen.

Für viele Marken liegt hier eine enorme Chance, aber auch ein Risiko. Denn wer mit seiner Marke in eine andere Kategorie, eine andere »Schublade« drängt, hat es dort möglicherweise mit einer anderen Verbrauchergruppe, anderen Bedürfnissen, anderen Qualitätskriterien und anderen Wettbewerbsprodukten zu tun.

## ERFOLGSFAKTOREN

- **Eignung:** Kann Ihr Produkt ernsthaft in der neuen Kategorie bestehen? Ist es den dort herrschenden Qualitäts-Kriterien und Ansprüchen der Verbraucher gewachsen? Wenn ein Hustenbonbon beispielsweise bisher recht erfolgreich als »Mittel gegen Husten« verkauft wurde, kann es durchaus sein, daß es in der Kategorie »Bonbons für jeden Tag« versagt. Der Weg zurück in die alte Kategorie ist gefährlich, weil die Glaubwürdigkeit der Marke auf dem Spiel steht. Grundsätzlich empfehlen wir, eine Kategorisierungs-Strategie nicht als temporäre Kampagnen-Idee aufzufassen, sondern als eine Entscheidung für viele Jahre.

- **Marktgröße:** Bietet die neue Kategorie mehr Potential als die bisherige?
- **Wettbewerbssituation:** Mit welchen Produkten konkurriert Ihr Produkt in der neuen Kategorie genau? Ist die Wettbewerbssituation weniger aggressiv als in der bisherigen Kategorie? Hat Ihr Produkt hier mehr Luft zum Atmen?

## 2. KLASSIFIZIERUNGS-STRATEGIEN

Das Prinzip: **Ordnen Sie Ihr Produkt einer neuen, höheren Klasse zu, in der es sich dem harten Wettbewerb mit seinen aktuellen Wettbewerbsprodukten entzieht.**

Worin liegt der Bezug zur Konditionierung?

Das menschliche Gehirn ordnet unentwegt Menschen, Objekte und Ereignisse in Qualitätsklassen ein: z. B. Autos, Hotels, Weine etc.

Von der Klassenzuordnung hängt sehr stark ab, ob wir eine Sache als gut oder als schlecht beurteilen. Durch die Klassenzuordnung wird also unsere Wahrnehmung positiv oder negativ konditioniert.

Ein Beispiel: Stellen Sie sich vor, Sie schauen sich ein Musical irgendwo in der Provinz an. Ein Bekannter hat Ihnen gesagt, es handele sich um eine Laien-Schauspielgruppe. Sie sind von der mimischen Leistung schwer beeindruckt. Jetzt korrigiert sich Ihr Bekannter und gibt zu, daß das Ensemble in Wirklichkeit eine Profi-Truppe vom Broadway ist. Möglicherweise ändern Sie nun Ihr Urteil und finden die Darbietung nur noch mittelmäßig, denn Ihr Bekannter hat Ihre Wahrnehmung konditioniert, indem er Ihnen dasselbe Produkt – die Darbietung – einmal als ›low-class‹ verkauft hat (da sah sie großartig aus) und einmal als ›top-class‹ (da sah sie mittelmäßig aus).

Woran liegt das? Wenn wir ein Produkt in eine andere Klasse einstufen, verändert sich schlagartig das Wettbewerbsumfeld. Denn wir vergleichen meist nur innerhalb einer Klasse und nicht klassenübergreifend. Wir vergleichen den rustikalen Komfort eines Landgasthofes nicht mit dem prätentiösen

Luxus einer 5-Sterne-Suite, die Leistungen eines Profi-Fußballers nicht mit denen eines Dorfkickers.

Was folgt daraus für die Entwicklung von Markenstrategien?

– Wenn Sie Ihr Produkt in eine höhere Klasse verlagern, entziehen Sie sich der bisherigen Wettbewerbssituation. Darin liegt die Chance, den nötigen Freiraum für das Markenwachstum zu gewinnen.
– In einer höheren Klasse herrschen aber auch höhere Qualitätsstandards. Das bedeutet: Ihr Produkt geht mit »Vorschuß-Lorbeeren« ins Rennen, muß aber den geweckten Erwartungen auch gerecht werden. Andernfalls sind die Verbraucher enttäuscht – und die Strategie erweist sich als Bumerang.

### Fallbeispiel PERSIL MEGAPERLS

Der Waschmittelmarkt ist einer der am härtesten umkämpften Märkte überhaupt. Er stagniert seit Jahren auf hohem Niveau.

Die Waschmittel-Hersteller, insbesondere die beiden führenden Marken *Persil* und *Ariel,* die zusammen mit ca. 55% Marktanteil den Universalwaschmittelmarkt dominieren, stehen untereinander in einem harten Wettbewerb.

Im Juli 1994 führte *Persil* eine überraschende Innovation ein: Perlen statt Pulver. Eine reine Äußerlichkeit – ohne eine rational nachvollziehbare Auswirkung auf das Waschergebnis; denn an der chemischen Produktrezeptur hatte sich offenbar nichts geändert. Wie vermarktet man eine solche Äußerlichkeit?

Es wäre kurzsichtig, den Schwerpunkt der Kampagne auf die Behauptung zu legen, daß Perlen besser reinigen als Pulver. Dies würde den Widerspruch des Verbrauchers geradezu herausfordern. *Persil* ging anders vor: Das Produkt wurde zu einer neuen Generation von Waschmitteln erklärt. Damit wurden implizit alle Wettbewerbsprodukte als alte Generation abgewertet. Die Perlen fungieren als eingängiges äußeres Signal des neuen Waschmittelzeitalters. Der Verbraucher entscheidet sich also nicht für oder gegen Perlen, sondern für oder gegen eine neue Generation. Darin liegt eine bedeutend größere Wachstumschance. So gelang es *Persil,* den Abstand zum Hauptwettbewerber *Ariel* von 5% (Juli/August '94) auf bis zu 8,6% auszubauen (November/Dezember '94).

### Fallbeispiel DUPLO

*Duplo* ist mit Abstand der erfolgreichste Schokoriegel auf dem deutschen Markt. Sein Umsatz ist zwei- bis dreimal größer als der von *Mars, Snickers, Twix* oder *Bounty*.

Seit mittlerweile mehr als 5 Jahren wächst *Duplo* mit einer Klassifizierungs-Strategie, indem sich die Marke selbst zur »längsten Praline der Welt« kürte. Diese Positionierung wertete *Duplo* gleich zwei Klassen auf. Erstens stieg es von einem ordinären Schokoriegel in den Rang einer Praline auf. Zweitens wurde die Marke dank ihrer rekordverdächtigen Ausmaße selbst unter den Pralinen zum Weltmeister. Die Positionierung beinhaltete ein selbstironisches Augenzwinkern, denn nach vielen Jahren Präsenz als Schokoriegel konnte *Duplo* nicht ohne weiteres mit »echten« Pralinen konkurrieren. Dennoch erlebte das Produkt eine klare Aufwertung, die den Verbraucher dazu veranlaßte, *Duplo* anderen Schokoriegeln vorzuziehen.

### Fallbeispiel SIEMENS Handy S10

*Siemens* beauftragte uns 1997, für den türkischen Markt eine Marken-kampagne für ein neues Business-Handy, das sogenannte S10, zu entwikkeln. Das markanteste Merkmal dieses Produktes war sein Farbdisplay, eine Weltneuheit. Es wäre naheliegend gewesen, dies zum dramatischen Mittelpunkt einer Kampagne zu erheben. Aber Vorsicht! Letztlich bietet das Farbdisplay nur einen Nutzen von geringer Relevanz: es macht nämlich die Menüführung übersichtlicher. Für die Verbraucher liegt darin allerdings kein spektakuläres Nutzenversprechen. Außerdem bestand die Gefahr, daß der Verbraucher von unserem Farbdisplay enttäuscht sein könnte, weil die Farben sichtlich weniger brillant sind als beispielsweise beim Fernseher.

Also forschten wir, was unser Handy sonst noch zu bieten hatte: 100 Stunden Stand-by, 10 Stunden Sprechzeit, Hifi-Lautsprecher, eingebauter Rekorder für Kurzmitteilungen und dergleichen. Alles Hochleistungsmerkmale, die zwar in ihrer Summe einzigartig waren, nicht aber einzeln für sich. Sie alle zu bewerben, hieße sich zu verzetteln. Der Ausweg lag in einer Klassifizierungs-Strategie: Wir erklären das *Siemens S10* feierlich zu der neuen Generation von Business-Handys.

Das Farbdisplay benutzten wir dabei nicht als Benefit, sondern als sichtbares Signal für die neue Generation. Das ist ein wesentlicher Unterschied!

In der Geschichte der Technik gibt es zahlreiche Beispiele dafür, daß Farben eine neue Generation einläuteten:

- der erste Farbfilm
- der erste Farbfernseher
- das erste Farbfoto
- die erste Farbkopie

Unsere Argumentation war also für die Verbraucher nachvollziehbar. Der eigentliche Kunstgriff unserer Strategie bestand jedoch darin, nicht nur unser eigenes Produkt aus dem harten Wettbewerb heraus in eine »Klasse für sich« zu katapultieren, sondern gleichzeitig alle Wettbewerbsprodukte zu deklassieren. Denn sobald das Farbdisplay sich als das Signal für die neue Generation durchsetzt, wird ein schwarz/weiß-Display automatisch zum Signal für die »alte Generation«.

### ERFOLGSFAKTOREN

- **Glaubwürdigkeit:** Durch welche Merkmale grenzt sich die neue, höhere Klasse in den Augen der Zielgruppe von der bisherigen Klasse ab?
- **Marktgröße:** Bietet die höhere Klasse genug Potential? Vorsicht, daß Sie sich nicht aus einem breiten Massenmarkt in eine kleine elitäre Nische hineinmanövrieren.
- **Wettbewerbssituation:** Ganz oben kann der Wettbewerb noch härter sein als in der bisherigen Klasse. Kann Ihre Marke den hohen Erwartungen der Verbraucher genügen?

## 3. SUBSTITUTIONS-STRATEGIEN

Das Prinzip: **Legen Sie einen überraschenden, neuen »Gegner« fest, den Ihr Produkt substituieren kann. Konfrontieren Sie dabei eine Stärke Ihres Produktes mit einer Schwäche des Gegners.**

Worin besteht die Konditionierung?

Der Verbraucher ist darauf konditioniert, in bestimmten festgelegten Alternativen zu denken. Beim Frühstück entscheiden die Verbraucher beispielsweise meist nur zwischen »Tee oder Kaffee« – so als gäbe es gar keine anderen Möglichkeiten. In den Vereinigten Staaten versucht *Coca-Cola* nun seit geraumer Zeit, den Verbraucher derart zu konditionieren, daß er die braune Brause als dritte Alternative akzeptiert. *Coca-Cola* beschränkt sich also nicht mehr darauf, gegen andere Cola-Sorten anzutreten, sondern hat Tee bzw. Kaffee als überraschenden neuen Gegner auserkoren, der teilweise substituiert werden soll.

### Fallbeispiel: **MILK DUDS**(USA)

*Milk Duds* sind schokoladenbeschichtete Karamelbonbons; eine ganz alltägliche Süßigkeit, die sich in den Süßwarenregalen gegen eine gewaltige Konkurrenz behaupten muß. Kein Wunder, daß die Umsatzzahlen rückläufig waren. Karamelbonbons sind nun mal die Großeltern unter den Süßwaren und können sich gegen die verlockende Vielfalt knallbunter Zuckerkreationen nur schwer behaupten. Hauptzielgruppe für *Milk Duds* war der zehnjährige Verbraucher, der allerdings mit Leib und Seele auf Schokoriegel eingeschworen war.

Dies wurde zum Anknüpfungspunkt an eine Substitutions-Strategie: Nicht andere Bonbons, sondern Schokoriegel wurden überraschend zum Gegner erklärt. Nun begaben sich die *Milk-Duds*-Marketer auf die Suche nach der »Achillesferse« der Schokoriegel. Die fand sich schnell: Schokoriegel sind kurzlebig. Kaum hat man sie im Mund, sind sie schon wieder fort. Eine herbe Enttäuschung für einen kritischen Zehnjährigen, der für sein kleines Taschengeld den größtmöglichen Genuß erwerben will. *Milk Duds* positionierte sich daher als »die langlebige Alternative« zu Schokoriegeln, kehrte damit den Abwärtstrend um und erzielte in den folgenden Monaten die höchsten Umsätze seiner gesamten Laufbahn. Die Strategie bestand also gerade nicht darin, einen ganzheitlichen Vergleich zwischen *Milk Duds* und Schokoriegeln anzustellen, denn dabei wären die *Milk Duds* vermutlich auf der Strecke geblieben. Die Raffinesse war hingegen, beide Produktarten nur in dem einen Merkmal »Kurzlebigkeit/Langlebigkeit« miteinander zu vergleichen, dort wo nämlich Schokoriegel ihre größte Schwäche und *Milk Duds* ihre größte Stärke hatten.

Fallbeispiel **MIRACLE Whip** (Australien)

Die australische Mayonnaise-Marke *Miracle Whip* suchte neue Marktchancen. Der ewige Werbefeldzug gegen andere Mayonnaisesorten war ausgereizt, größere Potentiale lockten aus einer ganz anderen Richtung: *Miracle Whip* wollte gegen die Butter ins Feld ziehen. In ganzseitigen Anzeigen nahm *Miracle Whip* alle Butterfreunde ins Gebet: Im Salat schmeckt euch Mayonnaise viel besser als Butter, heißt es dort recht einleuchtend, wie kommt es also, daß ihr auf euren Sandwiches – die ja auch mit Salat garniert sind – plötzlich Butter bevorzugt? – *Miracle Whip* richtete sich also gegen eine konditionierte Verhaltensroutine (Butter auf Sandwiches zu schmieren), indem darauf verwiesen wurde, Maynonnaise könnte viel besser schmecken. Die Strategie löste bei den Verbrauchern einen Aha-Effekt aus, und für *Miracle Whip* begann eine neue Karriere.

Fallbeispiel **WRIGLEY'S** (USA)

Als absoluter Marktführer hatte *Wrigley's* auf dem amerikanischen Markt viel erreicht. Doch Anfang der 90er Jahre bröckelten die Umsätze. Was tun? Die Qualität dramatisieren? Die Wettbewerber verunglimpfen? Den Preis senken? *Wrigley's* wählte überraschend einen neuen Gegner aus: die Zigaretten. Die Verbraucher wurden konditioniert, das Kaugummi als Alternative zur Zigarette wahrzunehmen – und zwar in allen Situationen, in denen Rauchen nicht erwünscht ist. Von sich aus war die Mehrzahl der Verbraucher bisher nicht auf die Idee gekommen, daß Kaugummis Zigaretten substituieren könnten. In seinen Werbespots dramatisierte *Wrigley's* Situationen, in denen Rauchen nicht erlaubt bzw. nicht erwünscht ist: zum Beispiel im Büro, im Krankenhaus oder beim Besuch der Schwiegereltern. In solchen Situationen können Kaugummis ein ähnliches Bedürfnis befriedigen wie das Rauchen. Denn beim Anzünden einer Zigarette wird nervöse Energie in ein mechanisches Ablaufritual umgesetzt: der Griff in die Tasche, Auspacken der Zigarette, Anzünden, tief Luftholen. Beim Kaugummi gibt es ein ähnliches Verhaltensmuster: vom Auswickeln bis zum rhythmischen Zermalmen der weichen Masse. Die Strategie ging auf: *Wrigley's* kehrte seinen Abwärtstrend um und ging wieder auf Erfolgskurs.

Fallbeispiel: **KÜCHEN-GRILL** (Neckermann)

Die bisherigen Beispiele zeigten, daß man mit einer Substitutions-Strategie den aggressiven Verdrängungswettbewerb umgehen und somit den Markt vergrößern kann. Allerdings gilt eine ähnliche Regel wie beim Boxen: Man sollte sich seine Gegner sehr bewußt anschauen und ihre Stärken und Schwächen genau kennen. Sonst holt man sich leicht eine blutige Nase.

Das deutsche Versandhaus *Neckermann* produzierte Direct-Response-TV-Spots für einen vielseitig verwendbaren Küchengrill, der sich zum Toasten ebensogut eignete wie zum Überbacken und zum Grillen. Im o.g. Spot wählte man für das niedrigpreisige Produkt (ca. 100–150 DM) als mächtigen Gegner den klassischen Küchenherd aus. Drei Argumente wurden herausgestellt: (1) seine Vielseitigkeit, (2) seine Kochqualität und (3) seine leichte Reinigung. Mit anderen Worten: der kleine, blecherne Küchengrill wollte den großen, etablierten Herd auf breiter Front überbieten, wenn nicht gar substituieren. Das ist ungeschickt: denn welcher Verbraucher glaubt, daß ein billiger Küchengrill besser ist als ein »richtiger« Herd?

Dennoch ist die Idee, einen Küchengrill gegen den etablierten Herd zu positionieren, interessant. Es gilt aber zunächst die »Achillesferse« des Herds zu entdecken. Für den modernen, effizienzverliebten Großstadtsingle ist der Herd im Alltagsgebrauch recht schwerfällig. Es erscheint mühsam, für den flüchtigen Frühstückshappen oder das schnelle Abendbrot den Herd anzuschalten, die Garzeit abzuwarten, anschließend zu spülen und den Herd wieder zu reinigen. Die Schwerfälligkeit des Herdes ist seine Archillesferse, bei der unser Küchengrill ansetzen und sich als die schnelle bzw. unkomplizierte Ergänzung positionieren könnte.

Die Substitutions-Strategien eignen sich hervorragend, um als relativ kleiner Marktanbieter gezielt gegen den Branchen-Goliath vorzugehen.

**ERFOLGSFAKTOREN**

- **Die Größe des Gegners:** Die Substitutions-Strategie schöpft ihr Potential hauptsächlich aus einem einzigen Gegner, nicht aus dem gesamten Markt. Je größer der gewählte Gegner, desto größer ist das eigene Wachstumspotential.

- **Die Achillesferse des Gegners**: Sie können bestimmen, gegen welche Schwäche Ihres Gegners Sie sich richten. Dabei gilt: Je größer die Schwäche, desto besser Ihre Chancen.
- **Ihre eigene Stärke**: Kann Ihr Produkt der Schwäche Ihres Gegners eine ausgeprägte und glaubwürdige Stärke gegenüberstellen?

## 4. DIE PERSONELLE KONDITIONIERUNG

Das Prinzip: **Erobern Sie eine neue Zielgruppe, indem Sie darstellen, wie diese Ihr Produkt auf eine möglichst überraschende Art und Weise für sich entdeckt (Vorbild-Prinzip).**

Worin besteht dabei die Konditionierung?
Der Verbraucher lernt im Laufe seines Lebens, welche Produkte für welche Leute bestimmt sind: Babytücher sind für Babys gedacht, Spielzeug für Kinder, *Swatch*-Uhren für junge Leute, Melissengeist für alte Leute.
Diese personelle Zuordnung wird oft durch den Namen des Produktes (z. B. Pilotenkoffer) oder durch die Vorbildfunktion der bestehenden Benutzergruppe erzeugt. Sie ist also nicht immer rational begründet, sondern basiert auf einer Konditionierung. Selbst wenn sie irreal ist, sitzt sie den Menschen oft tief in den Knochen. Wird ein Erwachsener dabei erwischt, Babynahrung zu verspeisen (weil sie ihm einfach schmeckt), erntet er bei seinen Bekannten und Freunden Erstaunen, Spott oder Mitleid. Das gleiche geschieht, wenn ein moderner junger Manager abends seine Verspannungen mit Franzbranntwein behandelt oder vor dem Zubettgehen ein Gläschen Melissengeist trinkt. Unsere innere Konditionierung sträubt sich dagegen. Wir sind geradezu blockiert, Produkte zu verwenden, von denen wir glauben, daß sie eigentlich gar nicht für uns vorgesehen sind. Es gibt sogar Marken mit einer hervorragenden Qualität, deren Kernproblem allein ihre allzu enge personelle Konditionierung ist: Pilotenkoffer beispielsweise. Vor einigen Jahren hat sich kaum ein Manager damit auseinandergesetzt, daß ein Pilotenkoffer für ihn nützlich sein könnte, denn der Produktname signalisierte ihm bereits die »richtige« Zielgruppe. Aber irgendwann kam doch jemand auf die Idee, Pilotenkoffer ins Management ein-

zuführen und löste damit eine ganze Lawine aus. Auch andere Markenartikel wurden erst richtig erfolgreich, nachdem ihre unvorteilhafte personelle Konditionierung gegen eine vorteilhafte ausgetauscht wurde.

### Fallbeispiel MÄRKLIN

Nach dem Geburtenknick in den 60er Jahren waren die Absätze des Göppinger Traditionsunternehmens *Märklin* rückläufig. Das brachte *Märklin* zu der Erkenntnis: Wird im Kinderzimmer nicht mehr Eisenbahn gespielt, geht auch die Faszination bei den Erwachsenen zurück. Umgekehrt aber, so die Folgerung, liegt in diesem generationsübergreifenden Charakter des Hobbys auch eine Chance.

So begann *Märklin* 1986 die Marke nicht mehr als Kinderspielzeug zu positionieren (bisherige Konditionierung), sondern als »Vater & Sohn«-Spielzeug.

Die Werbung übernahm die Rolle des Vorbildes, um die neue Konditionierung möglichst überraschend zu dramatisieren. Möglichst eindringlich sollten Väter den Aha-Effekt erleben, daß *Märklin*-Eisenbahnen auch für sie gedacht sind. Dadurch änderte sich ihre Sichtweise: die Anschaffung war nun mehr als nur ein Geschenk für die Kinder, nämlich ein gemeinsames Hobby – für das der Vater bereit ist, viel Geld auszugeben. Mit dieser personellen Konditionierung verzeichnete *Märklin* von 1989 bis 1994 ein Wachstum von 45 %.

### Fallbeispiel KINDERSCHOKOLADE

*Kinderschokolade* konditionierte den Verbraucher durch ihren Namen (und ihre Verpackung) gleich zweifach: Erstens erscheinen andere Schokoladensorten weniger kindergerecht (warum auch immer), zweitens ist dagegen Kinderschokolade nicht für Erwachsene gedacht. Rationale Begründungen spielen bei der Konditionierung bekanntlich keine Rolle. Der Verbraucher respektiert sie, weil er sich nicht bewußt mit jedem einzelnen Produkt auf dem Markt auseinandersetzen kann.

Eines Tages entdeckten die Marketer der *Kinderschokolade* bei einem Test, daß ihr Produkt Erwachsenen genauso gut schmeckt wie Kindern. Die personelle Konditionierung (»nur für Kinder«) mußte aufgehoben werden. Darum beschwörten in der Werbekampagne plötzlich nur noch Erwachsene, wie gut ihnen die Kinderschokolade schmeckt. Heute ist *Kinderschokolade* die zweitstärkste Schokoladenmarke in Deutschland.

In Agentur-Briefings wird oft gefordert, eine Marke solle »verjüngt« werden, um jüngere Zielgruppen anzusprechen. Dabei handelt es sich um eine »weiche« Strategie, die das erlebbare Image der Marke durch junge Menschen, Humor, schnelle Rhythmen und frische Farben graduell verjüngen soll.
Im Gegensatz dazu ist die personelle Konditionierung eine »harte« Strategie, die eine grundsätzlich neue Zielgruppe frontal auffordert, sich mit einer bestimmten Marke auseinanderzusetzen, die auf den ersten Blick gar nicht für sie bestimmt zu sein scheint.

**ERFOLGSFAKTOREN**

- **Wahl der neuen Zielgruppe:** Die personelle Konditionierung funktioniert um so besser, je überraschter die neue Zielgruppe darüber ist, daß ausgerechnet dieses Produkt ihnen nutzen soll. Denn je größer die Überraschung, desto tiefer gräbt sich die Botschaft in das Bewußtsein der neuen Zielgruppe ein. Wenn Ihr Produkt beispielsweise die Zielgruppe »Kinder« suggeriert und Sie wenden sich nun an Erwachsene. Oder Ihr Produkt suggeriert »für Männer«, Sie wenden sich aber nun an Frauen.
- **Relevanz für die neue Zielgruppe:** Die neue Zielgruppe darf nicht vom Produkt enttäuscht sein. Hier sollte auf eine entsprechende Marktforschung nicht verzichtet werden.
- **Kompatibilität der beiden Zielgruppen:** Unsere Markenanalyse zeigt, daß einer der häufigsten Fehler der personellen Konditionierung darin besteht, daß man zwar eine neue Zielgruppe gewinnt, dabei aber die alte verschreckt. Ein extremes Beispiel: Man kann einen Weinbrand, der bisher für den gediegenen Connaisseur gedacht war, nicht gleichzeitig als neues Kultgetränk für Szene-Partys etablieren. Es dürfte unmöglich sein, diese beiden Zielgruppen ›unter einen Hut zu bringen‹.

## 5. DIE SITUATIVE KONDITIONIERUNG

Das Prinzip: **Stellen Sie dar, wie Ihr Produkt erfolgreich in einer Situation eingesetzt wird, in der es die Verbraucher von sich aus nicht benutzen würden (Vorbildfunktion).**

Diese Strategie beruht also – wie die personelle Konditionierung – auf der Idee der Vorbildfunktion, die den Verbraucher zur Imitation auffordert.
Ebenso wie bestimmte Produkte ausschließlich für bestimmte Personenkreise bestimmt zu sein scheinen, benutzen wir andere Produkte ohne rationalen Grund nur zu bestimmten Anlässen. Unser situatives Verwendungsverhalten ist also konditioniert. Die meisten Menschen müßten wahrscheinlich über ihren eigenen Schatten springen, um z. B. eine Intimseife mangels Alternative für die Reinigung ihres Gesichts zu benutzen. Rationale Gründe gibt es dafür nicht, denn eine Intimseife ist letztlich nur eine besonders milde Seife. Vermutlich ist sie für empfindliche Gesichtshaut sogar besser geeignet als eine handelsübliche Seife. Trotzdem sträubt sich unsere innere Konditionierung dagegen. Ein anderes Beispiel: Wenn uns in einer Arbeitspause nach einer Süßigkeit zumute ist, würden wir eher zu einer *Lila Pause* greifen als zu *After Eight*. Dabei gibt es keinen Grund, warum *Lila Pause* vormittags und *After Eight* abends besser schmeckt. Der Produktname steuert in diesem Fall automatisch unser Verwendungsverhalten. Ähnlich verhält es sich mit der Schokoladenmarke *Merci,* die uns automatisch darauf konditioniert, sie als Geschenk zu verwenden. *Merci* gehört heute zu den 100 Top-Marken in Deutschland und erreicht immer noch zweistellige Zuwachsraten.

### Fallbeispiel **MAGNUM**

Der eindrucksvollste Fall einer erfolgreichen Neukonditionierung der Verbraucher ist in unseren Augen *Magnum,* das Rieseneis.
Vor der *Magnum*-Ära war Speiseeis am Stiel ein sehr spezielles Produkt, das

- vor allen Dingen von Kindern
- unterwegs (im Freibad, auf der Straße)
- in unregelmäßigen Abständen

- tagsüber
- im Sommer

konsumiert wurde.
Dieses Verwendungsverhalten war tief im Verbraucher verwurzelt. Die Marketing-Experten von *Langnese Iglo* erkannten jedoch, daß es keine vernunftbedingten Gründe für dieses Verwendungsmuster gab. So wurde die einschränkende Konditionierung gleich in fünffacher Hinsicht aufgesprengt: *Magnum* war das erste Eis am Stiel

- für Erwachsene (hauptsächlich)
- für zu Hause
- für jeden Tag
- abends
- auch im Winter.

Es entstand die Kampagne »Ich und mein Magnum.«
Sie zeigt junge Erwachsene, für die *Magnum* zum rituellen Symbol des wohlverdienten abendlichen Rückzugs aus dem Alltagsstreß wird. Testimonials bekennen: »Seitdem es Magnum gibt, bin ich total vernarrt in Eis.« – »Mmh, nach Hause kommen, gemütlich machen und dann ein Magnum.« – »Ich und mein Magnum. Wenn dann das Telefon klingelt, laß ich's einfach weiterklingeln.« – »Wenn es draußen kalt ist, mach ich's mir mit meinem Magnum gemütlich. Das ist das Größte.«
Hier wird das klassische Konsumverhalten nicht nur neu konditioniert, sondern radikal auf den Kopf gestellt. *Magnum* wollte alle Verbraucher an jedem Ort und zu jeder Zeit. Die Kampagne machte es vor, und die Verbraucher machten es nach. Innerhalb eines Jahres wuchs der Marktanteil von 8 % auf 20 %. *Magnum* avancierte damit zum absoluten Marktführer. Bei einigen Verbrauchern entwickelte sich eine Markenbesessenheit, wie sie bisher im Eiscreme-Markt nicht vorgekommen war: die »Magnum-Manie«.

Eine situative Konditionierung kann also eine höchst wirkungsvolle Waffe sein, um die Verbraucher auf eine bestimmte Marke einzuschwören. »Vernünftige« Argumente sind dabei nicht unbedingt ausschlaggebend. Auch im Falle von *Magnum* hat der Verbraucher keine rationalen Gründe, warum sich ausgerechnet diese Eiscreme besser zur abendlichen Entspannung eignet als die Wettbewerbsprodukte. Alleine die Konditionierung führte hier zum Erfolg.

### ERFOLGSFAKTOREN

- **Prägnanz der neuen Situation:** Je klarer sich die neue Situation vom bisherigen Konsumverhalten unterscheidet, desto tiefer kann die Strategie ins Unterbewußtsein der Zielgruppe eindringen.
- **Häufigkeit der neuen Situation:** Je häufiger die neue Situation im Alltag der Zielgruppe auftaucht, desto häufiger besteht der Anlaß, Ihr Produkt zu verwenden. Vermeiden Sie also, extreme Situationen darzustellen, die zwar unterhaltsam, aber für den Alltag der Zielgruppe unbedeutend sind.
- **Signalwirkung:** Suchen Sie nach einem visuellen, verbalen oder akustischen Schlüsselreiz. Sobald dieses Signal im Alltag auftaucht, wird der Konsument automatisch an Ihre Marke erinnert. Die situative Konditionierung gleicht also einem konditionierten Reflex: immer wenn die Situation x auftritt, stellt sich bei der Zielgruppe automatisch der Gedanke an Ihre Marke ein.

## 6. KONSEQUENZEN

Die wichtigsten Ergebnisse noch einmal in Kürze:

- Der Markterfolg eines Produktes hängt entscheidend von der Wahrnehmung des Verbrauchers ab. Ob er ein Lebensmittel beispielsweise als Dessert oder als Zwischenmahlzeit einstuft, kann sich grundlegend auf die Verwendungshäufigkeit auswirken.
- Die natürliche Wahrnehmung des Verbrauchers können wir mit einfachen Mitteln in die von uns gewünschte Richtung neu konditionieren.
- Eine solche Strategie besitzt selbst für austauschbare Produkte eine Hebelwirkung, die schon in einigen Fällen den Absatz nachweislich vervielfachen konnte.
- Konditionierungs-Strategien sind deshalb so wirksam, weil sie ein Produkt vollständig verwandeln können (wie bei der Blauen Mauritius, die von einer

fehlerhaften 2-Penny-Briefmarke zu einem millionenschweren Schatz avancierte).

Wie findet man die richtige Konditionierungs-Strategie? Wir analysieren wieder die bekannten drei Ebenen:

### 1. die Produktebene
Wir untersuchen, in welche geistige Schublade, in welche Klasse der Verbraucher ungestützt Ihr Produkt einstuft. In welche anderen Schubladen ließe sich das Produkt aufgrund seiner Beschaffenheit sonst noch einordnen? Aus dieser Untersuchung kann eine Kategorisierungs- bzw. eine Klassifizierungs-Strategie resultieren.

### 2. die Verbraucherebene
Hier prüfen wir, ob es grundsätzliche andere Produktarten gibt, die die Verbraucher zu einem sehr ähnlichen Zweck einsetzen wie Ihre Produktart. Dies kann Anknüpfungspunkt für eine Substitutions-Strategie sein. Darüber hinaus prüfen wir, ob es unerschlossene Verbrauchergruppen gibt, die sich noch nie mit Ihrem Produkt auseinandergesetzt haben, weil sie annahmen, es sei nicht für sie bestimmt. Daraus kann sich eine personelle Konditionierungsstrategie ergeben.

### 3. die Kontextebene
Wir analysieren, wann, wo, wie oft und unter welchen Voraussetzungen der Verbraucher unsere Marke nutzt und ob sein natürliches Verwendungsverhalten auch das einzig zweckmäßige ist. Hier liegt das Potential für eine situative Konditionierung.

# MOTIVATIONSFELD »IDENTITÄT«

**Kernthese:** **Der Verbraucher bevorzugt Ihr Produkt, weil es ihm hilft, seine (Wunsch-)Identität vor sich selbst und vor anderen markant zum Ausdruck zu bringen.**

Es gibt ein Urprinzip der sogenannten Imagewerbung: Identifikation. Dahinter steckt der Glaube: Wenn sich die Zielgruppe mit der Marke identifziert, dann wird das Produkt auch gekauft.

Dieses Urprinzip funktioniert heute nur noch selten, und es wird in Zukunft immer weniger funktionieren. Es greift zu kurz, um ein Produkt in eine absatz-starke Siegermarke zu verwandeln. Denn Identifikation ist zu einer Selbstver-ständlichkeit geworden. Der jugendliche Verbraucher kann sich heute nicht nur mit *einer* Limonade besonders gut identifizieren (wie seinerzeit mit *Coca-Cola,* die als erste Marke nur auf die Identifikation setzte), sondern ebenso mit allen möglichen Mitbewerbern. Identifikation differenziert heute Marken nicht mehr hinreichend voneinander. Es gibt große Kampagnen, die ihren Mul-ti-Millionen-Etat allein auf Identifikation setzen und damit einen Abwärts-trend nicht aufhalten können. Zum Beispiel die Zigarettenmarke *HB,* die auf 18/1-Plakaten sympathische junge Menschen zeigt, die stereotyp bekennen: »HB? Ich auch.« Eine reine Identifikations-Strategie, aber ohne Chance auf Erfolg. 1993 stürzte die Marke im freien Fall von 1,1 Mrd. Mark Umsatz auf heute 731 Millionen Mark.

Die Siegermarken haben hingegen einen evolutionären Quantensprung geschafft: Sie geben sich nicht mit Identifikation zufrieden, sondern sie verlei-hen der Zielgruppe Identität!

Worin genau besteht der Unterschied? Identifikation heißt, daß sich die Marke dem Lebensgefühl der Zielgruppe angleicht, ihr möglichst ähnlich wird. Das

Prinzip der Identität meint hingegen, daß die Marke zu einem »Sprachrohr« wird, mit dem die Zielgruppe ganz präzise Botschaften über sich selbst – also ihre Identität – ausdrücken kann.

Das wissenschaftliche Fundament dieses Ansatzes liegt in der von *G. H. Mead* (1863–1931) begründeten Lehre vom *Symbolischen Interaktionismus*. Dahinter verbirgt sich die Theorie, daß alles menschliche Verhalten nicht nur eine praktische, funktionale, sondern auch eine symbolische Dimension hat. Jede Verhaltensweise sagt etwas über den Menschen aus, läßt Rückschlüsse auf seine Persönlichkeit zu. Verhalten bestimmt unsere Identität nach der Devise: »Ich habe so gehandelt – also bin ich so.« Deutlich sichtbar wird dieses Phänomen anhand der Initiationsriten einiger Naturvölker: durch bestimmte symbolische Verhaltensweisen vollziehen männliche Jugendliche von einem Tag auf den nächsten den Quantensprung zum Mann. Die äußere Handlung prägt also die Identität.

Generell gilt: Die Identitätszuschreibung vollzieht sich überwiegend über Äußerlichkeiten: unsere Art zu sprechen, uns zu kleiden, zu wohnen, mit anderen Menschen umzugehen. Alle Facetten unserer Identität, die sich *nicht* äußerlich zeigen, sind unwirklich, für unser soziales Leben nicht-existent.

### Produkte können Menschen eine starke Identität verleihen

Die meisten von uns haben wenig Zeit, sich wirklich intensiv mit anderen Menschen auseinanderzusetzen. Täglich lernen wir neue Menschen kennen und sind darauf angewiesen, innerhalb von Sekunden zu erfassen, mit wem wir es zu tun haben. Äußerlichkeiten helfen uns dabei. Testen Sie an sich selbst, wie schnell Sie sich anhand weniger Äußerlichkeiten ein komplettes Bild machen:

- jemand raucht Pfeife
- jemand trägt Springerstiefel
- jemand stylt seinen *Opel Manta* mit Spoiler und Fuchsschwanz
- jemand fährt einen Trabbi

Schon ein oder zwei Merkmale reichen aus, um die Identität eines Menschen recht präzise zu markieren: seinen Charakter, seine Ideologie, seine Lebensweise, ja, selbst seine mutmaßliche Physiognomie.

Manchmal besteht natürlich eine gewaltige Diskrepanz zwischen der Identität, die wir in den Augen anderer Menschen haben, und der Identität, die wir uns selbst zuschreiben.

Für unser gesamtes soziales Leben spielt allerdings ausschließlich die nach außen sichtbare Identität eine Rolle. Sie besitzt enorme Macht über unseren privaten und beruflichen Erfolg. Niemand kann sich der Macht jener äußeren Signale entziehen, die er ausstrahlt. Kleidet sich jemand wie ein »Punk«, hilft ihm selbst die christlichste Gesinnung nichts: die Menschen um ihn herum werden immer zuerst den »Punk« in ihm sehen.

Wir können andere Menschen niemals daran hindern, sich ein Bild über uns zu machen. Es scheint also das beste zu sein, sehr bewußt mit seinen äußeren Signalen umzugehen, damit unsere Umgebung uns genau diejenige Identität zuschreibt, die uns angenehm ist.

Wir sehen daran: Menschen können – und wollen – sehr viel mehr über sich selbst ausdrücken als nur Prestige. Äußerlichkeiten – also auch Marken – können sogar äußerst differenzierte Botschaften über unsere Identität vermitteln: ob wir z. B.

- konservativ sind oder modern
- jugendlich oder steif (in unserer geistigen Haltung)
- politisch links oder rechts stehen
- intellektuell oder pragmatisch
  etc.

**Es gehört zu den wichtigsten psychologischen Bedürfnissen der Menschen, ihre Identität auszudrücken**

Unser sozialer Erfolg hängt – leider – nicht so sehr von unserer »wahren« Identität im tiefsten Innern ab (falls es die überhaupt gibt), sondern von der äußeren Identität, die wir im sozialen Leben sichtbar werden lassen.

Darum arbeiten viele Menschen an ihrer äußerlich sichtbaren Identität wie Künstler an einer Skulptur. Manchmal mit erstaunlichem Erfolg.

- Titel und Auszeichnungen (Doktor-, Professoren-, Management-Titel) können als »Eintrittskarten« für eine außerordentliche Karriere gelten.
- Ein schnittiger Sportwagen macht angeblich Männer für manche Frauen attraktiver.
- Nur die »richtige« Mode-Marke verschafft Kindern den begehrten Einlaß in eine bestimmte Clique. Aber auch in der Erwachsenenwelt ist die richtige Garderobe dem sozialen Erfolg zuträglich. Die alte Weisheit »Kleider machen Leute« ist heute wahrer denn je.

Wie Äußerlichkeiten selbst einfachen Bürgern die Identität von honoren Autoritäten verleihen, zeigt die authentische Geschichte von Wilhelm Voigt, der als *Hauptmann von Köpenick* in die Geschichte einging: Der alternde Schuhmacher und Gelegenheitsgauner Voigt erhielt mit Hilfe einer Second-Hand-Uniform die Identität eines Hauptmanns, übernahm die Führung einer zufällig vorbeimarschierenden Gruppe von zehn Soldaten plus Unteroffizier und befahl ihnen, ihm nach Köpenick zu folgen, 12 km von Berlin entfernt. Dort konfiszierte er mit Hilfe der Soldaten und der örtlichen Polizei 4000 Mark aus der Stadtkasse und verhaftete daraufhin den Bürgermeister und den Stadtkämmerer mit der Begründung, sie hätten Gelder veruntreut. Anschließend schickte er seine Truppe mit den beiden Gefangenen nach Berlin zurück – und verschwand mit der Beute.

Wie weit gehen Menschen, um ihre Identität auszudrücken?

Es ist nicht immer der soziale Erfolg, der Menschen motiviert, ihre Identität zu markieren. Manche müssen sich auch selbst beweisen, wer sie sind und welchen Platz sie in der Weltgeschichte verdienen.

- Das *Guinness Buch der Rekorde* – eines der meistverkauften Bücher der Welt – kennt etliche »Verrückte«, die durch skurrile Höchstleistungen in den Rang eines »Weltmeisters« aufsteigen wollen.
- Der Grieche *Herostratos* zündete im Jahr 356 v. Chr. den Tempel der Artemis in Ephesos an, um – wie er selbst zugab – in den sozialen Rang der »Unsterblichen« befördert zu werden – neben Persönlichkeiten wie Sokrates, Aristoteles, Homer und anderen.
- Leo Tolstoi beschreibt in »Krieg und Frieden« die typische Korsaren-Mutprobe: Wer mutig genug ist, setzt sich auf das äußere Fenstersims im dritten Stock eines Hauses und leert dort in einem Zug eine Flasche Wodka. Danach fällt er entweder nach hinten ins Zimmer – oder stürzt nach vorn in die Tiefe. Von dieser Mutprobe hängt ab, ob jemand den Elite-Status der Korsaren wirklich verdient oder nicht.

Es gibt also Menschen, die nahezu alles riskieren, um ihre (Wunsch-)Identität zu erlangen.

### Die Bedeutung der Identität für den Erfolg einer Marke

Es gibt Marken, die ihren Besitzer außerordentlich stark charakterisieren, ihm eine markante Identität verleihen:

Die Verwendung mancher Marken läßt uns alt oder jung, verstaubt oder frisch wirken. Einige machen uns konservativ, andere innovativ.

Aber nur äußerst wenige Marken verleihen soviel Charakter, daß dieser zum hauptsächlichen Kaufmotiv oder Kaufhindernis werden kann, zum Beispiel

- ein Mercedes
- eine Rolex-Uhr
- Chevignon-Mode für Jugendliche
- Swatch-Uhren etc.

Allein die Identität einer Marke (die auf ihre Verwender abstrahlt) kann für den Markterfolg sehr viel wichtiger sein als ein überlegener Produktnutzen.

Besonders deutlich wird dies am Beispiel von Jeans: In den 80er Jahren kam der Trend nach zerschlissenen Jeans auf. Aus der Ferne betrachtet muß es befremdlich wirken, wenn jemand im Vollbesitz seiner geistigen Kräfte absichtlich ein kaputtes Kleidungsstück erwirbt, das möglicherweise noch teurer ist als makellose Neuware. Damit war die althergebrachte Nutzenorientierung (»auf die Qualität achten!«) ad absurdum geführt. Die Hose mußte nur kaputt sein, sonst nichts. Was steckt dahinter? Die kaputte Hose vermittelt eine sehr profilierte ideologische Botschaft über ihren Träger. Sie drückt die Abkehr von etablierten, »spießigen« Normen aus und sagt gleichzeitig, daß der Träger Aufregendes erlebt haben muß, bevor seine Hose ihre Blessuren davontrug. Kaputte Hosen vermitteln einen ähnlich würzigen Geruch von Abenteuer wie die stolz zur Schau getragenen Narben eines alten Globetrotters.

Besonders für Kinder ist die »richtige« Botschaft einer Marke wichtiger als Qualität. Im Rhythmus weniger Wochen erforschen manche Werbeagenturen, durch welche Kleidungsstücke sich ein »cooler Typ« auszeichnet. Er trägt beispielsweise *adidas*-Schuhe mit offenen Senkeln, Schlabberkleider im XXL-Format und schiebt den Schirm seiner Baseball-Mütze zur Seite. Nach hinten wird als »ätzend« empfunden, nach vorne wäre ein sozialer Selbstmord.

In den meisten Fällen entwickelt sich die Identitäts-Botschaft einer Marke im täglichen Leben – und zwar unkontrolliert, nach eigendynamischen Gesetzen.

Nur wenige Siegermarken nutzen bisher die Chance, eine ganz gezielte Identitäts-Botschaft als Markenstrategie zu formulieren.

Eine Botschaft, die stark genug ist, um ein austauschbares Produkt in eine »Kult-Marke« zu verwandeln.

**Die strategischen Grundmuster**
Wie entwickelt man eine Identitäts-Botschaft, die stärker ist als die Qualitätsargumente der Wettbewerber? So stark nämlich, daß sie direkt auf die Kaufentscheidung einwirkt und eine signifikante Absatzsteigerung erzeugt?
Die folgenden strategischen Grundmuster haben sich bewährt:

1. Ideologie-Strategien
2. Charakter-Strategien
3. Star-Strategien

Wir sind davon überzeugt, daß Ideologie-Strategien eine der herausragenden Chancen für die Markenführung der Zukunft bieten. Denn es gibt uner-
schöpfliche Möglichkeiten, eine Marke mit einer verkaufswirksamen Identität
auszustatten und sich gleichzeitig von allen Wettbewerbern zu differenzieren.

# 1. IDEOLOGIE-STRATEGIEN

Das Prinzip: **Besetzen Sie mit Ihrer Marke eine präzise formulierte, provozierende Ideologie (1-Satz-Statement), die dem Verbraucher eine markante
Identität verleiht.**

Ideologien geben den Menschen Profil, Persönlichkeit, Identität.
Wir können uns hinter einem ideologischen Bekenntnis sehr einfach den gan-
zen Menschen vorstellen: wie er aussieht, wie er lebt, was er liebt und was er
haßt.
So haben wir klare Vorstellungen über den typischen »Grünen«, den typischen
»Alternativen«, die typische Frauenrechtlerin etc.
Dabei ist eines auffällig: Ideologien wirken um so stärker, provozierender, aus-
drucksvoller, je härter sie auf eine herrschende Gegenideologie stoßen. Diese
Beobachtung erinnert an eine physikalische Gesetzmäßigkeit, nämlich: Jede
Kraft braucht eine Gegenkraft. Anders gesagt: Eine Ideologie, der (fast) nie-
mand ernsthaft widersprechen würde, ist als Markenbotschaft unbrauchbar.
Die ideologische Forderung »Frauen sollten gleichberechtigt sein« hat bei-
spielsweise in der heutigen westlichen Welt wenig provokative Kraft – weil es

keine starke Gegenideologie gibt. Geht man hingegen mit derselben Botschaft z. B. in ein islamisches Land, entfesselt sie ihre Sprengkraft.

Eine Markenideolgie, die dem Verbraucher eine bewundernswerte Identität verleihen soll, muß also über ein hohes Maß an Sprengkraft verfügen.
Eine »zahme« Ideologie kann keine Hebelwirkung auf den Absatz ausüben. Nehmen wir zum Beispiel die Zigarettenmarke *Peter Stuyvesant*. Ihre »Come together«-Ideologie propagiert das freundschaftliche Miteinander aller Kulturen und spricht damit einer Mehrzahl der Bevölkerung aus der Seele. Aber gleichzeitig ist die Botschaft wenig provozierend, fast banal. Daran krankt die Marke seit einigen Jahren. Allein von 1993 bis heute sackte der Absatz von 310 Mio. DM auf 260 Mio. DM.

Wer mit Ideologie-Strategien Erfolg haben will, muß einen Spagat schaffen: Einerseits muß die Ideologie provozieren, andererseits soll sie aber möglichst viele Befürworter gewinnen. Einige Siegermarken lösten das Spagat-Problem ganz einfach:

- Die Modemarke *Diesel* besetzte beispielsweise zeitweilig eine schwarz-weiß-gemalte »Anti-Establishment«-Ideologie: die etablierten Erwachsenen wurden als dekadente, fettleibige Trottel dargestellt, die Jugendlichen als gutaussehende, souveräne Lebenskünstler. Da die Marke sich sowieso nur an Jugendliche richtet, konnte ihr der Zorn der geschmähten Erwachsenenwelt gleichgültig sein.
- Das Damen-Parfüm *Impulse* und diverse andere Marken entdecken derzeit, wie verkaufswirksam sich eine mehr oder weniger feministische Ideologie (»Frauen sind das überlegene Geschlecht!«) gegen die herrschende »Männerwelt« ausschlachten läßt. Es schadet ihnen schließlich nicht, wenn die männliche Hälfte der Bevölkerung ihr Produkt vehement ablehnt.

### Fallbeispiel **FIAT Panda**

Zwischen 1975 und 1979 verzeichnete *Fiat* dramatische Verluste in der Kleinwagen-Klasse: Der Marktanteil stürzte von 15,1 % auf 7,8 %. Aussicht auf Besserung bestand nicht: Erstens waren keine technologischen Innovationen in Sicht. Zweitens kämpfte die Marke noch gegen Imageprobleme, die durch interne Schwierigkeiten mit der Verarbeitungsqualität hervorgerufen worden waren. Und drittens drängten die Japaner mit attraktiven Angeboten auf den deutschen Kleinwagen-Markt.

Diese Probleme sollte nun ein kleines, unscheinbares Auto namens *Fiat Panda* lösen, das nach Meinung der Motorjournalisten nichts, aber auch gar nichts Erfolgversprechendes hatte: ein schlichter, eckiger Winzling, der aussah wie ein Schuhkarton auf Rädern. Mit seinen 34 PS erreichte er die schwindelerregende Höchstgeschwindigkeit von 125 km/h und bestach in seiner Ausstattung mit einem verschiebbaren Aschenbecher. Eins stand von vornherein fest: Mit herkömmlicher Autowerbung, mit futurologischen High-Tech-Phrasen oder prestige-orientierten Komfort-Versprechen war da nichts zu machen.

Die einzige wirkliche Besonderheit lag in der Optik: der *Panda* sah anders aus als alle anderen Autos. Allerdings stieß die ungewöhnliche Form eher auf Ablehnung.

Wie erzielt man in dieser fast aussichtslosen Situation einen triumphalen Markterfolg? *Fiat* gelang es mit einer Ideologie-Strategie. Der *Panda* besetzte die grüne, soziale Ideologie der »alternativen« Szene mit Headlines wie:

- »Wir beschlossen, die Garage etwas kleiner, dafür das Kinderzimmer etwas größer zu bauen.« – Das Foto zeigt ein stolzes junges Paar vor dem Rohbau ihres Hauses.
- »Rechne: Wäre jedes der 25 Millionen Autos in Deutschland nur 5 Zentimeter kürzer – wieviel Kilometer Spielstraße gäbe das?«
- »Sparsam sein, hieß es in ihrer Dissertation, ist nicht in erster Linie eine nationalökonomische Funktion, sondern eine menschliche Haltung.«
- »Trotz eines Jahresgehalts von 250 000 DM sieht Herr K. keine Notwendigkeit, mehr als 700 kg Auto mit in die Firma zu nehmen.«

Wer *Panda* fährt, tut dies also aus einer souveränen ideologischen Gesinnung heraus – und nicht etwa, weil er sich ein »richtiges« Auto nicht leisten könnte. Fast wäre diese Kampagne kurz vor dem Start noch gekippt worden, da die Marktforschungsergebnisse sehr polarisierend ausfielen: 75 % der Befragten fanden die Anzeigen albern, die restlichen 25 % fanden sie gut. Die Ideologie des *Fiat Panda* lief also dem Selbstbild des durchschnittlichen Autofahrers konträr zuwider. Und erst durch dieses Spannungsfeld gewann die »Panda-Ideologie« genügend Kraft, um ihren Besitzern eine markante Identität zu verleihen.

Der Erfolg: Der *Fiat Panda* entwickelte sich 1982 zum meistverkauften »Ausländer« im Kleinwagen-Segment. Trotz eines für die Branche geringen Werbe-Etats von weniger als 4 Millionen Mark avancierte *Fiat* zur Nr. 1 unter den Auto-Importeuren. Die Kampagne wurde nicht nur mit dem Gold-Effie für Wirksamkeit ausgezeichnet, sondern erhielt auch diverse Kreativ-Auszeichnungen.

## Fallbeispiel: **TAG HEUER**

*Tag Heuer* ist der fünftgrößte Schweizer Uhrenhersteller, der als Erfinder professioneller Sportuhren gilt und dessen Produkte in mehr als 90 Ländern vertrieben werden.

Wie aber vermarktet man eine solche Uhr werblich? Weder gehört sie zu den modischen Billiguhren à la *Swatch*, noch kann man sie den Luxus-Uhren *Rolex, Cartier* etc. zurechnen.

In den 80er Jahren entwickelte *Tag Heuer* vorsichtig eine erste Ideologie-Strategie (»Don't crack under pressure.«), die gleichzeitig ein Qualitätsversprechen und eine klare Botschaft über ihren Besitzer beinhaltete: »Halte jedem Druck stand!« Die Marke richtete sich damit gegen schwache Persönlichkeiten ohne Durchsetzungsvermögen.

Im März 1995 steigerte *Tag Heuer* diese Ideologie mit dem Slogan »Success. It's a mind game.« Dahinter verbirgt sich die Ideologie erfolgreicher Sportler, die nicht nur dem äußersten Druck widerstehen (»Don't crack under pressure!«), sondern sich sogar zusätzliche künstliche Hürden bauen, um ihre Leistungsgrenze noch weiterzutreiben. Dieser unbedingte Leistungswille ist der Schlüssel zum Erfolg.

Wenn ein Tennisspieler beispielsweise 8 Matchbälle abwehrt und dann auch noch das Spiel gewinnt, ist das nicht primär seinem Training, sondern seiner mentalen Haltung zuzuschreiben. In seiner Printkampagne dramatisiert *Tag Heuer* auf surrealistische Weise die Ideologie der ewigen Sieger: Wir sehen eine Ballettänzerin, die über den Dächern von Manhattan auf dem freischwebenden Stahlträger eines Wolkenkratzer-Neubaus ein Rad schlägt. Wir sehen ein kleines Segelschiff, das direkt auf einen gigantischen, ins Bodenlose stürzenden Wasserfall zudriftet.

Die Kampagne erzielte europaweit ein Wachstum von 26 % (1996 gegenüber 1994), in Italien sogar von 72 %.

**ERFOLGSFAKTOREN**

- **Provokation der Ideologie:** Auf der einen Seite muß die Marken-Ideologie die größtmögliche Provokation enthalten. Auf der anderen Seite soll sie möglichst viele Verbraucher ansprechen. Diese beiden widersprüchlichen Anforderungen gilt es zu vereinen.
- **Fokus:** Die ideologische Formel funktioniert um so besser, je einfacher, klarer und fokussierter sie ist. Die kreative Bildwelt hat also nur eine unterstützende Funktion; sie darf die Aufmerksamkeit nicht von der Schlüsselbotschaft ablenken.

## 2. CHARAKTER-STRATEGIEN

Das Prinzip: **Statten Sie Ihre Marke ganz gezielt mit denjenigen Charakter-Eigenschaften aus, die sich Ihre Zielgruppe am sehnlichsten wünscht.**

Eine Marke, die ihrer Zielgruppe einen starken Charakter verleiht, bietet damit ein attraktives Kaufmotiv.

Die Charakter-Strategien bauen auf dem Gesetz der »Defizit-Kompensation« auf. Die Marke soll also jene psychologischen Mängel ausgleichen, unter denen die Zielgruppe am meisten leidet.

Man mag denken, daß nur wenige Menschen an psychologischen Defiziten leiden. Tatsächlich entdecken aber die meisten Menschen bei sich gewisse Unzulänglichkeiten, wenn sie sich an ihrem Idealbild messen. Selbst das Topmodel *Cindy Crawford* bekannte einmal, sie habe sich zu Beginn ihrer Karriere morgens immer die Haare übers Gesicht gebürstet, bevor sie das Fotostudio betrat, damit niemand ihr ungeschminktes Gesicht sehen mußte. Aus ähnlichen Gründen bevorzugt insbesondere die jugendliche Generation Produkte, die sie cooler, erwachsener oder stärker aussehen lassen.

Die Defizite der Verbraucher dürfen allerdings nicht überkompensiert werden: Psychologen haben herausgefunden, daß eine Marke, deren Charakter allzu »großartig« ist, den Verbraucher geradezu überfordern kann. Er fühlt sich dem Leistungsanspruch, den die Marke an ihn richtet, nicht gewachsen. Das gilt vor allem für Produktgattungen, zu denen der Verbraucher eine enge Beziehung hat, zum Beispiel Zigaretten oder Mode-Marken.

Die wirkungsvollste Form der Charakter-Strategie ist die »soziale Grenzüberschreitung«. Die Darstellung von »Verbotenem«, »Empörendem« oder »Schokkierendem« polarisiert die Verbraucher in zwei Gruppen: die ältere Generation reagiert mit der erwarteten Entrüstung, während die jüngere Generation sich diebisch darüber freut.

Dieser Mechanismus greift in den klassischen Generationen-Konflikt ein. Viele Jugendliche leiden darunter, sich ständig den Gesetzen, Regeln und Normen der älteren Generation unterwerfen zu müssen, sowohl in der Familie als auch im Beruf. Wer offen dagegen aufbegehrt, muß mit Strafe rechnen. Weniger gefährlich ist es, eine »Skandal«-Marke zu wählen, mit der man indirekt »Rache« an der älteren Generation üben kann.

Die häufigste Anwendung der Charakter-Strategie liegt im Bereich der Mode. Schon 1951 entwickelte *Ogilvy* für die Qualitätshemden-Marke *Hathaway* eine Sensations-Strategie, die noch Jahrzehnte später Erfolg hatte: »The man in the Hathaway shirt.« Dieser Herr zeichnete sich allein durch seine schwarze Augenklappe aus. Ein Symbol für Piraterie, Abenteuer, Verruchtheit, Härte, das in einem äußerst pikanten Kontrast zu der aristokratischen Traditionsmarke stand. In eben diesem Kontrast lag die Würze des Markencharakters in den Augen der Zielgruppe. Heute gehen Modemarken noch entschieden weiter: In den 80er und frühen 90er Jahren machte zum Beispiel der »Heroin-Chic« von sich reden: Kostspielige Edelmarken zeigen bleiche Junkies, die zwischen Tür und Angel auf dem Boden zusammengesackt sind wie ein Zentner Kartoffeln.

Daß eine Charakter-Strategie auch für andere Branchen funktionieren kann, beweisen die folgenden Beispiele:

### Fallbeispiel **ROLO** (Niederlande)

Rolos sind Karamelbonbons mit Schokoladenüberzug, die – wie der Name vermuten läßt – in einer Rolle verpackt sind. Eine von vielen hundert Zuckerwaren, die in den Supermärkten um die Gunst der Verbraucher kämpfen. Über Geschmack läßt sich bekanntlich streiten. Wie vermarktet man also ein solches Produkt? Die *Rolo*-Manager entdeckten die soziale Seite ihres Produktes: Rolos teilt man mit Freunden, anstatt sie allein zu vernaschen. Die Marke nahm also einen starken Charakter an, der ihre Verbraucher aufwertet, wie der TV-Spot zeigt: Der Held, ein typischer jugendlicher Draufgänger, kommt ins Kino und ergattert einen Sitzplatz neben einem attraktiven Mädchen. Um ihre Aufmerksamkeit zu gewinnen, bietet er ihr sein letztes Rolo an. Das Mädchen kaut bereits hocherfreut auf dem Karamelbonbon, als sich plötzlich eine aufgedonnerte Blondine auf den anderen Platz neben dem Jungen setzt. Der ärgert sich, sein letztes Rolo voreilig verschenkt zu haben ... aber noch ist es ja nicht zu spät. Vorsichtig legt er seinen Arm um den Hals des Mädchens, so als wolle er sie küssen, packt sie dann aber im Genick, reißt ihr das Rolo aus dem Mund, um es gleich darauf der Blondine anzubieten. Der Slogan mahnt lakonisch: »Überlege gut, wem Du Dein letztes Rolo anbietest.« Stellen wir uns nur einmal vor, im wirklichen Leben bietet ein junger Mann einer Unbekannten ein Rolo an. Muß sie dann nicht unwillkürlich in dem Anbieter auch ein bißchen den unverschämten Draufgänger sehen, den der Markencharakter repräsentiert? – Sicher ist, daß *Rolo* zum heutigen Zeitpunkt mehr über seine Verbraucher aussagt als irgendeine andere Süßigkeit auf dem Markt. Grund genug, sich – nicht nur an der Kinokasse – für ein Rolo zu entscheiden. Die neue Markenstrategie verdoppelte den Umsatz innerhalb eines Jahres.

### Fallbeispiel VIALA

Wie vermarktet man einen Rotwein? In Deutschland schien es lange Zeit nur eine Methode zu geben: nämlich seine sonnenverwöhnte »Heimat« zu rühmen. Aber spielt es für die Masse der Verbraucher wirklich eine Rolle, ob der Wein aus Bayern stammt oder aus Rheinland-Pfalz?
*Viala* war die erste Rotweinmarke, die einen völlig anderen Kurs einschlug und mit revolutionärem Abstand zur erfolgreichsten Weinmarke avancierte. Anknüpfungspunkt war die Überlegung, daß Rotwein ein soziales Getränk ist: man trinkt ihn zu zweit oder in der Gruppe, und man verschenkt ihn gern. Darum kann ein Rotwein seinem Verbraucher Charakter geben.
So wurde *Viala* zu »dem anderen Roten«. Die Anzeigenmotive zeigten leicht »verrückte« junge Leute, die ihren eigenen sympathischen Querkopf haben. Einige Beispiele:

– Eine schrille junge Dame, deren Kleid über und über mit dem *Viala*-Etikett bedruckt ist. »Schicki-Micki-Fummel findet sie ätzend, Selbstgestricktes out, doch für dringend angesagt hält sie diesen trockenen Roten«, lautet die Headline dazu.

- Ein junger Künstler hat aus den Scherben einer überdimensionalen Viala-Flasche ein schrilles Kunstwerk gebastelt. Die Headline: »Seine Eisenplastiken waren Schrott, bei Marmor biß er auf Granit, aber diesen trockenen Roten hält er schlichtweg für ein Meisterwerk.«

Mit dieser Kampagne konnte *Viala* seinen Umsatz von 100 000 Flaschen im Herbst 1990 innerhalb eines Jahres auf das 19fache steigern. Damit wurde es zur erfolgreichsten Neueinführung in der Warengruppe Wein, Sekt und Champagner.

Die Faszination des obigen Markencharakters besteht in der geradezu skandalösen Diskrepanz zwischen *Viala* und dem gediegenen, bürgerlichen Charakter anderer Rotweine. Das wird deutlich, wenn wir uns die Marke *Viala* als einen Menschen vorstellen, z. B. als flippigen Yuppie mit einem schrillen karierten Jackett, weiten Hosen und spitzen Schuhen. Begegnen wir ihm auf der Straße, fällt er uns kaum auf. Sehen wir ihn hingegen mitten auf einer Manager-Konferenz, wo alle Herren grau in grau nebeneinandersitzen, sticht er plötzlich heraus wie ein Paradiesvogel. So gesehen liegt es nahe, daß ein typisch jugendliches Getränk, beispielsweise eine Limonade, einen noch wesentlich provozierenderen Markencharakter definieren muß, um seinen Verbrauchern attraktive Persönlichkeitsmerkmale zu verleihen.

## Fallbeispiel MARBERT KOSMETIK

Charakter-Strategien können aber auch viel leiser und feiner auftreten, wie das Beispiel *Marbert Kosmetik* zeigt. Wir sehen einen attraktiven jungen Mann, der einem unsichtbaren Gegenüber von seiner neuen Freundin erzählt. Er beschreibt diese Frau mit aufrichtiger, genießerischer Leidenschaft, meidet alle Klischees, spricht von ihrer ganz besonderen Art zu gucken, zu lächeln, sich zu bewegen. Und ganz zum Schluß weist er entzückt auf die kleine Narbe oberhalb ihrer rechten Augenbraue hin. Schnitt. Slogan: »Marbert Kosmetik. Jedes Gesicht hat eine Geschichte.«

Die Narbe ist der markante Höhepunkt. Ein Gesicht mit einer Narbe – zumal ein Frauengesicht – spricht von Leben, von Charakter, von Geheimnis. Also das faszinierende Gegenteil von den üblichen flachen, faden Model-Gesichtern, die den kleinsten Hauch von Persönlichkeit in ihren Gesichtern mit Schminke übertünchen. Hier liegt auch die hintergründige Strategie: *Marbert* zu verwenden, heißt unauffällig Charakter zu zeigen.

Die Kampagne war Teil eines ganzheitlichen Turnarounds. *Marbert* schaffte innerhalb von 2 Jahren den Sprung von ca. 9 Mio. Mark Verlust auf 9 Mio. Mark Gewinn.

## ERFOLGSFAKTOREN

- **Faszination des Charakters:** Sie hängt davon ab, wie stark der Marken-Charakter psychologische Defizite der Zielgruppe kompensieren kann. Generell gilt, daß Charakter-Strategien am besten für die Zielgruppe der Jugendlichen funktionieren, die noch auf der Suche nach einer stabilen Identität ist und daher besonders empfänglich auf Marken reagiert, die einen starken Charakter versprechen.

- **Tragfähigkeit des Charakters:** Viele Marken neigen zu der Unsitte, sich eine »verrückte« Identität zuzulegen. Überall sind heutzutage Kampagnen zu sehen, in denen Exzentriker abgebildet werden: einer klettert an einem Bungee-Seil eine Hauswand hinunter und telefoniert dabei; ein anderer trägt einen Anzug, der aus toten Fischen zusammengeknüpft ist. Solche Charakter-Eigenschaften funktionieren allenfalls für kleine Nischenprodukte, nicht aber für große Marken. Denn übertriebene Exzentrik katapultiert Menschen aus dem sozialen Leben heraus, drängt sie ins soziale Abseits, grenzt sie aus. Man lacht zwar gerne über solche »Verrückten«, will aber nicht einer von ihnen sein. Im Gegenteil: sie rufen eher unser Mitleid hervor. Eine tragfähige Markenidentität muß gesellschaftsfähig sein. »Verrücktheit« muß der Marke helfen, soziale Fesseln zu sprengen und dadurch letztlich erfolgreicher zu sein als andere.

- **Authentizität:** Eine Marke erwirbt nicht dadurch Charakter (bzw. Identität), daß sie ihn lautstark für sich behauptet, sondern daß sie ihn lebt! Wenn Ihre Marke »cool« wirken soll, darf sie nicht darüber sprechen. Ein Claim wie »Für coole Männer« ist schon fast ein Todesurteil für eine »coole« Strategie. Es ist wie bei Menschen: Jemand, der von sich behauptet, cool zu sein, beweist damit schon fast das Gegenteil. Wirklich »cool« kann eine Marke nur dadurch werden, daß die gesamte Gestaltung »cool« ist: Kameraführung, Beleuchtung, Sprache und Schauspieler.

- **Eigenständigkeit des Charakters:** Je stärker sich der Markencharakter von dem typischen Charakter der gesamten Kategorie unterscheidet, desto stärker wird die Aussage, die Ihre Marke über ihren Verbraucher macht. Dies zeigt sich besonders deutlich in einer gediegenen Kategorie wie Rotwein, wo ein flippiger Markencharakter heraussticht wie ein Paradiesvogel.

- **Kompatibilität mit dem Produkt:** Einer der spektakulärsten Flops der letzten Jahre ist die Kampagne des Kaufhaus-Riesen *C & A,* einer der größten Werbetreibenden Deutschlands. Innerhalb weniger Jahre steckte er eine Milliarde Mark in die Verjüngung der Markenpersönlichkeit. Die kreative Leistung war bemerkenswert: *C & A*-Spots haben Preise gewonnen und Maßstäbe in der Werbung gesetzt. *C & A*-Werbesongs wurden zu Rennern in den Hitlisten. Aber je besser die Werbung wurde, desto schlechter liefen die Geschäfte. Denn der Markencharakter, den die Werbung vermittelte, widersprach in geradezu lächerlicher Weise dem Markencharakter, den man in den *C & A*-Kaufhäusern wahrnahm: das trostlose Flair der 50er Jahre, Warenberge, kahle Wände, nackte Rohre vermitteln den »wahren« Charakter der Marke: alt, bieder, ärmlich. Ein so grotesker Widerspruch zwischen dem »wahren« und dem gewünschten Charakter ist kontraproduktiv. Der jugendlichen Zielgruppe muß es so vorkommen, als würde eine biedere alte Dame in Hot pants und Rollerblades daherkommen, um sich bei ihnen einzuschmeicheln. Nichts gegen die alte Dame – aber ihre »Verjüngungskur« ist zu fadenscheinig.

## 3. STAR-STRATEGIEN

Das Prinzip: **Machen Sie aus Ihrer Marke einen Star – nach denselben Gesetzmäßigkeiten, wie sie in Hollywood herrschen. Ein Star verkörpert meist den Wunsch-Charakter der Zielgruppe und übt dadurch seine große Faszination aus.**

Eine Marke, die ihre Verbraucher mit den typischen Charakterzügen eines Stars ausstatten kann, bietet ein attraktives Kaufmotiv.
Wie aber produziert man einen Star? Um das zu beantworten, kommen wir an

den »Altmeistern« dieser Kunst nicht vorbei: den Drehbuchautoren aus Holly-wood. Sie erzeugen Traum-Persönlichkeiten, die von einem Millionenpubli-kum bis zur Selbstaufgabe vergöttert werden.

Hollywood-Autoren arbeiten nach detaillierten psychologischen Strickmu-stern, nach denen man einen Star quasi am Reißbrett entwerfen kann.

Folgende Faktoren bilden die Grobstruktur:

## 1. Die Person

- *Grundähnlichkeit mit der Zielgruppe:* Unser Star ist kein unerreichbares Idol, das in einer ganz anderen sozialen Sphäre lebt als unsere Zielgruppe. Im Gegenteil: Er ist »Primus inter Pares«, also im Prinzip ein Typ, der aus dem gleichen Holz geschnitzt ist wie unsere Zielgruppe, allerdings überlegen genug, um von ihnen bewundert zu werden.
- *Defizit-Kompensation:* Der Star kompensiert die psychologischen Defizite seiner Fans. Er muß genau dort seine Stärken haben, wo die Zielgruppe ihre Schwächen hat.
- *Individualismus:* Unser Star ist das Gegenteil einer flachen Werbeklischee-Figur. Drehbuchautoren aus Hollywood empfehlen, die gesamte fiktive Lebensgeschichte von der Geburt bis zum Tod ihres Stars niederzuschreiben, bevor man die erste Zeile des Drehbuchs formuliert. Denn erst durch die Beschäftigung mit dem gesamten Leben bekommt die Figur wahre Tiefe. Irgendwann erreicht man den Punkt, an dem die Film-Figuren sogar ein »Eigenleben« entwickeln: Sie reden, denken und handeln gar nicht mehr so wie ursprünglich geplant, sondern gehorchen der zwingenden inneren Logik ihrer Persönlichkeit.
- *Prägnanz:* Unser Star muß bereits durch äußerliche Merkmale auffallen. Viele unvergeßliche Filmidole (z. B. Charlie Chaplin oder Humphrey Bogart) besaßen ihre typischen »Markenzeichen«.

## 2. Die Lebenswelt

Wir müssen festlegen, in welcher Lebenswelt unser Star zu Hause ist: in der New Yorker Yuppieszene, den Schweizer Alpen, dem australischen Outback oder ganz woanders. Die wichtigste Anforderung ist die »Größe« dieser Welt: Niemand will sich mit einem Star identifizieren, der seine Abenteuer im bür-gerlichen Kleinstadtmilieu von Castrop-Rauxel erlebt. Ein Abenteuer ist nur so groß wie die Kulisse, vor der es spielt. Es klingt paradox, aber wir erzielen mit einer Heldengeschichte eine signifikant tiefere Wirkung, wenn sie in den USA spielt als in Deutschland, England oder Frankreich. Daraus folgt: »Groß« wird eine Welt dadurch, daß sie sich möglichst weit vom Alltag der Zielgruppe entfernt befindet.

### 3. Das Drama
Ein Star kann seine bewundernswerten Qualitäten am besten in sozialen Grenzsituationen entfalten. Dazu gehören die folgenden Elemente:

- *Der soziale Konflikt*
  Wir treiben unseren Star in einen sozialen Konflikt. Am besten wählen wir einen, den die Zielgruppe aus eigener Erfahrung kennt und dem sie sich nicht gewachsen fühlt. Beispiel: ein Raubüberfall.

- *Das Opfer*
  Nahe liegt, daß unser Held selbst das Opfer ist. Wirkungsvoller ist es aber häufig, wenn ein hilfloser Dritter Mittelpunkt des Konflikts wird: zum Beispiel eine schwangere Frau, ein Kind oder ein Greis. Wer immer es auch sein mag – das Opfer ist liebenswert, unschuldig und wehrlos.

- *Der Gegner*
  Ein Star kann sich um so besser entfalten, je größer, stärker und mächtiger sein Gegner wirkt. Erinnern wir uns an die großen Leinwand-Helden wie Tarzan, Robin Hood, James Bond, Batman, Rocky, Rambo etc. Sie alle liefen erst im Kampf gegen schier unbesiegbare Gegner zur Höchstform auf. Der Gegner kann eine einzelne Person sein, eine Gruppe oder eine Institution.

- *Die Konfliktlösung*
  Unser Star löst seinen Konflikt vorzugsweise in einer frontalen Auseinandersetzung:

  - durch überlegene Schnelligkeit oder Geschicklichkeit
  - durch mehr Körperkraft, Härte, Mut
  - durch Raffinesse

Je überraschender und origineller, desto besser.

● *Der Triumph*
Erst der Triumph macht den Star zum Star. Siegreich kehrt er aus dem Kampf zurück – die Gefahr ist gebannt.
Triumph kann viele Erscheinungsformen haben:

- die Dankbarkeit des Opfers bzw. Anerkennung von Autoritäten;
- Wut, Verzweiflung oder Zerknirschung des Besiegten
- Beifall oder Empörung der Zeugen. (Empörung natürlich nur, wenn die Zeugen zur Partei des Gegners zählen.)

Durch die Präzision dieses psychologischen Grundmusters darf nicht der Eindruck entstehen, dies sei ein strategisches Korsett, das Kreativen die Luft zum Atmen nehme. Im Gegenteil. Die Filmgeschichte ist der beste Beweis für die enorme Flexibilität der Star-Strategie: Immerhin funktionieren so unterschiedliche Stars wie Tarzan, Pippi Langstrumpf, Superman und James Bond nach diesem Muster.

### Fallbeispiel: LEVI'S 501

Die *Levi's 501* ist die originale, ursprüngliche Levi's, die Mutter einer ganzen Heerschar von verschiedenen Designs, Farben und Schnitten. Doch die Mutter war alt geworden, und kaum jemand mochte sich mehr so recht mit ihrem Schnitt anfreunden, der mehr an einen Sack erinnerte als an eine Hose.
Mit einer aufwendigen Marken-Kampagne gelang es den Marketern von *Levi's* jedoch, die Hose mit einer Star-Strategie zu einer Kultmarke zu erheben.
Einer der Kinospots verläuft wie folgt: Wir befinden uns im tiefen Westen der USA, fernab von der synthetischen Hektik der modernen Zivilisation. Dort, wo ein Mann noch ein Mann und ein Ehrenwort noch ein Ehrenwort ist. Ein attraktiver, junger Mann betritt eine schummrige Bar. Der fette, schmierige Wirt lädt ihn zu einer Partie Billard ein. Da der junge Mann keine größere Summe Geld bei sich hat, fordert der Wirt als Spieleinsatz dessen *Levi's*. Das Spiel beginnt, und unser Held besiegt den Wirt nach einem kurzen, heftigen Wettkampf. Knurrend zückt der Wirt ein paar Banknoten, doch der junge Mann fordert mit verächtlicher Geste die Hose des Wirts. Der löst gehorsam seinen Gürtel und steht in Unterwäsche da. Das hübsche Bar-

mädchen verbeißt sich mühsam das Lachen. Unser Held ist nicht ernsthaft interessiert an der Trophäe. Erhobenen Hauptes überläßt er den Verlierer dem Spott seiner Gäste und verläßt die Szene.

Schauen wir uns anhand dieses Beispiels die Erfolgsgesetze der Star-Strategie noch einmal an:

1. Der junge Mann ist kein Sohn aus reichem Elternhaus, keiner, der es im Leben zu irgend etwas Außergewöhnlichem gebracht hat. Er ist einfach ein normaler, netter Typ. Und doch kompensiert er einige Defizite der Zielgruppe: durch sein äußerst gutes Aussehen, durch seine Lässigkeit, aber auch durch sein Privileg, im tiefsten Westen der USA ein Leben fernab von Streß, Hierarchie und Existenzangst leben zu dürfen.

2. Die Lebenswelt suggeriert »Größe«. Die USA repräsentieren immer noch die große, weite Welt. Nicht zuletzt, weil dort unzählige große Kinofilme der letzten fünf Jahrzehnte – besonders Western – spielen. Hier geschehen noch echte Abenteuer, hier möchten auch deutsche junge Männer ihre Männlichkeit unter Beweis stellen.

3. Die Story folgt allen dramaturgischen Gesetzen:

- *Der soziale Konflikt:* Unser Held soll vor allen Gästen gedemütigt werden. Es gibt kein Entrinnen: Lehnt er das Spiel ab, wird man ihn als Feigling verhöhnen. Verliert er aber gegen den routinierten Wirt, muß er die Lokalität in Unterhosen verlassen. Beides ist nicht akzeptabel. Er hat nur eine Chance: zu gewinnen.
- *Das Opfer* ist also der Held selbst. Offensichtlich ist er unschuldig an dem Konflikt und verdient dadurch die Sympathie der Zuschauer.
- *Der Gegner* ist der dicke Wirt, der die Dekadenz der Erwachsenenwelt repräsentiert. Der soziale Konflikt symbolisiert darüber hinaus den globalen Generationenkonflikt: jung gegen alt. Der Ausgang des Billardspiels hat also das Gewicht eines ideologischen Machtspiels.
- *Die Auflösung des Konflikts:* Unser Held gewinnt den Wettkampf durch überlegene Geschicklichkeit. Bewundernswert, mit welch souveräner Gelassenheit er kämpft und mit welch stoischem Gleichmut er seinen Sieg zur Kenntnis nimmt. Vor allem aber ist unser Held charakterstark genug, um die Geldscheine seines Widersachers verächtlich abzulehnen.
- *Der Triumph:* Der Wirt blamiert sich vor seinen Gästen bis auf die Kno-

chen. Selbst das Barmädchen kichert. Unser Held läßt sich nicht feiern. Dafür ist ihm die ganze Angelegenheit nicht wichtig genug. Einer wie er hat den Vorfall bereits vergessen, sobald er wieder die Straße betreten hat.

## Fallbeispiel: GAULOISE

*Gauloise* ist eine starke Zigarettenmarke aus Frankreich, die ebenfalls nach den Gesetzen der Star-Strategie aufgebaut ist. Wie zum Beispiel in folgendem Kinospot:

Ein junges Pärchen zieht soeben ins neue Eigenheim ein, augenscheinlich in einer verträumten, französischen Vorstadt. Wir sehen sie ihr Hab und Gut durch den Garten ins Haus schleppen. Hinter der meterhohen Gartenhecke lauert die alte Nachbarin. Sie steht auf einer Leiter und kommentiert den Umzug mit giftigen Bemerkungen. Der junge Mann wirft ihr mehrmals durchdringende Blicke zu, doch sie steigert sich immer leidenschaftlicher in ihr Gezeter hinein. Schließlich wird es dem jungen Mann zu bunt. Er rammt einen Stuhl vor die Hecke, springt darauf, packt die Nachbarin beherzt am Handgelenk und blickt ihr kerzengerade in die Augen. Für den Bruchteil einer Sekunde steht sie unter Schock. Nun beugt sich der junge Mann vor, küßt sie mitten auf den Mund und säuselt mit verführerisch sanfter Stimme: »Hallo, ich heiße Marc und bin ihr neuer Nachbar.« Die alte Dame erliegt auf der Stelle seinem Charme und raunzt ihren Mann an: »Sitz nicht faul 'rum. Los, hilf den beiden.« Schnitt. Alle vier sitzen einträchtig im Garten beieinander. Das ältere Paar ist unterwürfigst bemüht, die neuen Nachbarn durch Gebäck und Musik bei Laune zu halten.

Wie spiegeln sich die Erfolgsgesetze der Star-Strategie in diesem Spot wider?

1. Der Star: Wir haben es nicht mit dem typischen, glatten Werbehelden zu tun, sondern mit dem klassischen netten Typen »von nebenan«. Vielleicht wirkt er doch ein wenig bieder: durch sein äußeres Erscheinungsbild und seine offensichtliche Absicht, in sein eigenes Häuschen im Grünen zu ziehen, mitten in die konservative französische Provinz.

2. Die Lebenswelt: Der französischen Kulisse mangelt es an weltmännischer Größe. Allerdings hat eine französische Marke wohl kaum eine andere Chance, als sich zu ihrer Heimat zu bekennen.

3. Das Drama: Ein Musterbeispiel für die Star-Strategie!

- Den *sozialen Konflikt* – Ärger mit den Nachbarn – kennt fast jeder aus eigener Erfahrung.

- *Das Opfer* ist – ebenso wie bei der *Levi's 501* – der Held selbst. An seiner Opferrolle ist er offensichtlich unschuldig.
- *Der Gegner* gewinnt seine Stärke dadurch, daß er praktisch unangreifbar ist. Streitsuchende Nachbarn lassen sich nicht ohne weiteres zur Räson bringen.
- In der originellen *Konfliktlösung* liegt die eigentliche Würze des Spots. Der junge Mann packt die alte Dame ganz bewußt an ihrer schwächsten Stelle: ihrer rührend naiven, weiblichen Eitelkeit. Diese Lösung ist ebenso verblüffend einfach wie menschlich nachvollziehbar. Eine kleine, flüchtige Schmeichelei, und schon fällt die aggressive Front der alten Dame wie ein Kartenhaus zusammen.
- *Der Triumph* besteht darin, daß der erbitterte Gegner zum handzahmen Schoßhündchen mutiert. In ihrer schulmädchenhaften Verblendung bietet die alte Dame dem gerade noch verhaßten Nachbarn nun treuherzig ihre Hilfe an.

## 4. KONSEQUENZEN

Fassen wir die wichtigsten Erkenntnisse zusammen:

- Es ist ein psychologisches Grundbedürfnis des Menschen, seine Identität auszudrücken. Entweder um sich selbst etwas zu beweisen oder um einen sozialen Erfolg zu erringen.
- Auch Marken können eine sehr klare Botschaft über die Identität ihres Verbrauchers machen, z. B. *Birkenstock*-Sandalen. Darin kann sowohl das primäre Kaufmotiv als auch die primäre Kaufbarriere liegen.
- Die Chance für das Marketing liegt darin, daß Marken ganz gezielt jedes beliebige Persönlichkeitsmerkmal repräsentieren können, das die Verbraucher gern »überstreifen« möchten.
- Für Marken gilt jedoch das gleiche wie für Menschen: ein starker Charakter (bzw. eine imponierende Identität) allein macht uns noch nicht beliebt. Damit unsere Marke eine möglichst große eingeschworene Fangemeinde gewinnt, müssen wir ihren Charakter nach klaren Gesetzmäßigkeiten »maßschneidern«.

Identitäts-Strategien eignen sich für ein weites Branchenspektrum: Mode, Schmuck, Accessoires, Zigaretten, Körperpflege-Produkte, aber auch manche Speisen und Getränke.

Wie nähert man sich der richtigen »Identitäts-Strategie«? Wir analysieren wieder die drei bewährten Ebenen:

### 1. Die Produktebene
Jede Marke hat von vornherin einen mehr oder weniger stark ausgeprägten Markencharakter. Den müssen wir als »Status quo« festhalten. Also stellen wir uns vor, die Marke wäre ein Mensch und versuchen ihn zu beschreiben: von soziodemografischen Eigenschaften (Alter, Geschlecht, Einkommen etc.) über psychografische Eigenschaften (Persönlichkeits-Merkmale, Einstellungen, Ideologien) bis hin zum Lebenswelt-Szenario (Wie sieht seine Wohnung aus etc.).

### 2. Die Verbraucherebene
Nun erarbeiten wir ein tiefenpsychologisches Profil der Zielgruppe: Wie stellt sie sich ihr Ideal-Ich vor? Und unter welchen psychologischen Defiziten leidet sie am meisten?

### 3. Die Kontextebene
Wie sozial oder wie privat ist die Marke? Und wie sehen typische Verwendungssituationen aus, in denen sie etwas Markantes über ihre Verbraucher aussagen könnte?

Auf jeder dieser Ebenen können sich Anknüpfungspunkte für eines der drei beschriebenen strategischen Grundmuster ergeben.

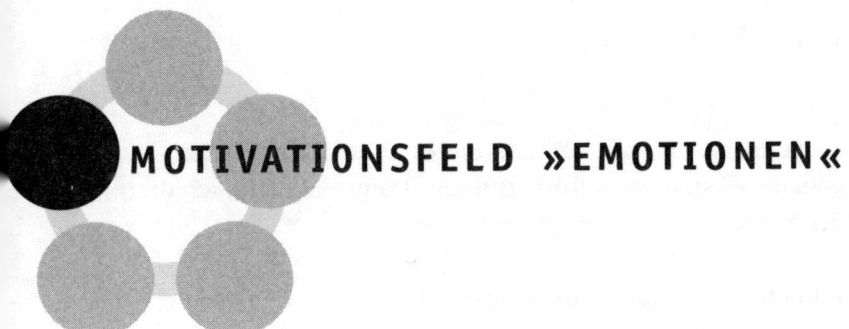

# MOTIVATIONSFELD »EMOTIONEN«

**Kernthese: Der Verbraucher bevorzugt Ihr Produkt, weil er die Marke »liebt«.**

Gefühle gegenüber anderen Menschen können unser Denken, Wollen und Handeln grundlegend beeinflussen. Aber auch die Emotionen gegenüber einer Marke können so stark sein, daß sie zu bedingungsloser Treue führen. Eine solche Marken-»Liebe« können wir methodisch erzeugen.

**Emotionen steuern menschliches Handeln**
Starke Emotionen drücken sich beispielsweise aus,

- wenn wir jemand einen Gefallen tun (ohne moralisch verpflichtet zu sein)
- wenn wir zugunsten anderer auf etwas verzichten
- wenn wir ein Opfer für jemanden bringen
- wenn wir jemandem ohne Anlaß ein Geschenk machen

Daß Liebe menschliches Handeln beeinflußt, ist wissenschaftlich nachgewiesen. Wiener Wissenschaftler zeigten, daß Menschen zwar im allgemeinen lieber nehmen als geben, daß aber in bezug auf einen geliebten Menschen das Geben stärker befriedigt als das Nehmen.[29]
Offenbar gibt es nichts, was Menschen aus (vermeintlicher) Liebe nicht tun würden. Für die Liebe werfen sie jeden persönlichen Nutzen und alle Moral über Bord. Sie machen außergewöhnliche Geschenke, verzichten auf

---

29 Kirchler, E., Hoelzl, E.: Vom Austausch zum Altruismus. Profitorientierung versus spontane Angebote in interpersonellen Beziehungen. In: Gruppendynamik, 26. Jahrg., Heft 4, 1995, S. 457–465

Ruhm & Ehre (z. B. Prinz Edward VII. aus Liebe zu der Bürgerlichen Wallis Simpson), begehen Selbstmord und töten sogar. Denn die Liebe ist offenbar selbst der größte Nutzen und besitzt eine eigene Moral.

### Auch die Liebe zu Produkten kann grenzenlos sein

Daß Menschen auch Objekte lieben können, erkennen wir schon am Sprachgebrauch:

In bestimmten Zeitschriften und Zeitungen werden »Liebhaberstücke« angeboten, meist Autos, Möbel oder Schmuckstücke. Oft übersteigen die astronomischen Preise den materiellen Wert bei weitem. Doch aus irgendwelchen Gründen wecken diese Objekte, die so mancher dem Sperrmüll zuführt, bei anderen Menschen tiefe Emotionen, die sie sich einiges kosten lassen.

Viele Menschen bewahren bestimmte »Lieblingsstücke« auf, die mit intensiven emotionalen Erinnerungen verbunden sind und dadurch einen geradezu sakralen Status gewinnen. Zum Beispiel die vertrocknete Rose, die uns an eine längst vergangene Affäre erinnert, der Lieblingspulli, der mit uns durch »dick und dünn« gegangen ist, und schließlich natürlich das Andenken aus dem letzten Urlaub. Solche Reliquien schätzen wir nicht um ihrer selbst willen. Sie versprechen keinen besonderen Nutzen, sondern erfüllen eine reine Träger-Funktion: denn sie sind vollgesogen mit »süßen« Emotionen, die wir immer wieder abrufen können, wenn wir den Gegenstand nach langer Zeit mal wieder bewußt betrachten oder zur Hand nehmen. Objekte können also zu einer »Gefühls-Datenbank« werden. Dasselbe gilt übrigens für Lieder, Gerüche und Bilder, die längst verschollene gefühlsträchtige Erinnerungen wieder zum Leben erwecken können.

Eine außergewöhnliche Form von Objektliebe finden wir bei Kindern, die zu Puppen und Teddys eine ähnlich liebevolle Beziehung aufbauen wie zu Menschen. Kinder sprechen mit ihren Puppen, füttern sie, pflegen sie, bestrafen sie und behandeln sie »medizinisch«, wenn der Ernst der Lage es verlangt. Zerbricht die Puppe, dann wird sie unter bitteren Tränen zu Grabe getragen. Geht sie verloren, bricht eine Welt zusammen.

Bei Erwachsenen kennen wir ein ähnliches Phänomen. »Das Auto ist des Deutschen liebstes Kind«, sagt ein geflügeltes Wort. Und tatsächlich hegen und pflegen manche Leute ihr Auto, als wäre es ihr eigener Nachwuchs. *Renault* kürte einen seiner Kleinwagen sogar zum »kleinen Freund« der Verbraucher. Aber auch im wirklichen Leben geben Menschen ihrem Auto einen

Namen, malen ihm Augen auf die Kühlerhaube und reden mit Engelszungen auf ihn ein, wenn er mal »bockt«.

Einen Sonderstatus unter den »geliebten« Objekten nimmt das mittlerweile allseits bekannte *Tamagotchi* ein. Ein eiförmiges kleines Computerspiel, dem der japanische Hersteller *Bandai* Leben einprogrammiert hat. Per Knopfdruck erscheint auf dem kleinen LCD-Bildschirm ein virtuelles Küken, das von der Geburt bis zu seinem Tod (nach etwa einem Monat) wie ein richtiges Lebewesen gehegt und gepflegt werden will. Das Geschöpf will per Knopfdruck gefüttert, von seinen Exkrementen gereinigt, verwöhnt und zu Bett gebracht werden. Mangelnde Elternliebe bestraft das synthetische Baby mit Verhaltensstörungen – dann piepst es zu unpassender Gelegenheit und entwickelt sich zu einer kleinen Nervensäge. Und völlige Vernachlässigung führt zum vorzeitigen Tod der armen Kreatur. Weltweit wurden innerhalb eines halben Jahres ca. 13 Millionen der etwa 30 Mark teuren Exemplare verkauft. In Japan brach geradezu eine Massenhysterie aus. Schulkinder waren so innig vertieft, ihre virtuelle Brut zu hätscheln, daß viele Schulen ein strenges Tamagotchi-Verbot verhängten. In Tokios Vorortzügen vertrieben sich auch die Erwachsenen die endlosen Pendelfahrten mit der Pflege ihres elektronischen Nachwuchses. Zudem wurden Ratgeber zur erfolgreichen Aufzucht der Digital-Küken studiert. Schon heute gibt es im Internet Hunderte von Seiten zum Thema ›Tamagotchi‹. Dort existieren sogar Friedhöfe für die verstorbenen Lieblinge.

Die Beispiele zeigen: Menschen können auch zu Objekten sehr innige Emotionen aufbauen. Warum also nicht zu Markenartikeln?

### Der Quantensprung von der Sympathie zur Liebe

Daß man Marken mit Emotionen aufladen kann, ist eine Binsenweisheit der Branche. Gerade für austauschbare Produkte versucht man immer mehr, über Gefühle die Kaufentscheidung des Verbrauchers zu beeinflussen. Die Marke braucht ein »sympathisches Image«, lautet oft der einzige Auftrag an die Kreativen. Doch die Floprate für rein emotionale Werbung ist extrem hoch. Branchen-Insider schätzen sie auf bis zu 95 %. Das ist auch plausibel, wenn man bedenkt, daß der Verbraucher Ihr Produkt vielleicht sehr sympathisch findet, was aber nicht ausschließt, daß er Ihre Wettbewerber genauso mag.

Daraus folgt aber nicht, daß rein emotionale Markenstrategien generell zu schwach sind, um den Absatzerfolg zu steigern. Internationale Siegermarken zeigen eindrucksvoll, daß Emotionen einen bedeutenden Hebeleffekt auf den Umsatz bewirken können.

Was machen diese (wenigen) Siegermarken anders? Sie sprechen ein größeres Gefühl an als Sympathie, nämlich Liebe. Dazwischen liegt ein Quantensprung, denn nur Liebe ist ein exklusives Gefühl. Liebe fordert freiwillige Treue in guten und in schlechten Zeiten, also auch dann, wenn ein Wettbewerber mal mit Sonderangeboten lockt.

Dieser Quantensprung ist tatsächlich erreichbar. Am deutlichsten wird er bei der Entscheidung für eine Zigarettenmarke. Die meisten Raucher sind ihrer Lieblingsmarke bedingungslos treu. Lieber verzichten sie aufs Rauchen, als die »falsche« Zigarette in den Mund zu nehmen. Dieses Phänomen ist mehr als Sympathie; es ist tatsächlich eine Form von Liebe.

### Wie erzeugt man Liebe für eine Marke?

Die Unterscheidung von Sympathie und Liebe macht nur dann Sinn, wenn sich daraus Konsequenzen für die Praxis ergeben.

Um Sympathie zu erzeugen, brauchen Werbe-Profis keine Methode. Jeder Kreative, der über Herz und Seele verfügt, kann eine sympathische Kampagne entwickeln. Für die emotionale Qualität der Liebe gilt das nicht. Wir müssen uns zunächst der heiklen Frage stellen, wie Liebe sich überhaupt gezielt erzeugen läßt. Was wir suchen, ist eine »Mechanik der Liebe«.

Wissenschaftler verschiedener Disziplinen versuchen seit mehr als hundert Jahren, den »Spielregeln« der Liebe auf die Spur zu kommen. Wann verliebt sich wer in wen? Und warum?

Einer der bekanntesten Liebesforscher ist der französische Schriftsteller und Gelehrte *Stendhal* (1783–1842)[30], der im 18. Jahrhundert seine soziologischen Studien am französischen Hof durchführte.

Schon damals entdeckte er eine Fülle von »Spielregeln«:

- Liebe wird intensiver, wenn sie erobert werden muß
- Liebe braucht Provokation, damit ihre »Flamme« nicht erlischt
- Man verliebt sich eher in das Individuelle, Exklusive als in ein Klischee
- Das Natürliche erzeugt mehr Liebe als alles Künstliche
- Ein Liebesgefühl kann »gespeichert« werden: in einer bestimmten Melodie, einem Duft oder in der Erinnerung an eine bestimmte Situation
- Liebe ist unabhängig von äußerlicher Schönheit

---

30  Stendhal: Über die Liebe. Baden-Baden 1994

**Die strategischen Grundmuster**

Weltweit versuchen unzählige Marken, über emotionale Kampagnen ihren Umsatz zu steigern.

Um so wichtiger ist es, die Spielregeln der Gefühle zu verstehen, damit auch emotionale Kampagnen das maximale Wachstumspotential einer Marke ausschöpfen.

Unter den Siegermarken kristallisierten sich die folgenden vier bewährten Grundstrategien als besonders erfolgversprechend heraus:

1. Emotiver Transfer
2. Sehnsuchts-Strategien
3. Lebensstil-Strategien
4. Roman-Strategien

## 1. EMOTIVER TRANSFER

Das Prinzip: **Stimulieren Sie bestehende »Gefühlsknoten«[31] in den Köpfen der Verbraucher, um sie mit Ihrer Marke zu verschmelzen.**

Um einen direkten Einfluß auf die Kaufentscheidung zu nehmen, müssen Emotionen sehr stark sein.

Es ist allerdings nicht einfach, aus dem Nichts solch starke Gefühle zu erzeugen. Besser ist es, auf starken Gefühlen aufzubauen, die bereits in den Köpfen der Verbraucher verwurzelt sind. Wir sprechen dabei von »Gefühlsknoten«, weil sich darin eine Vielzahl von emotionalen Bildern, Vorstellungen, Assoziationen und Sehnsüchten bündelt.

Dabei unterscheiden wir

a) *biologische Gefühlsknoten:* Der Anblick eines Babys, eines Tieres oder eines reizvollen Körpers ruft unwillkürlich meßbare Emotionen hervor. Kein Mensch ist frei von dieser biologischen Reaktion.

b) *kulturell herausgebildete Gefühlsknoten:* dazu gehören insbesondere die Gefühle

---

31  freie Anlehnung an den bekannten Begriff der »Nervenknoten«

- zur Heimat
- zu bestimmten Regionen/Kulturen
- zu bestimmten romantischen Ereignissen/Epochen der Vergangenheit,
- die mit bestimmten Situationen verbunden sind

Solche Gefühle haben ihre emotionale Ladung für den Verbraucher erst durch persönliche Erlebnisse und Erfahrungen im Laufe seines Lebens erhalten.

Emotionen an sich sind etwas Vages, Flüchtiges, Nebulöses, das wir nicht zu fassen bekommen. Greifbar werden sie erst, wenn sie sich wie Salzkristalle in einem Glas Wasser um einen Faden gruppieren. Jetzt bekommen die Gefühle Substanz, Größe und Gestalt. Sie werden meßbar.

Ein Beispiel: Wir können nicht feststellen, wie stark das Gefühl der »Romantik« bei einem Menschen ausgeprägt ist, denn »Romantik« an sich ist nicht greifbar. Aber wir können messen, wie stark ein Mensch auf ein bestimmtes »Romantik«-Motiv reagiert (z. B. ein Urlaubsfoto). Das Motiv wäre in diesem Fall wie der Faden, um den sich die Emotionen ranken wie Salzkristalle. Derart kristallisierte Gefühle lassen sich auf eine Marke übertragen.

### Fallbeispiel **HUGGIES WINDELN** (USA)

Mit *Pampers* kam in den 60er Jahren die Erfindung der Papierwindel auf den Markt, den sie viele Jahre lang mit gewaltigem Vorsprung anführte. *Pampers* wurde zum Synonym für Windeln, und in der Werbung wurde immer wieder auf ihren einzigartigen Produktvorteil hingewiesen: die größtmögliche Trockenheit. Was sollten sich die Verbraucher auch mehr von einer Windel wünschen? – Aber dann kam *Huggies* – und setzte auf Emotionen, die mitten ins Herz gingen. Im streichelnden Licht der Scheinwerfer krabbelten quietschfidele Moppelchen über den Monitor; und die Herzen aller jungen Eltern flogen ihnen entgegen. Die instinktive Liebe zu den Babys übertrug sich auf die Marke. *Pampers* hatte den Verstand junger Eltern erobert, aber *Huggies* das Herz. So kam es, daß *Huggies* schon in den 80er Jahren das Pampers-Monument stürzte und seitdem in den USA Marktführer bei Windeln ist.

Seit Jahrzehnten weiß man, daß sich mit Babys fast alles verkaufen läßt. Mittlerweile sind die Verbraucher aber kritisch geworden: Wenn sie hinter den Babys einen reinen »Köder« wittern, der mit dem Produkt in keinem natürlichen Zusammenhang steht (sogenannter »Borrowed Interest«), drosselt dies auch die Umsatzentwicklung.

## Fallbeispiel F6

Die *f6* ist eine Zigaretten-Marke aus Ostdeutschland, deren Tradition bis in die dreißiger Jahre zurückreicht. Nach diversen »Lebenszyklen« kam sie 1962 mit dem Namen *f6* (›f‹ für Filter; ›6‹ für die 60er Jahre) als erste moderne Filterzigarette aus Dresden erneut auf den Markt.

Kurz nach der Wiedervereinigung 1989, reagierten die ostdeutschen Verbraucher hochsensibel auf die radikalen Änderungsprozesse im Warenangebot. Auf der einen Seite loderte eine unstillbare Neugier nach westlichen Marken, andererseits war das patriotische Selbstwertgefühl angeknackst: es konnte doch nicht alles aus der DDR-Vergangenheit schlecht gewesen sein. Je stärker das westliche Lebensgefühl den ostdeutschen Bürger in seinen faszinierenden Bann schlug, desto größer wurde die Sehnsucht nach der verlorenen Ostkultur. Zwei Seelen schlugen in der Verbraucherbrust. Die *f6* fand einen feinfühligen Weg, den Heimatstolz der Ostdeutschen zu beleben und dieses Gefühl auf ihre Marke zu transferieren. Auf Großflächenplakaten und Anzeigen präsentierten sie voller Stolz nichts weiter als das Produkt – ohne Menschen, ohne Stimmungsbilder, ohne Accessoires. Die Headlines trafen direkt in die Herzen der Raucher: »Bei uns die Nr. 1«. – »Original aus Dresden.« – »Unser Klassiker.« – »Die oder keine.« Indirekt sagen sie alle dasselbe, nämlich: Selbstverständlich gibt es jede Menge westlicher Zigaretten, die besser oder schlechter sein mögen – aber dies hier ist eure Zigarette. Punkt. Alle Qualitäts- und Geschmacks-Argumente wirken dagegen kleinkariert. Hier geht es um etwas viel Größeres, nämlich um Stolz und Ehre. Der Erfolg war überwältigend. Die *f6* steigerte ihren Marktanteil in Ostdeutschland von 15,3 % im Juli 1990 auf 32 % innerhalb von 12 Monaten und wurde damit zur drittgrößten Zigarettenmarke auf dem gesamtdeutschen Markt.

Eine Kampagne, die an Heimatgefühle anknüpft, hat allerdings eine ihr innewohnende Beschränkung: sie funktioniert nur innerhalb dieser Heimat. Außerhalb verliert sie nicht nur ihre Wirkung, sondern kann sich sogar als Bumerang erweisen.

## Fallbeispiel **E.P.T** (USA)

Wie vermarktet man einen Schwangerschaftstest? Das relevanteste Unterscheidungsmerkmal ist natürlich die Zuverlässigkeit seiner Prognose. Allerdings dürften die Unterschiede zwischen den heutigen Produkten kaum noch ins Gewicht fallen. Die einfache Handhabung oder die Schnelligkeit, mit der das Ergebnis vorliegt, sind weitere Faktoren. Wie deplaziert aber scheinen solche »harten« Argumente hinsichtlich der enormen Emotionalität, die der Situation anhaftet?

Die Strategie der Marke *e.p.t.* bestand darin, den hochemotionalen Augenblick der Wahrheit für sich zu besetzen.

Der TV-Spot führt uns in den Privathaushalt eines sympathischen amerikanischen Paares. Der Schwangerschaftstest läuft gerade. Nur Sekunden trennen uns von dem Ergebnis, welches das weitere Leben dieser beiden Menschen prägen wird. Eine Einblendung versichert uns nochmals: dies sind »normale Menschen«, keine Schauspieler. Die Spannung knistert. Jetzt ist es soweit: der Test ist positiv. Zärtlich drückt der Mann seine Frau an die Brust und küßt sie aufs Haar. »Ich wußte es«, flüstert er. »Herzlichen Glückwunsch. Bist du glücklich?« Sie nickt unter Tränen und wirft ihm einen verliebten Blick zu.

Mag sein, daß diese Emotionalität für deutsche Gemüter reichlich dick aufgetragen ist. Das ist letztlich aber nur ein exekutionelles Argument. Entscheidend ist, das Gefühl des Augenblicks einzufangen und mit einer Marke zu verschmelzen.

### ERFOLGSFAKTOREN

- **Natürliche Beziehung:** Prüfen Sie, ob es eine natürliche Beziehung zwischen Ihrer Marke und dem gefühlsbeladenen Sujet gibt. Vermeiden Sie einen künstlichen Brückenschlag durch ein Wortspiel in der Headline. Worin besteht in unseren Beispielen die »natürliche« Beziehung? Im Fall der Windeln sind Babys ausschlaggebend; im Fall der Zigarettenmarke ist es die Herkunft des Produkts, im Fall des Schwangerschaftstests gehört die Situation untrennbar zum Produkt.

- **Authentizität:** Emotionen wirken am besten, wenn sie ehrlich sind. Das heißt vor allem: verzichten Sie auf die wiedergekäute, flache Emotionalität von Klischeebildern (aus Foto-Stocks, Filmen, Illustrierten etc.). Denn ein Gefühl, das allzu glatt, allzu professionell, allzu künstlerisch in Szene gesetzt wird, weckt eher das natürliche Mißtrauen der Verbraucher. Es liegt geradezu in der Natur »großer« Gefühle, nicht perfekt zu sein. Denken Sie beispielsweise an ein Liebesgeständnis, das hastig gehaspelt viel ehrlicher wirken kann als in flüssiger Poesie.

## 2. SEHNSUCHTS-STRATEGIEN

Das Prinzip: **Besetzen Sie eine existierende Sehnsucht Ihrer Zielgruppe nach einer bestimmten emotionalen Situation.**

Wenn es einer Marke gelingt, eine leidenschaftliche Sehnsucht ihrer Zielgruppe zu besetzen, dann werden die Verbraucher sie lieben – und kaufen.
Wodurch unterscheidet sich die Sehnsuchts-Strategie vom emotiven Transfer? Letzterer schöpft aus der Vergangenheit, in der bestimmte Ereignisse, Situationen und Bilder untrennbar mit Gefühlen verschmolzen wurden. Sehnsuchts-Strategien schöpfen aus der Gegenwart. Dort, wo unser Alltagsleben seine größten Schwächen, Mängel, Defizite aufweist, entstehen Sehnsüchte. So gibt es für einen Gefangenen keine größere Sehnsucht als die Freiheit, während Freiheit für die meisten Nicht-Gefangenen eine Selbstverständlichkeit ist. Für den Verdurstenden gibt es keine größere Sehnsucht als das Trinken, während ein Nicht-Durstiger ein Glas Wasser nicht mit Gefühlen besetzen wird.

Dies führt uns zu einer Gesetzmäßigkeit: das starke Gefühl liegt nicht in der Erfüllung, sondern in dem Spannungsfeld zwischen Sehnen und Erfüllen. Je stärker die Sehnsucht, desto intensiver das Erlebnis der Erfüllung. Und noch etwas folgt daraus: der emotionalste Augenblick ist genau jene »Klimax«, in dem die Sehnsucht zur Erfüllung wird.
Wer mit Sehnsuchts-Strategien arbeitet, sollte darauf achten, diese Klimax atmosphärisch einzufangen und für die Marke zu besetzen.

Es ist wichtig, den Appell an Sehnsüchte nicht mit einem Nutzenversprechen zu verwechseln. Es wäre unklug, dem Verbraucher zu vermitteln, daß der
Kauf einer bestimmten Parfüm-Marke ihm die Erfüllung seiner Sehnsucht
nach dem ewigen Einklang mit der Natur verschafft.[32] Die stimulierte Sehnsucht ist vielmehr ein emotionaler Duft, den wir über das Produkt legen, damit
es für den Verbraucher eine unwiderstehliche Anziehungskraft erhält. Ein
Duft ist immer nur Verheißung, und allein darin liegt seine emotionale Faszination.

### Fallbeispiel JEVER PILSENER

*Jever* ist eine der ganz wenigen wachsenden Biermarken in Deutschland.
Der Kinospot zeigt einen sympathischen jungen Mann, der barfuß und
allein durch die Dünen der norddeutschen Küste wandert. Seine lustvolle
Entspanntheit gipfelt darin, daß er sich rückwärts in den Sand fallen läßt.
Soweit die Geschichte in Bildern. Sie kann keine bestimmte Sehnsucht der
Verbraucher ansprechen, weil die dargestellte Situation der Phantasie des
Betrachters zuviel Spielraum überläßt: Hat sich dieser junge Mann gerade
aus einer fesselnden Beziehung gelöst? Ist er frisch verliebt? Oder hat er
vielleicht im Lotto gewonnen? – Erst durch den Off-Sprecher, der die
Gedanken des Mannes formuliert, fließt Sehnsucht in die Bilder, so daß sie
ihre emotionale Faszination entfesseln können. »Keine Staus. Keine Hektik. Keine Termine...« Rein sprachlich wird die Sehnsucht einer Zielgruppe
angesprochen, die von früh bis spät ihrer Arbeit nachgehen muß. Und vor
diesem Hintergrund weiß der Verbraucher nun auch die visuell erzählte
Geschichte richtig zu deuten: er versteht sie eindeutig als Erfüllung einer
Sehnsucht. So entsteht ein emotionaler Tiefgang, der Markenliebe erzeugt.
Neben anderen Faktoren trug diese Markenstrategie zu einem zweistelligen Wachstum bei.

---

32 Hier liegt der definitorische Unterschied zu den emotionalen Nutzenstrategien (vgl. Kapitel 3).
Diese versprechen dem Verbraucher tatsächlich die Lösung für ein emotionales Bedürfnis.

**ERFOLGSFAKTOREN:**

- **Intensität der Sehnsucht:** Die Strategie ist um so wirksamer, je treffender sie eine tatsächliche, akute Sehnsucht der Verbraucher auf den Punkt bringt. Es geht also nicht darum, eine besonders »poetische« Sehnsucht abzubilden, die den künstlerischen Wert einer Kampagne erhöht, während der Verbraucher aber ganz anders empfindet.
- **Bezug zur Produktgattung:** Generell gilt: Emotionale Strategien passen nur zu emotionalen Produkten, sonst wirken sie lächerlich. Sehnsuchts-Strategien passen beispielsweise nicht zu Zahncremes.
- **Drama:** Je stärker der Kontrast von Sehnsucht und Erfüllung herausgearbeitet wird, desto intensivere Emotionen können entstehen.
- **Eigenständigkeit:** Je mehr sich die gewählte Sehnsuchts-Strategie von der gewachsenen Werbetradition der Wettbewerber unterscheidet, desto größeren Erfolg verspricht sie. Eine besondere Herausforderung, denn die Palette von Sehnsüchten, die für ein Millionenpublikum wirklich relevant ist, läßt sich vermutlich an zwei Händen abzählen. Es ist daher verständlich, daß viele Marken der Welt bestimmte Sehnsüchte für sich besetzen wollen: z. B. Erholung vom Alltagsstreß. Aber jede Zielgruppe füllt diese Sehnsucht mit anderen Phantasien, Träumen und Bildern. Je authentischer wir sie ins Bild setzen, desto mehr werden die Verbraucher unsere Marke lieben.

## 3. LEBENSSTIL-STRATEGIEN

Das Prinzip: **Besetzen Sie mit Ihrer Marke die komplexe Sehnsucht der Verbraucher nach einem idealen, aber realistischen Leben.**

Lebensstil-Strategien sind eine Spielart der Sehnsuchts-Strategien, die jedoch anderen Gesetzmäßigkeiten gehorcht.

Der Traum vom idealen Leben wird nämlich nicht nur von einer einzelnen Sehnsucht getragen, sondern von einem ganzen Bündel. Einige Menschen träumen beispielsweise von einem »Aussteigerleben« in Australien. Darin drücken sich allerlei Sehnsüchte aus, mit denen die »Träumer« die emotionalen

Defizite ihres Alltagslebens kompensieren möchten: nämlich Konkurrenz-kampf, Leistungsdruck, Anpassung, Hektik etc.

Lebensstil-Strategien haben ein enormes wirtschaftliches Potential. Prominentestes Beispiel dafür ist die Marke *Marlboro*, die den Lebensstil der nordamerikanischen Cowboys repräsentiert. Hundert Jahre lang (die Marke wurde 1855 eingeführt) war die Marke relativ unbedeutend, bis sie den Lebensstil der Cowboys für sich besetzte. 1971 hatte *Marlboro* in Deutschland 1,2 % Marktanteil, 1985 war sie mit 15 % die Nummer eins. Heute ist *Marlboro* mit schätzungsweise 30 % Marktanteil mit weitem Abstand Weltmarktführer. Ein unvorstellbarer Triumph, wenn man bedenkt, wie heiß umkämpft der Zigarettenmarkt ist.

Vor dem Hintergrund dieses Beispiels stellen wir nachfolgend die gesetzmäßigen Erfolgsfaktoren der Lebensstil-Strategie dar:

- *Sehnsuchts-Potential:*
  Es gibt weltweit unzählige verschiedene Lebensstile: vom New Yorker Szene-DJ bis zum nepalesischen Ziegenhirten. Wie entscheidet man, welcher davon geeignet ist, Ihre Marke voranzubringen? Zunächst treffen wir eine Vorauswahl derjenigen Lebensstile, die bereits eine extrem hohe emotionale Ladung besitzen. Erfahrungsgemäß kristallisieren sich bei dieser Frage genau diejenigen Lebensstile heraus, die wir bereits zur Genüge aus Film, Fernsehen und Literatur kennen. Sie müssen nicht ausdrücklich »originell« sein, müssen nicht den größten Unterhaltungswert haben, sondern im Bewußtsein der Zielgruppe bereits ein tief verwurzeltes Eigenleben führen, prall gefüllt mit Bildern, Träumen und Emotionen. Dahinter steckt die Einsicht, daß alle wirklich sehnsuchtsvollen Lebensstile zwangsläufig von Literaten, Künstlern und Filmemachern schon entdeckt und tausendfach verarbeitet wurden. Es wäre geradezu paradox, wenn eine große Lebenssehnsucht bisher unentdeckt geblieben wäre. Auf den ersten Blick mag die Tatsache enttäuschen, daß wir als kreativen Ausgangspunkt einen »unkreativen« Stoff verwenden müssen. Das war allerdings auch im Falle von *Marlboro* so. Als diese Markenwelt in den 60er Jahren entwickelt wurde, war das Genre »Cowboy« bereits »verbraucht«: unzählige Western hatten es mit sehnsüchtigen Emotionen vollgetankt, die auf *Marlboro* abfärbten. Stellen Sie sich vor, die Marke *Marlboro* hätte seinerzeit einen »originelleren« Lebensstil besetzt, zum Beispiel den einer Eskimo-Familie, die durch die faszinierend schönen Eiswüsten Alaskas zieht. Es würde Millionen verschlin-

gen und Jahre kosten, bis diese Welt mit Sehnsüchten aufgeladen wäre. Es ist daher effizienter, auf »etablierten« Lebensstilen aufzubauen, die im Bewußtsein der Verbraucher bereits Wurzeln geschlagen haben.

Daran knüpft sich eine zweite Forderung: Unser Lebensstil sollte auch nicht unbedingt »trendy« sein. Denn Trends sind von Natur aus flüchtig. Mit einer Trendmarke sind wir gezwungen, einen rasanten, kontinuierlichen Evolutions-Prozeß zu durchlaufen, um immer »en vogue« zu sein. Wir müßten in einem ständigen Dialog mit der Zielgruppe stehen, um neue zeitgeistliche Strömungen rechtzeitig vorauszuahnen und in die Kampagne einzuweben. Eine weitere Schwäche von Trends: sie variieren sehr stark zwischen Kulturen und Subkulturen. Es ist fraglich, ob wir überhaupt eine Trendmarke finden, die ein russischer Senfbauer ebenso »hip« findet wie ein bayrischer Jodelkönig. Letztlich berühren Trends die Zielgruppe nur oberflächlich. Die wahren Sehnsüchte liegen tiefer. Trends modellieren nur den oberflächlichen Ausdruck unserer Sehnsüchte immer neu, nicht aber die Sehnsüchte selbst.

- *Authentizität*
Die Schlüsselfaszination des »Idealen Lebensstils« liegt darin, daß die flüchtigen, nebulösen Sehnsüchte der Verbraucher plötzlich eine prickelnde Konkretisierung erfahren: sie werden erlebbar. Unsere Marke reduziert also die Distanz zwischen dem Verbraucher und seinen eigenen Träumen. Daraus folgen vier Empfehlungen:

- *Wirklichkeits-Anspruch:* Unsere Marke muß den von ihr besetzen Lebensstil bedingungslos ernst nehmen. Das bedeutet, Werbeklischees kompromißlos zu vermeiden. Also keine Cowboys mit frischer Fönwelle und keine Schafhirten mit penibel manikürten Fingernägeln. Am liebsten sogar keine Schauspieler, sondern »echte« Vertreter des gewählten Lebensstils. Auch die gestalterischen Mittel liegen fest: nur Fotos – keine Illustrationen – können die Authentizität unserer Welt »beweisen«. Letztlich wollen wir dem Verbraucher seine geliebte Illusion erhalten, er könne sich jederzeit in ein Flugzeug setzen, um in unsere Markenwelt abzutauchen.
- *Zeitliche Vollständigkeit:* Unsere Kampagne zeigt nicht nur ausgewählte Höhepunkte des »Idealen Lebens«, sondern bildet den gesamten Alltag ab: von morgens bis nachts und von Frühling bis Winter. Denn jeder einzelne

Augenblick dieses Lebens ist faszinierend genug, um ihn festzuhalten. Die zeitliche Vollständigkeit »beweist« die Echtheit unserer Welt.

– *Inhaltliche Detailtreue:* Gerade weil die Sehnsucht des Verbrauchers nur als flüchtiger Nebel existiert, reichert jedes Detail – bis hin zur Eidechse, die sich irgendwo im Hintergrund sonnt – unsere Welt mit lebendiger Authentizität an.

– *Geografie:* Die Gegend, in der das »Ideale Leben« stattfindet, braucht einen Namen und ungefähre geografische Koordinaten. Dadurch erzeugen wir noch mehr emotionale Sicherheit, daß unsere Welt tatsächlich existiert.

● *Archetypen*
Ein »Idealer Lebensstil« muß von Menschen repräsentiert werden, die damit untrennbar verwachsen sind. Sie wurden mit dem Auftrag erschaffen, diesen Lebensstil mit Leib und Seele auszufüllen – allein damit erschöpft sich ihre Existenzberechtigung. Für diese Typen gibt es kein Vorher, kein Nachher und auch keine Existenz außerhalb ihrer Welt. Sie haben kein Recht auf einen eigenen Namen, keine Privatinteressen, keine persönlichen Macken und Marotten. Begründung: Jede privatmenschliche Eigenschaft würde unsere Helden aus dem Schatten des Lebensstils heraustreten lassen. Die Person und der Lebensstil wären nicht mehr identisch. Der Verbraucher ist also mit zwei Identifikations-Angeboten gleichzeitig konfrontiert: und es fällt ihm leichter, sich mit einer bestimmten menschlichen Persönlichkeit zu identifizieren als mit einem abstrakten Lebensstil.

Kurz: Menschen dürfen nicht mit dem Lebensstil konkurrieren, weil sie ihn allzu leicht überstrahlen würden. (Damit wären wir bei einer ganz anderen Strategie, nämlich der Star-Strategie, vgl. Kapitel 6)

Würde man individualisierte »Helden« in einem »Idealen Lebensstil« unterbringen, dann wäre es geradezu so, als würden sie uns die Hauptrolle in unseren eigenen Träumen streitig machen. Helden stören den Traum vom »Idealen Leben«.

● *Alltagsepisoden* (statt dramatischer Geschichten)
Die klarste und reinste Art, einen Lebensstil zu dramatisieren, ist die Darstellung von Alltagsepisoden. Die zyklisch immer wiederkehrenden kleinen Routinen des Alltags, die immer ein wenig anders ablaufen und doch letztlich gleich bleiben.

Hinzu kommt: Es liegt in der Natur eines »Idealen Lebens«, daß es ohne Höhepunkte auskommt. Jeder Augenblick, jede Pflicht, jede Routine versprüht soviel Lebensfreude, daß sensationelle Geschichten völlig überflüssig sind. Schließlich haben Sensationen in unserem Leben lediglich die Funktion, unseren tristen, grauen Alltag ein wenig aufzufrischen.

Noch etwas spricht gegen aufregende Geschichten: Sie lenken den Verbraucher ab. Der Verbraucher konzentriert sich auf die Story und übersieht dabei den abstrakten, zugrundeliegenden Lebensstil. (Dramatische Storys passen viel besser zur Star-Strategie, vgl. Kapitel 6.)

- *Kulisse*
Fast jeder Lebensstil ist untrennbar verwoben mit einer geografischen Heimat, die in der Regel nicht austauschbar ist. Die Bezeichnung »Kulisse« weist der geografischen Einordnung eine untergeordnete Funktion zu; sie hilft lediglich, die Darstellung zu dramatisieren.

- *Sinn/Mission*
Ein »Idealer Lebensstil« muß einen Sinn haben. Wenn er sich allein dem Hedonismus, der Freizeit und dem Luxus widmet, ist er fad und leer. Das klingt vielleicht überraschend, schließlich liebt die Werbung den Hedonismus über alles. In der Fernsehwerbung sehen wir immerzu jubelnde junge Leute tanzend über den Bildschirm wirbeln.

Aber für eine Lebensstil-Strategie ist das zuwenig. Denn Hedonisten sind entweder Urlauber, die irgendwann in einen weniger erfreulichen Alltag zurückkehren müssen. Oder sie sind Aussteiger, die am »wirklichen« Leben gar nicht mehr teilnehmen. Damit katapultieren sie sich als Randgruppe aus der »normalen« Gesellschaft heraus, die sich ihr tägliches Brot hart erarbeiten muß. Hedonismus bedeutet in diesem Zusammenhang Verweigerung bzw. Flucht vor der gesellschaftlichen Verantwortung.

Unser »Idealer Lebensstil« muß also zumindest darauf ausgerichtet sein, den täglichen Broterwerb unserer Archetypen abzusichern. Es ist jedoch nicht erforderlich, daß er darüber hinaus einer hehren, gesellschaftlichen Mission dient, z. B. dem Umweltschutz.

Stellen Sie sich vor, die *Marlboro-Cowboys* wären keine Profis, sondern Urlauber oder Aussteiger, die ihr »wahres« Leben bereits gelebt haben und nun nur noch ihrem Hobby frönen. Wieviel Faszination hätte die Marke dadurch verloren!

Das bedeutet, der »Sinn« eines »Idealen Lebensstils« kann über Erfolg oder Mißerfolg der Kampagne entscheiden.

- *Offener Endzustand*
Ein »Idealer Lebensstil« führt uns zum Ende aller Entwicklung: Unsere Archetypen beherrschen ihren Job bis zur Perfektion; für sie gibt es nichts mehr zu lernen. Dasselbe gilt für ihr gesamtes Leben: sie sind am Ende des Wollens und Wünschens angelangt. Im krassen Gegensatz zur Zielgruppe versuchen sie nicht, ihr Leben weiterzuentwickeln, eine neue Entwicklungsstufe zu erreichen. Ihr Leben ist bereits ideal (so sieht es das Konzept schließlich vor) und bedarf keiner Verbesserung.
Die Vollkommenheit des »Hier und Jetzt« hat Ewigkeitsgarantie; es ist also ein offener, kein apokalyptischer Endzustand.

- *Sicherheit*
Der »Ideale Lebensstil« suggeriert genau die Sicherheit und Stabilität, die der Verbraucher in *seinem* Leben vermißt.
Was ist in unserem Leben schon sicher? Die Steuern und der Tod, sagt man. Alles andere unterliegt in der heutigen Zeit mehr denn je der unwägbaren Veränderung. Die Grundpfeiler der Gesellschaft geraten ins Trudeln: immer mehr Ehen werden geschieden, Arbeitsplätze abgebaut, Renten gekürzt. Unsicherheit ist einer der herausragenden Faktoren, die unser gegenwärtiges Leben bestimmen. Der »Ideale Lebensstil« sollte die Unsicherheit kompensieren. Je mehr Sicherheit, Zuverlässigkeit und Beständigkeit er ausstrahlt, desto besser funktioniert die Strategie.
Wie erzeugen wir diese Sicherheit für unseren »Idealen Lebensstil«?

- Unabhängigkeit: Wir erleben unsere Archetypen grundsätzlich nicht in ihrem Abhängigkeitsverhältnis gegenüber Vorgesetzten. Idealerweise sind sie nicht einmal auf eine bestimmte Technologie angewiesen, um sich zu ernähren. Zugespitzt heißt das: Je näher sie dem Ideal der Selbstversorgung rücken, desto mehr Sicherheit vermitteln sie.
- Klare Verteilung von Rollen und Funktionen: Im Berufsleben der Zielgruppe herrschen Konkurrenz, Ellenbogenkämpfe, Kompetenzstreitigkeiten. Das zermürbt und weckt Verlustängste. Im »idealen Leben« hat hingegen jeder seine klar abgezirkelte Aufgabe. Niemand nimmt dem anderen die Butter vom Brot.

- Geschlossenheit der Welt: Sind die Grundpfeiler der Markenwirklichkeit einmal gesteckt, müssen wir sie respektieren. Die Archetypen unserer Markenwelt dürfen diese niemals verlassen; ebensowenig dürfen »Fremde« in unsere Welt eindringen, die die Autonomie des Lebensstils stören können.
- Geschlossenes Ereignis-Spektrum: In unserer Markenwelt gibt es keine Ereignisse, die den Lebensstil gefährden könnten. Es gibt keine unkontrollierten Gefahren oder Unfälle, die Krankheiten, Verletzungen, Katastrophen oder den Tod zur Folge haben könnten. Vielmehr steht die Faszination der täglichen Routine im Vordergrund, die sich zyklisch in immer neuen Varianten wiederholt. Gerade die Wiedererkennung dieser Regelmäßigkeiten vermittelt Sicherheit.
- Ewigkeitsanspruch: Ein »Idealer Lebensstil« hat kein Anfang und kein Ende. Er ist an kein bestimmtes Jahr oder Jahrzehnt gebunden. Denn alles, was an seine Vergänglichkeit erinnert, würde ihn unnötig destabilisieren.
- Entwicklungsspielräume: Dennoch darf die Ordnung in unserer konstruierten Welt nicht sklavisch sein. Unsere Archetypen sind schließlich keine Roboter, die willenlos ihren einprogrammierten Befehlen folgen. Sie sind keine Gefangenen in einem absolutistischen System. Darum muß unsere Welt immer Entwicklungsspielräume aufzeigen.

● *Lebenswürze/Härte*
Die Werbung liebt es, überschwenglich schöne Markenwelten zu zeichnen: überall glückliche Gesichter, tanzende Menschen, strahlender Sonnenschein. Wie bereits erwähnt, spiegelt aber diese Vollkommenheit gerade nicht die Sehnsüchte der Menschen wieder, denn Sehnsüchte entstehen, wie gesagt, immer im Spannungsfeld der freudigen Erwartung, nicht in der Erfüllung selbst.
Die Faszination unserer Markenwelt ist also um so größer, je klarer wir die unangenehmen mit den schönen Seiten konfrontieren.
Denken Sie an die romantischen Stunden in Ihrem Leben. Romantik ist

- eher robust als luxuriös (Liebe im Heu ist viel romantischer als in einer sterilen Penthouse-Wohnung, oder nicht?)
- eher natürlich als technologisch. (Eine Fahrt auf einem alten Segelschiff ist viel romantischer als auf einem technisch hochgerüsteten Traumschiff.)

– eher unperfekt als perfekt. (Von all den unzähligen Strandspaziergängen bleibt uns doch derjenige in romantischer Erinnerung, bei dem uns ein kalter Schauer überraschte.)

Soweit die Erfolgsgesetze des »Idealen Lebensstils«. Sie sind bewußt sehr spitz formuliert, um zu zeigen, daß sich ein »weiches« Thema wie Sehnsüchte mit »harten« Regeln optimieren läßt.

Ein kleiner Exkurs: Die *Marlboro*-Kampagne ist nicht nur ein Vorzeige-Beispiel für eine Lebensstil-Strategie, sondern gleichzeitig eine hervorragende Charakter-Strategie.[33]

Auf der einen Seite drückt *Marlboro* den Wunsch-Charakter der Zielgruppe aus: reif, männlich, hart, bodenständig und cool (im Sinne von »jeder Situation gewachsen«).

Auf der anderen Seite erkennt der Verbraucher aber auch seine »wahre« Identität in der Marke wieder:

– eher konservativ als innovativ
– eher ordentlich als chaotisch
– eher praktisch als intellektuell
– eher angepaßt als individualistisch

Bemerkenswert daran ist: Der *Marlboro*-Cowboy verkörpert diese zivilisierten Eigenschaften, obwohl sie dem gelernten Klischee vom Western-Cowboy – impulsiv, aggressiv und ein wenig verschroben – widersprechen.

*Marlboro* schafft also den eleganten Brückenschlag zwischen dem wahren und dem idealen Charakter des Verbrauchers. Darin besteht die höchste Qualität einer Charakter-Strategie.

---

33  Vgl. Kapitel 6

## 4. ROMAN-STRATEGIEN

Das Prinzip: **Erzeugen Sie starke Emotionen für Ihre Marke auf der Basis der gleichen Gesetzmäßigkeiten, mit denen Romanautoren weltweit Millionenauflagen erzielen.**

Die bisher beschriebenen emotionalen Strategien bauen auf gewachsenen, im Bewußtsein der Verbraucher fest verwurzelten Gefühlen auf.

Es ist aber auch möglich, Gefühle für eine Marke aus dem Nichts aufzubauen. Wie das funktioniert, kann die Werbebranche am besten von den Bestseller-Autoren aus aller Welt lernen. Diese Schriftsteller beherrschen die Kunst, Geschichten zu erzählen, die bei Millionen Menschen starke Emotionen wecken. Es gibt Siegermarken, die nach dem gleichen emotionalen Grundmuster vorgehen und ihre Absätze damit signifikant steigern. Dieses Grundmuster fügt sich folgendermaßen zusammen:

- *Der Held*
  Unsere Geschichte braucht einen Helden. Möglichst keine Klischeefigur, kein typisches Werbegesicht, sondern eine individuelle Erscheinung. Zwei hervorstechende Merkmale kennzeichnen ihn: Erstens ist er liebenswert – und zweitens verletzlich. Wir haben es nicht mit einem kraftstrotzenden Siegertypen zu tun, sondern mit einer emotionalen, menschlichen und sensiblen Person.

- *Die Frustration*
  Unser liebenswerter Held ist traurig bzw. unglücklich. Entweder spielte ihm das Schicksal übel mit, oder er wurde sogar Opfer einer menschlichen Ungerechtigkeit. Er ist allerdings unschuldig an dem, was ihm widerfahren ist.

- *Der Wendepunkt*
  Jetzt schlägt die Stunde der Menschlichkeit. Auf eine überraschende Weise nimmt die Geschichte eine Wende zum Positiven – oft in Gestalt eines unbekannten Wohltäters. Dies ist genau der richtige Moment, unsere Marke ins Spiel zu bringen, denn in diesem Moment schlägt Trauer in Glück um.

- *Happy End*
  Unser Held ist glücklich und zeigt es durch eine Geste der Dankbarkeit, ein Lächeln etc.

Diese einfachen dramaturgischen Gesetze lassen den Kreativen jede Menge Spielraum. Schließlich gelingt es Romanautoren ja auch immer noch, Erfolgsgeschichten nach diesem Muster zu stricken.

## Fallbeispiel **BARILLA** (Italien)

Wie vermarktet man eine Pasta-Marke in ihrer Heimat Italien, wo sich 400 Mitbewerber um die Marktanteile streiten? Qualitätsargumente sind selbstverständlich, die verlockendsten Aufnahmen dampfender Nudeln tausendfach gesehen. Die *Barilla*-Marketer lösten dieses Problem sehr erfolgreich, indem sie kleine rührende Geschichten nach dem Muster erfolgreicher Romane erzählten. Ein Beispiel: Wir sehen einen süßen, kleinen Jungen vor den Toren eines riesigen Fußballstadions. Drinnen tobt die Stimmung: ein großes Spiel ist angesagt. Doch unser Junge hat leider kein Geld, um den Eintritt zu bezahlen. Trotzdem will er ein bißchen von der abenteuerlichen Atmosphäre schnuppern. Und als wolle er seine Melancholie noch steigern, setzt er sich schließlich hängenden Kopfes auf eine Bank, direkt gegenüber von dem großen Eingangstor des Stadions. Das ganze Land fiebert im Fußballwahn, nur er sitzt mutterseelenallein vor dem Tor und hört die Übertragung aus einem schäbigen kleinen Plastikradio. Doch plötzlich winkt ihm der Karten-Kontrolleur. Unser Junge glaubt nicht, daß er gemeint sein könnte und schaut suchend hinter sich. Der Kontrolleur winkt noch einmal. Der Junge geht zögernd auf ihn zu. Er kann sein Glück nicht fassen: mit einem väterlichen Klaps verschafft ihm der nette Mann freien Zutritt. Was für ein erhebender Augenblick. Im Sturmschritt rennt der Junge nun die Stufen hinauf ins Stadion, wo die Menschenmenge tobt. Das Leuchten in seinen Augen drückt alles Glück dieser Welt aus. Der alte Kontrolleur winkt ihm schmunzelnd nach. – Der Film beherzigt alle dramaturgischen Erfolgsgesetze der Romanstrategie:

- Wir haben unseren unschuldigen, liebenswerten Helden
- Er leidet unverschuldet an einer tiefen Trauer
- Ein Wohltäter kommt ins Spiel
- und verwandelt tiefsten Schmerz in höchstes Glück

*Barilla* veröffentlichte eine ganze Serie vergleichbarer TV-Spots unter dem Motto: »Wo Barilla ist, da ist dein Zuhause.« Der oben erwähnte war dabei der einzige, in dem keine Pasta zu sehen war. Seine Wirkung kann also nicht mit einem suggestiv vermittelten Qualitätsversprechen erklärt werden. Trotzdem ist es generell empfehlenswert, das Produkt am Wendepunkt der Geschichte einzuführen, um dem frisch gewonnenen Glück unseres Helden noch ein Sahnehäubchen aufzusetzen.

Die *Barilla*-Kampagne entstand 1985 und erzeugte ein Wachstum von 35 % innerhalb von 3 Jahren. Sie gilt noch heute als die berühmteste Werbekampagne, die Italien je hervorgebracht hat.

## 5. KONSEQUENZEN

Die wichtigsten Erkenntnisse noch einmal auf einen Blick:

- Es ist möglich – auch für ein austauschbares Produkt –, allein durch die gezielte Ansprache von Emotionen einen durchschlagenden Erfolg zu gewinnen.
- Allerdings reicht eine »sympathische« Kampagne dafür bei weitem nicht aus. Wir müssen vielmehr den Quantensprung zur »Markenliebe« schaffen. Denn Liebe ist im Unterschied zur Sympathie etwas Exklusives: sie erzeugt Treue.
- »Liebe« zur Marke läßt sich nach bewährten psychologischen Gesetzmäßigkeiten systematisch aufbauen. Diese sind wie Schräubchen, an denen man drehen muß, um aus einem durchschnittlichen Produkt eine Siegermarke zu machen.
- Die Emotionen, die wir verwenden, sind nicht mit einem emotionalen Nutzen zu verwechseln. Emotionale Kampagnen versprechen nichts. Sie legen sich vielmehr wie ein unwiderstehlicher Duft um die Marke und können dadurch geradezu ein Teil des Produktes werden. So wie der *Marlboro*-Cowboy heutzutage ebenso untrennbar zum Produkt gehört wie Tabak, Papier und Filter.

Emotionale Strategien eignen sich für alle emotionalen Produkte: vor allem für Mode- und Zigarettenmarken, Kosmetik und alkoholische Getränke.

Für die Zukunft bieten sie ein schier unerschöpfliches Reservoir für effektive Markenstrategien.

Hier bieten wieder die drei bekannten Ebenen Anknüpfungspunkte für die richtige emotionale Markenstrategie.

### 1. Die Produktebene

Wir prüfen, ob sich im Produkt selbst, seiner Historie, seiner Herkunft oder seiner Entstehung Anknüpfungspunkte für eine emotionale Strategie finden. Dies kann zu einer Strategie des Emotiven Transfers führen, wie im Beispiel der Zigarettenmarke *f6* aus Dresden.

### 2. Die Verbraucherebene

Hier suchen wir gezielt nach Sehnsüchten (bzw. Träumen), die aus einem emotionalen Defizit der Zielgruppe erwachsen, hervorgerufen durch Leistungsdruck, Hektik und Entmenschlichung seiner Lebenswelt. Das Ergebnis können Sehnsuchts- oder Lebensstil-Strategien sein.

### 3. Die Kontextebene

Hier gehen wir von Verwendungssituationen aus: wer könnte das Produkt mit wem in welcher Situation benutzen? Dabei können beispielsweise Roman-Strategien entstehen, wie sie die italienische Erfolgsmarke *Barilla* verwendet.

# SO ARBEITET MAN MIT DEM b | w-MODELL

In den vorausgegangenen Kapiteln haben wir die immer wiederkehrenden rationalen, psychologischen und emotionalen Grundmuster beschrieben, mit denen Siegermarken direkt auf die Kaufentscheidung der Verbraucher einwirken. Selbst Produkte ohne faktischen Vorteil können damit enorme Wachstumsschübe für sich verbuchen. Die zahlreichen beschriebenen Fallbeispiele dürfen jedoch nicht über die Tatsache hinwegtäuschen, daß heutzutage nur ein Bruchteil aller Markenkampagnen die strategischen Grundmuster und ihre Gesetzmäßigkeiten kennen und anwenden.

## 1. DAS b | w-MODELL ALS WERKZEUGKASTEN

Das b|w-Modell bietet – wie schon in Kapitel 2 gesagt – keine standardisierten Patentrezepte, sondern Werkzeuge, mit denen man maßgeschneiderte Strategien systematisch erarbeiten kann. Was ist neu daran?

1. Die Kaufhandlung rückt ins Visier jeder Art von Werbung. Selbst Imagewerbung – bzw. jede emotionale oder psychologische Form der Werbung – setzt nun die Frage voraus: »Wie soll diese Kampagne auf die Kaufentscheidung des Verbrauchers einwirken?« Die Antwort muß einfach, plausibel und mit dem gesunden Menschenverstand nachvollziehbar sein. Mit einer reinen Imageverbesserung dürfen wir uns in Zukunft nicht mehr zufriedengeben, weil sie zu selten den Absatz signifikant steigert.

2. Neu ist auch die weitgehend trennscharfe Abgrenzung der psychologischen Motivationsfelder, mit deren Hilfe man in den Köpfen der Verbraucher gezielt

die Weichen für Kaufentscheidungen stellen kann. Sie ist notwendig, um für jede Marke systematisch ein ganzheitliches strategisches Portfolio mit diversen optionalen Routen erarbeiten zu können, anstatt bei schwierigen Problemen auf die rettende Inspiration warten zu müssen.

3. Neu sind schließlich die beschriebenen Gesetzmäßigkeiten, mit denen man die Erfolgswahrscheinlichkeit der einzelnen strategischen Grundmuster optimieren kann.

Ohne einen systematischen Ansatz wird es in Zukunft immer schwieriger werden, für die Masse der austauschbaren Produkte starke Markenstrategien zu erarbeiten. Selbst wenn es einen originellen kreativen Ansatz gibt, liegt die Floprate – je nach Branche – bei bis zu 95 %. Unbestritten ist natürlich, daß die verbleibenden 5 % herausragende Erfolge sein können. Aber wem reicht eine solch niedrige Trefferquote?

Für die praktische Arbeit ist es hilfreich, sich das Modell wie einen modernen, professionellen Werkzeugkasten vorzustellen. Daraus ergeben sich fünf Konsequenzen:

- Die Qualität eines Werkzeugs ist für den Erfolg des Ingenieurs sehr wichtig. Muß er sich mit veralteten, unangemessenen oder sogar ganz ohne Werkzeuge begnügen, leidet das Ergebnis seiner Arbeit darunter, und er verliert kostbare Zeit. Der Ingenieur kann sein Talent und seine Erfahrung nur mit zeitgemäßen Werkzeugen optimal ausschöpfen.

- Werkzeuge lassen sich miteinander kombinieren, aber letztlich hängt ihre Kombinierbarkeit vom jeweiligen Objekt ab, an dem der Ingenieur arbeitet. Es gibt keine allgemeinverbindlichen Regeln dafür.

- Nicht allein die Werkzeuge sind für Spitzen-Leistungen verantwortlich, sondern ebenso Erfahrung und Talent des Ingenieurs. Selbst das modernste Werkzeug ist nur so gut wie derjenige, der damit umgeht. Ein Laie kann sogar Schaden damit anrichten. Das liegt in der Natur des Werkzeugs. Analog gilt: Werkzeuge können sowohl für legitime als auch für illegitime Zwecke (im ethischen Sinne) verwendet werden. Man kann damit ebenso Pflüge bauen wie Waffen. Die moralische Verantwortung liegt aber nicht im Instrument, sondern im Bewußtsein der Anwender.

- Es hängt nicht vom Werkzeug ab, ob die Maschine, die damit gebaut wird, für die Zwecke des Kunden geeignet ist oder nicht. Selbst wenn die Maschine an sich perfekt funktioniert, kann sie für die spezifischen Belange des Kunden untauglich sein. Auch die Wirksamkeit von Markenstrategien hängt davon ab, wie sensibel sie auf die Marktsituation abgestimmt sind.

- Ein Werkzeug unterliegt dem Fortschritt. Je mehr Menschen damit umgehen und ihre Erfahrungen damit sammeln, desto eher kann seine Feinabstimmung über die Jahre und Jahrzehnte verbessert werden. Mittelfristig wird es daher möglich sein, weitere strategische Grundmuster zu identifizieren und ihre Gesetzmäßigkeiten noch präziser herauszuarbeiten.

## 2. ANWENDUNGSBEISPIEL »PILS«

Um die Leistungsfähigkeit des b|w-Modells zu veranschaulichen, wollen wir seine Anwendung am Beispiel einer neuen Pilsmarke simulieren. Das Thema »Pils« scheint uns besonders reizvoll, weil der Biermarkt einer der schwierigsten ist. Unser Pils stellen wir uns als ein typisch austauschbares Produkt vor, das sich in keiner nachweislichen Eigenschaft von anderen Pilssorten unterscheidet.
Um vielversprechende Markenstrategien zu generieren, prüfen wir jedes der fünf Motivationsfelder nacheinander auf

- der Produktebene
- der Verbraucherebene und
- der Kontextebene.

Das Ziel dieser strategischen Simulation besteht darin, ein möglichst breites strategisches Portfolio zu entwickeln.
Unter Realitätsbedingungen würden wir natürlich anders vorgehen und uns auf einige wenige strategische Grundmuster fokussieren, die wir in aller Tiefe ausarbeiten.

## 3. MOTIVATIONSFELD »NUTZEN«

Kann unser Pils einen virtuellen Produktvorteil besetzen?

Zunächst prüfen wir auf der Produktebene, ob es in seinem Umfeld (z. B. Brauerei-Tradition, Anbaubedingungen, Inhaltsstoffe, Herstellungsverfahren) starke Indikatoren gibt, von denen Millionen Verbraucher automatisch auf eine überlegene Produktqualität schließen würden.

Wir stellen fest, daß einige der wichtigsten strategischen Positionen bereits von bestehenden Siegermarken besetzt sind:

Die Marke *Krombacher* dramatisiert beispielsweise sehr erfolgreich ihr Ingredient »frisches Felsquellwasser« als Indikator für überlegene Qualität. Schlüsselbild der Werbung ist ein quellfrischer Gebirgssee. Der virtuelle Qualitätsvorsprung ist seit Jahren das solide Fundament der Marke und machte sie zur Nummer zwei im deutschen Markt.

Auch das Verbreitungsgebiet ist ein starker Qualitäts-Indikator. Die Marke *Tuborg* wirbt beispielsweise mit dem Anspruch: »Wer die Welt kennt, kennt *Tuborg.*« Angeblich kann man dieses Produkt sogar inmitten afrikanischer Congas, amerikanischer Banjos und karibischer Steeldrums genießen. Muß der Verbraucher nicht unwillkürlich schlußfolgern, daß ein Bier, das selbst in die entlegensten Winkel der Welt vorgedrungen ist, auch eine ganz besondere Qualität bietet? Jedenfalls wuchs *Tuborg* mit dieser Strategie allein von 1994 bis 1995 um 50 %.

Viele existierende Marken versuchen, ihre Herkunft als Indikator für außergewöhnliche Qualität zu etablieren – nach der Devise: »Bier muß seine Heimat zeigen«. Der Erfolg ist vorhersagbar mäßig. Denn würde der typische deutsche Verbraucher tatsächlich eine bestimmte Biermarke bevorzugen, nur weil sie aus Bayern kommt? Oder aus Rheinland-Pfalz? Oder Hessen? Schwer vorstellbar. Nur ganz wenige Regionen in Deutschland erfüllen die landschaftlichen Bedingungen, um ein überlegenes Bier hervorzubringen: zum Beispiel der Schwarzwald, der unwillkürlich Assoziationen von schmeckbarer Würze, Frische und Reinheit weckt.

Wir stellen fest, daß sich für unser Pils kein starker Indikator für die Vermarktung findet. Darum schieben wir alle Produktfakten beiseite und konzentrieren uns nur noch auf unsere Zielgruppe (Verbraucherebene): Welche Erwartungen stellt sie an ein ideales Bier?

**Strategie-Option 1: »Frische«**

Frische ist sicherlich eine seiner wichtigsten Eigenschaften. Das ideale Bier ist frisch gezapft (Gold-Standard), schlechtes Bier hingegen schal und abgestanden.

Doch welches deutsche Bier hat Frische für sich gepachtet? Alle? Oder gar keines? Letztlich dramatisieren doch fast alle Bierkampagnen eine gewisse Frische. Zehntausendfach haben wir in der Werbung gesehen, wie quellfrischer goldgelber Gerstensaft schäumend ins Glas sprudelt. Soviel Frische ist generisch, selbstverständlich, banal. Damit allein kann man heute kein Bier mehr verkaufen. Wie aber können wir den virtuellen Frische-Vorsprung für unsere neue Pilsmarke besetzen?

Die Idee liegt darin, unser Denken einfach auf den Kopf zu stellen: wir denken nicht mehr über Frische nach, sondern über sein Gegenteil: schales, fades Bier. Hier liegt der Anknüpfungspunkt für eine »Bedürfnis-Strategie«: Wir dramatisieren das Problem von Flaschen- und Dosenbier, das zwar mit einem Mindesthaltbarkeits-Datum gekennzeichnet ist, aber keinen Hinweis über das Abfülldatum enthält.

Hier liegt ein Problem, das wir mit einer »Feindbild-Technik« dramatisieren (vgl. Kapitel 3) und für unsere neue Pilsmarke besetzen können. Die Lösung wäre ein Frische-Siegel auf der Flasche, das dem Verbraucher jederzeit das genaue Abfülldatum mitteilt. Was glauben Sie, wie sich ein Verbraucher verhält, der im Supermarkt dieses eine Pils mit allen anderen ohne Frischesiegel vergleicht? Ist es nicht wahrscheinlich, daß er sicherheitshalber zum garantiert frischen Produkt greift?

Neben der Frische gibt es weitere sehr relevante Kriterien, an denen der Verbraucher Bier mißt: zum Beispiel Hochwertigkeit und Natürlichkeit. Beide sind allerdings im deutschen Markt schon sehr kompetent besetzt:

Für »Hochwertigkeit« steht die Marke *Warsteiner*. Zehn Premium-Marken kämpfen in Deutschland um die Vorherrschaft. Aber nur *Warsteiner* beherrscht die Gesetzmäßigkeiten der »Suggestiven Nutzen-Strategie« perfekt, eroberte damit 1988 die Marktführerschaft und hält sie bis heute. *Warsteiner* suggeriert nämlich die ultimative Steigerung von Hochwertigkeit – durch seine Bild-, Stil-, Farb- und Tonwelt. Andere Premium-Marken verzetteln sich hingegen mit Nebenbotschaften, Nebenbildern, Nebendramen und fallen dadurch in der Kategorie »Hochwertigkeit« gegen *Warsteiner* ab.

Für Natürlichkeit/Reinheit steht *Licher Pils,* das in den 80er Jahren Marktführer in Hessen wurde. Wiederum gilt: unzählige Pilsmarken haben versucht, den virtuellen Vorteil »Natürlichkeit« für sich zu besetzen. Aber *Licher* ging einen Schritt weiter als alle anderen und erschuf seine markeneigene Natur: einzigartig sauber, saftig, von Menschenhand unberührt. Seine jungfräuliche Reinheit unterschied sich prägnant von all den unzähligen Natur-Auffassungen, die die deutsche Werbung bislang hervorgebracht hat. Einzigartige Natürlichkeit ist also nicht nur ein positives Imagemerkmal, sondern ein »hartes« Verkaufsversprechen, das allerdings rein suggestiv vermittelt wird. Paradoxerweise bescheinigten die Verbraucher in einer Marktforschungsumfrage der Kampagne sogar eine besonders hohe Glaubwürdigkeit.

Offenbar sind die relevantesten Qualitätserwartungen bereits von bestehenden Marken erfolgreich besetzt. Welches sind aber nun die wichtigsten emotionalen Erwartungen, die die Verbraucher an ein Bier stellen?

### Strategie-Option 2: »Entspannung«

Millionen Menschen in Deutschland trinken regelmäßig ihr »Entspannungsbierchen«, um abends den Tagesstreß abzuschütteln und wieder »richtig Mensch« zu werden. Entspannung ist offenbar einer der wichtigsten emotionalen Nutzen, den Bier erfüllen kann. Erstaunlicherweise hat keine der bereits existierenden Biermarken diesen Nutzen für sich gepachtet.

Einer der wichtigsten emotionalen Nutzen ist also für unsere neue Pilsmarke noch frei! Um sein Potential auszuschöpfen, müssen wir ihn mit derselben Ernsthaftigkeit und Entschlossenheit verfolgen wie eine »harte«, faktenorientierte Markenstrategie. Als aggressive Vision formulieren wir: »Wir wollen alle Pilstrinker, die abends zur Entspannung Bier trinken, zu unserer Marke bekehren.«

Darum soll unser Pils fokussiert nur die pure, die reine, die endgültige Entspannung versprechen, sonst nichts. Jedes Bild, jede Kulisse, jedes Wort, jede Botschaft, die davon ablenken könnte, wird kompromißlos ausgemerzt.

Außerdem muß erkennbar sein, daß unser Pils nicht nur das Thema Entspannung besetzt, sondern diese ganz konkret und ernsthaft *verspricht*! Durchschlagskraft gewinnen wir, indem wir ›Vorher‹ (die Anspannung) und ›Nachher‹ (die Entspannung) pointiert gegenüberstellen.

Die strategische Konsequenz erfordert Mut. Viele Marken-Profis trauen sich allerdings nicht, ein emotionales Versprechen in aller Entschlossenheit vorzutragen.

**Strategie-Option 3: »Geselligkeit«**

Bier hat einen weiteren starken emotionalen Nutzen: es macht uns ungezwungen und hebt die Stimmung. Es hilft uns, die Bürde des Professionellen, Förmlichen, Höflichen, Ernsthaften abzuwerfen und mit anderen Leuten zwanglos Spaß zu haben. Diesen Effekt kann man auf jeder Party beobachten, und viele Menschen behaupten, er träfe auf Bier noch stärker zu als auf Wein, Sekt oder andere alkoholische Getränke. Bier ist demnach das »geselligste« Genußmittel. Aber gibt es ein Bier in Deutschland, das diesen relevanten emotionalen Nutzen für sich erobert hat? Unseres Wissens nicht. Irgendwie beanspruchen fast alle Biere ein geselliges Image, aber keines macht ein klares, provozierendes Versprechen daraus. Kein Bier hat »Geselligkeit« in einer ähnlichen Weise gepachtet, wie *Warsteiner* »Hochwertigkeit« gepachtet hat. Hier könnte ein lohnendes Potential für die Vermarktung unserer neuen Pilsmarke liegen.

Wichtig ist allerdings, daß wir »Geselligkeit« nicht nur als ein gefälliges Image-Attribut auffassen, das mehr oder weniger jedem Bier anhaftet, sondern als ernstgemeintes und entschlossenes emotionales Versprechen: Jeder Verbraucher im Land, der Bier trinkt, um seine Steifheit abzuschütteln, soll in Zukunft automatisch zu unserer Marke wechseln.

Es reicht allerdings nicht aus, gesellige Menschen zu zeigen, die unser Bier trinken. Im Gegenteil: Wir müssen Allerwelts-Typen zeigen, vom tristen Büroalltag zermürbt und in sich gekehrt, die erst durch den Genuß unseres Bieres plötzlich zueinander finden und gewaltig für Stimmung sorgen.[34] So unterscheidet sich unser Pils von den unzähligen Wettbewerbern, die immer wieder gesellige Typen in geselligen Situationen zeigen, ohne sich aber zu einem verlockenden, emotionalen Nutzenversprechen verleiten zu lassen. Warum eigentlich? Millionen Menschen trinken tatsächlich Bier, um in Stimmung zu kommen. Trotzdem hat noch keine bestehende Biermarke diesen emotionalen Nutzen für sich besetzt.

Wer sich allerdings nicht kompromißlos zu einem emotionalen Nutzen bekennen will, sollte lieber nach einer anderen Strategie suchen anstatt ihn abzuschwächen und sich damit dem werblichen Gleichklang der ganzen Branche anzunähern.

---

34  Aber Vorsicht: nicht den Eindruck einer Droge wecken!

## 4. MOTIVATIONSFELD »NORMEN«

Welches Potential bieten Normen, um unser neues Pils in eine Siegermarke zu verwandeln?

Zunächst prüfen wir, welche Normen auf der Produktebene die Verbraucher daran hindern könnten, unser Pils zu kaufen. Zum Beispiel: »Die Brauerei war in einen Umweltskandal verwickelt. So eine Firma sollte man nicht unterstützen.«

Im zweiten Schritt prüfen wir die Verbraucherebene: Welche Normen spielen für den Pilstrinker eine Rolle? Denkbar wäre beispielsweise, daß der durchschnittliche deutsche Pilstrinker für sich selbst eher ein preisgünstiges Pils kauft, weil eine verinnerlichte Norm ihm sagt: »Im Alltag sollte ich sparen: hochwertige Pilsmarken sind nur für besondere Gelegenheiten gedacht, zum Beispiel wenn Gäste kommen.«

Schließlich prüfen wir die Kontextebene. Welche Normen spielen für die Kaufsituation, die private oder gesellschaftliche Verwendungssituation eine Rolle?

Hier entdecken wir eine Norm, die den Absatz des gesamten Marktes zu bremsen scheint...

### Strategie-Option 4: »High Society«

Es gibt eine gesellschaftlich tief verwurzelte Norm, die sagt: »Pils sollte man für elitäre gesellschaftliche Gelegenheiten (Festmahl, Empfang, Vernissage etc.) nicht verwenden.«

Denn Pils gilt im Vergleich zu Wein, Sekt und Spirituosen eher als ordinäres alkoholisches Getränk. Aber muß das für immer so bleiben? Nicht, wenn es uns gelingt, die hinderliche Norm ganz gezielt mit einer Enttabuisierungs-Strategie auszublenden (vgl. Kapitel 4). Darin liegt die einzigartige Chance, ein neues Super-Premium-Segment zu etablieren: jenseits von *Warsteiner, König Pilsener, Bitburger* und den anderen Marktführern. Unser Super-Premium-Segment könnte diesen Marken einige Marktanteile abtrotzen.

Wie erreichen wir aber die Enttabuisierung – und zwar exklusiv nur für unser Produkt? Indem wir dramatisieren, wie sich unsere Pilsmarke in sozialen Grenzsituationen, die eigentlich als tabu gelten, mit Glanz und Gloria behauptet. Beispielsweise bei einem Gala-Diner, wo Wein, Sekt oder Champagner gereicht werden und der Gastgeber plötzlich ein Pils verlangt. Ein Skandal! Schlagartig verstummen alle Gespräche, entsetzte Augenpaare richten sich verständnislos auf diesen Herrn. Doch der Kellner serviert mit äußerster Gelassenheit unser Super-Premium-Pils, und die Gäste sind erleichtert: dieses Pils ist selbstverständlich zulässig. Es rangiert nämlich in derselben sozialen Klasse wie Wein, Sekt oder Champagner. Keine andere, »herkömmliche« Pilsmarke dürfte freilich die Würde des Augenblicks entheiligen.

Nun ließe sich einwenden, auch heute gäbe es schon Pilswerbung, die sich mit Champagner-Assoziationen schmückt: dort zeigt man die typische Kellner-Geste, den typischen Sekteimer, den typischen Blick des Kunden auf das Etikett. Derartige Einzelmotive sind jedoch weit von einer konsequenten Super-Premium-Strategie entfernt. Unser Super-Pils muß seinen Anspruch ernst nehmen, anstatt sich mit einem humorvollen Augenzwinkern davon zu distanzieren.

## 5. MOTIVATIONSFELD »KONDITIONIERUNG«

Biergenuß beruht weitgehend auf konditioniertem Verhalten. Dafür sprechen allein die unterschiedlichen regionalen Konsumgewohnheiten: In Bayern wird mehr Bier getrunken als in anderen Regionen Deutschlands. Im Norden Europas trinken die Menschen lieber Bier, im Süden lieber Wein.

Die Erklärung dafür liegt in kulturell herausgebildeten Traditionen (also der psychologischen Konditionierung).

Welche Chancen für unser Pils liegen in der Konditionierung?

Zunächst prüfen wir wieder die Produktebene: In welche geistige »Schublade« ordnen die Verbraucher Bier ein – und in welcher anderen »Schublade« ergeben sich möglicherweise ganz neue Marktchancen? Bei dieser Überlegung stoßen wir auf einen interessanten Gegensatz:

- Heute ordnen die meisten Menschen Bier in die Schublade der leichten alkoholischen Getränke ein. Die Zuordnung »Alkohol« steht für die meisten Menschen im Vordergrund.
- Ursprünglich wurde Bier aber vor etwa 5000 Jahren in Mesopotamien erfunden, um aus Malz und Gerste ein besonders haltbares Lebensmittel herzustellen. Daher auch die Redensart »Bier ist flüssiges Brot«, die die andere Zuordnung (Nahrungsmittel) signalisiert.

**Strategie-Option 5: »Nahrungs- statt Genußmittel«**

Warum soll es nicht gelingen, ein Bier mehr den Lebensmitteln als den alkoholischen Genußmitteln zuzurechnen? Wissenschaftlich haltbar ist dies allemal:
An der Universität in Weihenstephan vertritt der dortige Fachprofessor die
These, Bier sei aufgrund seiner Nährstoffe – ähnlich wie Milch – eines der
gesündesten Lebensmittel überhaupt. Selbst der etwa 5 %ige Alkoholanteil hat
– in Maßen genossen – eher einen positiven Effekt, weil er die Entspannung
fördert und langfristig helfen kann, dem Herzinfarkt und anderen Herzkrank-
heiten vorzubeugen. Für kein anderes Lebensmittel gibt es ein vergleichbares
Reinheitsgebot wie für Bier. Selbst in einem gut sortierten Supermarkt findet
man nicht allzu viele Lebensmittel, die ähnlich »rein« sind wie Bier – ohne Kon-
servierungsstoffe, Farbstoffe, Geschmacksstoffe etc.

Wenn wir uns die heutige Bierwerbung anschauen, stellen wir allerdings fest,
daß viele Biere ihren Status als »alkoholisches Genußmittel« akzeptieren und
darauf aufbauen – besonders durch die Wahl ihrer Bildwelten. Die Nachteile
sind offensichtlich: Erstens bewegen sich fast alle Biermarken in diesen Wel-
ten, zweitens werden alkoholische Genußmittel von vielen Verbrauchern
immer auch ein bißchen als »kleine Sünde« angesehen – ähnlich wie bestimmte
Süßigkeiten –, die dem Konsum entgegenstehen.

Darum sei das strategische Experiment erlaubt, unsere Pilsmarke für Test-
zwecke in der geistigen Schublade der »gesunden Lebensmittel« unterzubrin-
gen, wo sie weitgehend konkurrenzlos ist und den Makel der »kleinen Sünde«
verliert.

Es geht uns nicht darum, die Vokabel »Lebensmittel« tatsächlich zu verwenden.
Aber wir könnten eine Bildwelt etablieren, die unser Pils rein assoziativ den
Lebensmitteln zuordnet. Eine solche Kampagne würde keinen Proteststurm
hervorrufen, sondern mit der Zeit immer tiefer in das Bewußtsein der Verbraucher eindringen. Wohlgemerkt: wir bauen auf wissenschaftlichen Tatsachen
auf, die lediglich der heute fest verankerten Wahrnehmungs-Konditionierung
des Verbrauchers widersprechen. Wir halten es daher für lohnend, eine psychologische Marktforschung mit Konsumenten durchzuführen, um das Potential dieser Strategie zu eruieren.

# 6. MOTIVATIONSFELD »IDENTITÄT«

Nun prüfen wir, ob unser Pils etwas über seine Verwender aussagen und ihnen eine starke Identität verleihen kann.

Zunächst gehen wir erneut von der Produktebene aus. Wir stellen uns vor, »Bier« wäre ein Mensch, den wir beschreiben müßten. Wie sieht Herr oder Frau Bier aus? Bestimmte Attribute drängen sich geradezu auf: bodenständig, ehrlich, stark, naturverbunden, direkt, deftig, herzlich. Herr oder Frau »Bier« stellen wir uns also ganz anders vor als beispielsweise Herrn oder Frau »Champagner«.

(Fast) alle Biere besitzen diesen Markencharakter in einer mehr oder weniger starken Ausprägung. Wie leiten wir daraus eine starke Markenstrategie ab?

### Strategie-Option 6: »Kraftvolle Gelassenheit«

Wir filtern eines der Charakter-Merkmale heraus, die zum Bier gehören, und formulieren daraus eine präzise Charakterstrategie in nur einem knappen Satz. Beispielsweise: »Ich bin jemand, den nichts aus der Ruhe bringen kann.«

Dieses Persönlichkeits-Merkmal dürfte für viele Biertrinker Faszination besitzen, da es ein persönlich empfundenes Defizit (»uncool sein«) kompensieren kann. Es geht direkt aus der natürlichen Markenpersönlichkeit eines Bieres hervor, ist aber sehr viel prägnanter, präziser und provozierender als der Charakter anderer Biere. Aus dem Identitäts-Bekenntnis leitet sich das kreative Briefing ab: Wir müssen Geschichten von einem bodenständigen Helden erzählen, der selbst in den abenteuerlichsten Situationen noch die Ruhe bewahrt, wenn andere Leute bereits in Panik ausbrechen.

### Strategie-Option 7: »Back to the roots«

Ähnlich können wir nach einer »Ideologie-Strategie« suchen, die zu einem Bier paßt. Denn auch eine starke Markenideologie kann direkt auf die Kaufentscheidung des Verbrauchers Einfluß nehmen.

Welche spannende gesellschaftliche Ideologie kann das sein? Zum Beispiel »Back to the roots«. Unser Bier könnte den ideologischen Anspruch verkörpern, die Menschen sollten endlich aus ihrer synthetischen urbanen Scheinwelt (aus Karriere, Jetset, Drogen und Verlogenheit) ausbrechen und zu den »wahren« Werten im Leben zurückkehren. Hier zeigt sich bereits das provozierende Spannungsfeld von Ideologie und Gegenideologie, das unserer Strategie seine Durchschlagskraft gibt. Doch vergessen wir nicht: Es liegt in der Natur jeder

Ideologie zu polarisieren. Je mehr die einen sie lieben, desto mehr lehnen die anderen sie ab.

Selbstverständlich ist »Back to the roots« nur eine von zahlreichen möglichen Markenideologien, die aus dem Produkt »Bier« selbst hervorgehen. Hier lohnt es sich, noch tiefer einzusteigen.

Nun wechseln wir von der Produkt- zur Verbraucherebene und fragen: Welche Charaktereigenschaften, welche Ideologien möchte denn unsere Zielgruppe am liebsten über sich ausdrücken?

Ein Beispiel: Das australische Bier *Foster's* arbeitet in den USA sehr erfolgreich mit einer Charakter-Strategie. Die Marke verkörpert den selbstironischen australischen »Macho«-Charakter. Die Anzeigen bilden beispielsweise ein derbes Buschmesser ab und titeln: »Australian for toothpick.« – Ein australischer Zahnstocher. Solche Motive etablieren einen starken Markencharakter, der sich wie folgt beschreiben läßt: »Ich bin hart genug, um mit einfachsten Mitteln zum Ziel zu kommen.« Ein für manche Zielgruppen sicherlich bewundernswertes und prestige-trächtiges Profil, mit dem man sich in seiner sozialen Gruppe sehen lassen kann.

Welche Ideologien möchten Biertrinker über sich zum Ausdruck bringen? Wir sehen zwei grundsätzlich unterschiedliche Ansatzpunkte: einmal die Ideologie einer bestehenden, zum anderen die einer potentiellen neuen Verbrauchergruppe.

### Strategie-Option 8: »Anti-Establishment«

Beginnen wir mit bereits vorhandenen Konsumenten, beispielsweise den jugendlichen Biertrinkern. Bei ihnen verspricht beispielsweise die kulturhistorisch verwurzelte »Anti-Establishment«-Ideologie Erfolg. Seit *Plato* ist belegt, daß jede heranwachsende Generation prinzipiell die Werte und Lebensweisen der »Etablierten« ablehnt. In dieser Tatsache offenbart sich geradezu ein Naturgesetz des Erwachsenwerdens. Viele große Jugendmarken aus den unterschiedlichsten Branchen (Zigaretten, Mode, Alkoholika) richten sich ideologisch gegen die etablierte Welt und werden dadurch zu absatzstarken Siegermarken. Auch hier wird das physikalische Gesetz von Kraft und Gegenkraft sichtbar: auf der einen Seite die Ideologie der Jugendlichen, die cool, relaxed und souverän durch den Großstadtschungel surfen. Auf der anderen Seite die erlebnisfeindliche und leistungsbesessene Ideologie der Erwachsenenwelt. Theoretisch ist die Zahl möglicher Ideologien, die unsere Marke besetzen kann,

um bei der jugendlichen Zielgruppe einen direkten Einfluß auf die Kaufentscheidung zu nehmen, unbegrenzt.

### Strategie-Option 9: »das Frauen-Pils«

Nun wenden wir uns einer großen, beinahe unerschlossenen Zielgruppe für
Bier zu: den Frauen. Vielleicht erscheint es naheliegend, ein »Frauen-Pils« ein-
zuführen, ähnlich wie es »Frauen-Zigaretten« gibt. Aber Vorsicht: Fast alle
Frauen-Zigaretten scheitern, weil sie den Makel haben, unecht zu sein, bloße
Kopien von »richtigen« Zigaretten. Auch ein »Frauen«-Bier, das sich offen als
solches zu erkennen gibt, würde etwas sehr Unerfreuliches über die Verbraucher aussagen, nämlich: »Ich bin zu verweichlicht, um ein richtiges (Männer-)-
Bier zu trinken.« Wir wollen aber genau das Gegenteil erreichen, nämlich ein
Bier erschaffen, auf das Frauen stolz sind, mit dem sie sich selbstbewußt von
den männlichen Biertrinkern abgrenzen können. Wir brauchen also kein Produkt, das »Frauen-Bier« heißt, sondern eines, das denkt wie eine Frau. Ein Pils
also mit einer weiblichen Ideologie, das wir gegen die typisch männliche Ideologie abgrenzen können. Eine erste Idee: Wir etablieren eine Ideologie der
typisch weiblichen »Listigkeit« und konfrontieren sie mit der typisch männlichen »Ellbogen«- und »Brechstangen«-Ideologie. In einer solchen Kampagne
porträtieren wir jene »lauten« Zeitgenossen, die mit Gewalt und großem Spek-
takel versuchen, ihre Interessen durchzusetzen und stellen unseren Pilstrinker
dagegen, der dasselbe Ziel mit einer verblüffend einfachen List erzielt. Dies ist
nur eines von unzähligen möglichen weiblichen Ideologien, mit denen wir
Frauen als Zielgruppe gewinnen können. Die Erfolgsquote könnte beträchtlich
sein, denn fast alle heutigen Biere sind ausgesprochen »männlich«.

## 7. MOTIVATIONSFELD »EMOTIONEN«

Welche emotionalen Ansätze gibt es für die Vermarktung unserer Pilsmarke?
Zunächst stellen wir fest, daß wohl die meisten Biermarken ihr werbliches
Glück im Reich der Emotionen suchen. Denn Gefühle bieten eine unerschöpf-
liche Spielwiese für angenehme, aber auch sich sehr ähnelnden Bildwelten.
Darum schaffen es viele Marken noch nicht einmal, sich von den Wettbewerbern optisch zu differenzieren, geschweige denn eine gezielte Präferenz
auszulösen.

Hunderte von lokalen und regionalen Biermarken nutzen emotionale Bilder für ihre Werbung. Wohin wir auch schauen, sehen wir erhabene Momente der Zweisamkeit, der Kameradschaft oder Freundschaft, und erleben kleine Geschichten von Freiheit, Sehnsucht, Liebe und Glück.

Einige dieser Markenwelten sind außergewöhnlich kreativ und mit Millionen-aufwand (!) von namhaften Spielfilm-Regisseuren umgesetzt. Aber zum Markenwachstum können sie trotzdem nicht beitragen, weil sie auf zu dünnem strategischen Boden stehen.

Emotionale Kampagnen sind tückisch, weil sie gefallen und zu dem Irrtum verführen, daß alles, was gefällt, auch dem Absatz hilft. Letztlich erobert man aber nur die *Sympathie* des Verbrauchers, der aber andere Pilssorten ebenso sympathisch findet und sich schließlich doch für das hochwertigste oder das preisgünstigste entscheidet.

Für unsere neue Pilsmarke setzen wir uns das Ziel, mehr als nur Sympathie zu erzeugen: der Verbraucher soll unser Produkt »lieben«, soll ihm treu sein wie einem guten Freund. Erst wenn uns dieser Sprung in die Ausschließlichkeit gelingt, können wir eine starke Marktposition erobern.

### Strategie-Option 10: »Regionale Heimat«

Starke Emotionen können in der »Heimat« unseres Bieres liegen.

Gerade in ländlichen Regionen ist der Heimatbegriff mit emotionalen Erinnerungen aufgeladen. Wie tief verwurzelt solche Gefühle sind, zeigt sich beispielsweise, wenn ein aus dieser Region stammender Sportler die Weltrangliste stürmt und fast jedermann dieses Ereignis wie einen persönlichen Triumph feiert. Wenn eine Marke solch starke Gefühle für sich selbst besetzt, sprechen wir vom »Emotiven Transfer«.

Besonders erfolgreich wurde er in den neuen Bundesländern eingesetzt, einige Jahre nach der Wiedervereinigung. Der Appell an Heimatgefühle half einigen Marken sogar, ihren Umsatz zu verdoppeln. Gerade für Biere in traditionsreichen Regionen bietet es sich an, die vorhandenen Heimatgefühle für sich zu besetzen. Entscheidend dabei ist, daß wir diese gewachsenen »Gefühlsknoten« nicht allein durch ästhetische landschaftliche Bilder anzapfen können. Wir müssen viel tiefer an den Kern der Heimatliebe vordringen. Dabei lautet die Schlüsselfrage: »Was ist das einzigartig Markante der Region, das die Bewohner zu besonderem Stolz berechtigt?«

Angenommen, unser Bier kommt aus einer Region in Bayern, die besonders stolz auf ihre Tradition ist. Unser Pils will die Emotionen, die damit verbunden sind, für sich vereinnahmen. Also greift sich die Markenkampagne ganz gezielt alle *Einzigartigkeiten* der Region heraus, die ihre Bewohner besonders stolz machen: landschaftlich, historisch, architektonisch, kulturell, wirtschaftlich, sozial, mentalitätsbedingt etc. Die Tonalität einer solchen Kampagne liegt auf dem »Wir«-Gefühl: »Dies ist unser Pils.« Wäre es nicht geradezu ein Verrat an der Heimat, ein anderes zu trinken?

**Strategie-Option 11: »Patriotismus«**
Als bundesweite Marke könnte unser Pils auch den gesunden nationalen Patriotismus stimulieren und besetzen. Daß dieser existiert, sehen wir spätestens bei jeder Fußball-Weltmeisterschaft. Durch die ganze Bevölkerung erreicht unser Heimatstolz eine manchmal fieberhafte Intensität. Ein einzigartiges emotionales Potential für eine Biermarke, das bisher unerschlossen ist. Um diese intensiven Gefühle anzuzapfen, wählen wir den Blick von außen. Ein Beispiel für die Umsetzung: Wir zeigen authentische Testimonials von Menschen aus aller Welt, die über ihre grandiosen Eindrücke, Erinnerungen und Gedanken gegenüber Deutschland und den Deutschen sprechen. Zweitrangig ist, ob diese Persönlichkeiten unser Pils anpreisen oder gar vor der Kamera trinken. Denn es liegt im Wesen des Emotiven Transfers, daß keine rationale Brücke zwischen den Gefühlen und dem Produkt geschlagen werden muß. Es reicht aus, daß beides zu einer untrennbaren emotionalen Einheit verschmilzt.
Bereits im Motivationsfeld »Nutzen« (Kapitel 3) haben wir die Möglichkeit diskutiert, »Heimat« als »Indikative Nutzen-Strategie« zu verwenden. Deshalb wollen wir hier kurz skizzieren, worin die Unterschiede liegen:

- Der Emotive Transfer enthält kein Nutzenversprechen. Es geht ausschließlich darum, die Biermarke mit Gefühlen aufzuladen, die an ihr haften bleiben wie ein unwiderstehlicher Duft. Bei der »Indikativen Nutzen-Strategie« hingegen soll der Verbraucher allein aus der Herkunft des Bieres (z.B. Schwarzwald) auf eine besonders gute Qualität schließen.
- Der Emotive Transfer funktioniert nur innerhalb der heimatlichen Grenzen (z.B. die Neuen Bundesländer), denn außerhalb verspürt kaum jemand ähnlich intensive patriotische Gefühle. Im Unterschied dazu ist die Indikative Nutzen-Strategie nicht regional begrenzt.
- Die Gestaltungswelt eines Emotiven Transfers dreht sich möglichst breit um die charakteristischen Einzigartigkeiten einer Region. Beim Indikati-

ven Nutzen wird die Bildwelt hingegen ganz gezielt auf die vielversprechenden landwirtschaftlichen Ressourcen und klimatischen Bedingungen fokussiert.

Von den Emotionen, die im Produkt liegen, wenden wir uns nun den Emotionen des Verbrauchers zu.

### Strategie-Option 12: »Lebensstil«

Ein großes strategisches Potential liegt darin, die Sehnsüchte der Verbraucher anzusprechen, beispielsweise mit einer »Lebensstil«-Strategie. Ansätze davon finden wir in der *Beck's* Markenwelt. Fast jeder von uns kennt das Schiff mit dem prägnanten grünen Segel. Die Seewelt hat sicherlich das Potential, starke Emotionen bei Millionen von Verbrauchern zu wecken.

Allerdings würden wir zu einer ganz anderen Interpretation dieser Welt kommen, wenn wir konsequent die bereits vorgestellten Gesetzmäßigkeiten der »Lebensstil«-Strategie anwenden (vgl. Kapitel 7).

Die wichtigsten Erfolgsfaktoren:

- *Sehnsuchts-Potential:* Wir sprechen nicht die Sehnsucht nach einem netten Segeltörn an, sondern eine viel größere, tiefere und intensivere Sehnsucht, die Generationen von jungen Menschen seit Jahrhunderten beseelt: die Sehnsucht nach dem Leben als Abenteurer auf dem Meer.
- *Sinn:* Unsere Besatzung besteht nicht aus vergnügungssüchtigen Urlaubern, nicht aus frisch gefönten Freizeit-Seglern, sondern aus »echten« Seeleuten, die ihren Job machen müssen. Sie transportieren Kaffee, Tabak, Rum, Getreide etc. von einem Hafen der Welt zum anderen.
- *Authentizität:* Unser Schiff ist ein echter »Windjammer«, der bis in dieses Jahrhundert hinein tatsächlich für Frachtverkehr verwendet wurde. Es ist kein neues Schiff, und es ist nicht mit modernster Technik ausgerüstet. Es ist das Original! Dort bilden wir das Leben der Seeleute ab, von früh bis spät, das ganze Jahr über, in allen Details.
- *Archetypen/Alltagsepisoden/Kulisse:* Nicht die berauschenden Naturaufnahmen stehen im Zentrum der Sehnsucht, sondern der Lebensstil als solcher: die abenteuerliche Routine der Seeleute. Wir zeigen, daß ihr Leben selbst in den banalsten Augenblicken faszinierend ist.
- *Lebensrealität/Härte:* In der Härte liegt die Romantik des Seemannslebens. Stellen Sie sich vor: die Frachtverladung morgens um 5 Uhr vor einer idylli-

schen griechischen Insel. Oder der atemraubende Regenbogen nach einem heftigen Gewitter auf hoher See.

Indem wir die bewährten strategischen Erfolgsfaktoren der Lebensstil-Strategie auf eine neue Welt – das Meer – anwenden, kommen wir also zu einer neuen Kampagne, die ein erhebliches Potential verspricht, selbst auf internationalem Parkett. Jetzt ließe sich einwenden, daß die See als Markenwelt in der Vergangenheit schon öfter verwendet wurde. Das ist unseres Erachtens nicht tragisch, denn die See ist letztlich nur die Kulisse für das Seemanns-Leben, welches bisher von keiner anderen großen Marke besetzt wurde. Schließlich würde ja auch niemand behaupten, daß alle Filme, die im »Wilden Westen« spielen, gleich sind, nur weil sie die gleiche Kulisse verwenden.
Jenseits der Seemanns-Welt gibt es zahlreiche andere Lebensstil-Strategien, die unsere neue Pilsmarke besetzen kann. Hier lohnt es sich, strategisch in die Tiefe zu gehen.

## 8. FAZIT

Das Anwendungs-Beispiel »Pils« ist natürlich eine reine Simulation, die illustrieren soll, wie man mit dem b/w-Modell arbeitet, wie straff es den strategischen Gedankenprozeß leitet und wie vielseitig es ihn befruchtet.
In der Simulation zeigt sich die Stärke des Modells, auch ohne lange Einarbeitungszeit und ohne solide Vorkenntnisse, einen Markt zügig und systematisch in bezug auf seine strategischen Potentiale abzuklopfen. Ohne Strategie-Modell wäre es wohl nur wenigen begnadeten »Köpfen« möglich, das vorgegebene Pils-Vermarktungs-Problem in vergleichbarer Breite zu betrachten und so vielfältige Lösungs-Varianten hervorzubringen. Ein Strategie-Modell ist also das Gegenteil von »Kästchen«-Denken: es generiert eine Lawine neuer Ideen. Es zwingt uns, geistige Scheuklappen abzulegen und aus dem eingleisigen Denken auszubrechen.
Die dargestellten Strategie-Optionen verstehen wir als strategisches Brainstorming. In dieser Phase ist es per Definition unzulässig, die »Schere im Kopf« anzusetzen und ausgefallene Ideen bereits im Keim zu ersticken. Wir haben daher bewußt auch ungewöhnliche Ideen vorgetragen, die einige Bier-Exper-

ten vermutlich erschrecken werden, weil sie den Rahmen der gleichförmigen heutigen Bierwerbung sprengen.

Im nächsten Schritt müssen wir natürlich gemeinsam mit den Marketing-experten und Marktforschern prüfen, welche der neu generierten Strategie-Optionen für unsere neue Pilsmarke machbar sind und welche die größte Chance für eine erfolgreiche Marktpositionierung versprechen.

Wenn nur eine von ihnen zum Grundstein einer absatzstarken neuen Marke wird, hat das Modell eine Aufgabe gelöst, an der jedes Jahr viele Brauereien scheitern, denn Pils zählt bekanntlich zu denjenigen Produkten, die am schwierigsten zu vermarkten sind.

In gleicher Weise kann man das b|w-Modell auf jedes Produkt, jeden Markt und jede Branche in jedem Land anwenden und so zu völlig neuen Ansätzen kommen, die den Absatz signifikant steigern.

# EIGENE FALLBEISPIELE

## 1. FALLSTUDIE SIEMENS HANDY »S4 POWER«

### Die Aufgabe

Der Technologie-Konzern *Siemens* wollte im Bereich Mobiltelefone (»Handys«) seine schwache Marktposition in Italien ausbauen, da Italien als einer der Schlüsselmärkte in Europa gilt. Im Oktober '96 beauftragte uns *Siemens*, mit dem Relaunch der Handymarke *S4 Power* die erste Schneise in den Markt zu schlagen.

Das Produkt wirkte rein optisch eher unscheinbar, zwar praktisch, aber wenig imponierend. Sein hervorstechendes Merkmal waren 10 Stunden Sprechzeit, etwa vier- bis fünfmal so viel wie die Wettbewerbsprodukte. Das ist zwar eine markante Alleinstellung, aber keine besonders wichtige. Die italienischen Konsumenten legen viel mehr Wert auf maximale Standby-Zeit[35], schickes Design oder aufregende technologische Leistungsmerkmale. Dergleichen hatte unser *S4 Power* nicht zu bieten, und wir mußten uns fragen: Ist das Argument der Sprechzeit stark genug, um das Produkt als ›Big Player‹ auf dem italienischen Handy-Markt zu etablieren?

Sorgen bereiteten auch die anderen Rahmenbedingungen:

- *Geringe Marktbedeutung*
  *Siemens* Handys hatten im Oktober 1996 ca. 3 % Marktanteil und waren vielen Verbrauchern noch nicht einmal dem Namen nach bekannt.

---

35 Empfangsbereitschaft bis zum nächsten Aufladen der Batterie

- *Etablierter Wettbewerb*
  Die ›Big Players‹ auf dem europäischen Parkett – *Nokia, Motorola* und *Ericsson* – hatten den italienischen Handy-Markt längst unter sich aufgeteilt.

- *Image-Defizite*
  *Siemens* stand in Italien für Kraftwerke, nicht aber für Telekommunikation, geschweige denn für Handys.

- *Geringes Budget*
  Während die Wettbewerber ihre Produkte mit zweistelligen Millionen-Budgets ausstatteten, bekam das *S4 Power* nur etwa 1 Million Mark mit auf den Weg.

Wie kann man unter solchen Bedingungen seinen Absatz verdoppeln oder verdreifachen?

- *Sollten wir das Alleinstellungsmerkmal dramatisieren?*
  Der einfachste Weg wäre, die 10 Stunden Sprechzeit auf eine möglichst kreative, aufmerksamkeitsfördernde Art und Weise ins Bild zu setzen. Stellen Sie sich eine Anzeige vor mit dem Text: »Nach 10 Stunden Telefonieren brauchen Sie erst mal ein paar Hustenbonbons gegen Heiserkeit.« Darin steckt zwar ein einzigartiges, aber wenig relevantes Verkaufsversprechen. Wer will schon innerhalb von zwei, drei Tagen 10 Stunden telefonieren? Handys dienen durch ihre hohen Gebühren doch eher dem knappen Informationsaustausch unterwegs – auf der Straße, in öffentlichen Verkehrsmitteln, in Hotels oder bei Veranstaltungen. Daher dauert das durchschnittliche Handy-Gespräch nur ein paar Sekunden oder Minuten. Zehn Stunden Sprechzeit ermöglichen aber theoretisch 600 Gespräche in Folge. Mit einem solchen Versprechen würden wir höchstens ein paar vereinzelte Marathon-Telefonierer gewinnen. Daran kann auch die kreativste Verpackung nichts ändern. Was haben wir davon, wenn jeder Italiener weiß, daß wir einen Nutzen bieten, den keiner haben will?

- *Sollten wir das Alleinstellungsmerkmal relevant machen?*
  Warum dramatisieren wir nicht einfach, daß maximale Sprechzeit für jeden Verbraucher lebenswichtig ist? Wir stellen Situationen dar, in denen menschliche Schicksale davon abhängen, daß die Batterie durchhält. – Aber

seien wir ehrlich: in Wirklichkeit sind solche Gespräche äußerst selten. Damit können wir nicht scharenweise Italiener an die Verkaufstheke locken. Verbraucher lassen sich nicht ungestraft auf den Arm nehmen.

- *Oder sollten wir Imagewerbung machen?*
  Das Risiko war zu groß. Nur jede zehnte bis zwanzigste Imagewerbung ist ein großer Erfolg. Imagewerbung macht man im allgemeinen erst dann, wenn das Produkt selbst überhaupt keinen Ansatzpunkt für eine Alleinstellung bietet.

Diese drei Strategie-Ansätze sind offensichtlich zu schwach oder zu riskant. Wo lag also die Lösung? Die Zeit drängte. Vom Briefing bis zur Präsentation hatten wir genau 10 Tage Zeit.


## Problem-Analyse

In der Analyse-Phase nutzten wir das Modell, um festzustellen, in welchen Motivationsfeldern die großen Barrieren bzw. Chancen der Vermarktung liegen.

Dabei stießen wir auf die These, daß das größte strategische Potential von Handys gar nicht im Motivationsfeld »Nutzen«, sondern im Motivationsfeld »Identität« liegt.

Denn ein Handy soll etwas über seinen Besitzer aussagen. Darin liegt sogar das wichtigste »heimliche« Kaufkriterium für Handys, wie tiefenpsychologische Studien zeigen. Sie sollen ihren Besitzern Charaker geben, sollen ihnen die Aura weltmännischer Professionalität verleihen. Sie können jemanden als wichtiges Mitglied der modernen Hochleistungsgesellschaft ausweisen, der jederzeit und überall erreichbar sein muß.

Ironischerweise sind es aber gerade Einkaufsbummler, Studenten, Hausfrauen und Szenegänger, die auf den Straßen Mailands (*Siemens* Niederlassung Italien) ihr Handy spazierentragen. Das ist wohl der Grund, warum böse Zungen behaupten, Handys seien für manche Menschen eine »Persönlichkeits-Prothese«, um psychologische Selbstwert-Defizite auszugleichen.[36] Halten Sie das für

---

36  Vgl. hierzu unser Prinzip der Defizitkompensation im Kapitel 6

eine überzogene psychologische Spekulation? Tatsache ist, daß einige Firmen in Europa den alleinigen Geschäftszweck verfolgen, Handy-Benutzer auftragsgemäß zu einer bestimmten Zeit anzurufen. Schon die Existenz solcher Firmen beweist, wie wichtig Handy-Nutzern die Darstellung ihrer Identität ist.

Leider bot unser *S4 Power* keine schillernde Markenpersönlichkeit, die auf seine Nutzer hätte abstrahlen könnte: Es wirkte eher wie ein praktisches Brikett, dessen schlichte Funktionalität eher dem intellektuellen deutschen Understatement entsprach als dem rassigen italienischen Temperament.

## Die Strategie-Entwicklung

Aus der Problem-Analyse folgte, daß wir die Lösung im Motivationsfeld »Identität« suchen müssen.

Zunächst einmal kann jedes Handy seinem Besitzer »Identität« verleihen. Manche allerdings mehr und manche weniger.

Meist sind es bestimmte Produktleistungen, die besonders prestigeträchtig sind: schnittiges Design, technische Gimmicks, Miniaturisierung etc. Interessanterweise handelt es sich gerade um wenig nützliche Produkteigenschaften, manche sind sogar hinderlich: die kleinsten Handys muß man heute schon fast mit Lupe und Zahnstocher bedienen. Dafür eignen sie sich aber, um Neid und Bewunderung bei Nachbarn, Bekannten und Freunden zu erzeugen. *Nokia* hatte soeben ein neues Gerät gelauncht, dessen dynamisch geschwungene Körperform bereits zu einem Kult unter den design-verliebten Italienern geworden war.

Unsere strategische Herausforderung bestand nun darin, dem *S4 Power* – und seinen Nutzern – mehr Charakter, Persönlichkeit, Identität zu geben als allen Wettbewerbsprodukten. Dieser Lösung nähern wir uns mit einer »Charakter-Strategie«

Das Prinzip besteht darin, dem Besitzer genau jene Charakter-Eigenschaften zu schenken, die er an sich selbst am meisten vermißt (Defizit-Kompensation). Zwei Ideen führten uns zum Ziel:

- *Die erste Idee: Profis brauchen maximale Sprechzeit!*
  Dieser Gedanke spaltet die Massen der Handy-Nutzer in zwei Lager: einerseits den »echten« Geschäftsmann, der auf maximale Sprechzeit achtet;

andererseits die »Möchtegern«-Geschäftsleute, denen andere Faktoren wichtiger sind: Design, technische Gimmicks etc. Die Sprechzeit wird also zu einem Signal, zu einem Erkennungszeichen, das die Spreu vom Weizen trennt.

Die Strategie hat einen wahren Kern: Zwar brauchen auch echte Profis nicht unbedingt 10 Stunden Sprechzeit, führen aber tendenziell mehr und wichtigere Telefongespräche als der Durchschnittsbürger. Für sie ist es riskanter, ein Gespräch wegen mangelnder Batteriekraft abbrechen zu müssen.

Wenn es uns gelänge, diese eingängige Logik in den Köpfen der Verbraucher zu verankern, dann hätten wir bereits ein Etappenziel erreicht: das *S4 Power* verleiht seinem Nutzer die prestigeträchtige Identität eines »echten« Geschäftsmannes.

- *Die zweite Idee: Unser S4 Power-Nutzer ist nicht irgendein Profi, sondern gleichzeitig ein »cooler«, »schriller«, »verrückter« Kerl.*
  Denn schließlich gibt es auch unter echten Profis jene verkniffenen »grauen Mäuse«, geklonte Sklaven der Leistungsgesellschaft, die sich so perfekt an ihre Umgebung anpassen, daß man sie gar nicht mehr voneinander unterscheiden kann.
  Das maximale Potential aus der Charakter-Strategie wollen wir gewinnen, indem wir unseren Profi zu einem jener Lebenskünstler machen, die mit ein paar geschickten »Deals« mehr erreichen als durch Jahre harter Arbeit. Unser Profi soll der Typ des bürgerlichen Bohèmes sein, der flink durch das Geschäftsleben surft und sein Leben dabei noch bestens zu genießen weiß.

Bringen wir die strategische Botschaft auf den Punkt. Das *S4 Power* soll über seinen Besitzer aussagen: »Ich bin ein Erfolgsmensch, der seine Ziele mit den einfachsten Mitteln erreicht.« Kein Aufwand. Keine Umwege. Keine Wichtigtuerei.

Eine solche Botschaft ist wahrscheinlich präziser als das, was irgendein anderes Handy über seine Besitzer aussagen kann.

## Die Kreation

Die kreative Herausforderung bestand nun darin, die Botschaft so präzise wie möglich in einem Anzeigenmotiv einzufangen.

Wir fanden die Headline: »Wahre Profis können auf alles verzichten…aber nicht auf ein Handy mit maximaler Sprechzeit.« Dazu bildeten wir einen splitternackten Mann ab, der mit seinem *S4 Power* telefoniert. Diese Anzeige erzählt eine ganze Geschichte: unserem nackten Helden winken offenbar schon am frühen Morgen die ersten Geschäfte, noch bevor er Zeit hat, sich einen Bademantel überzustreifen. Ein Typ wie er braucht keinen kostbaren Anzug, keinen Porsche, keine Wichtigtuerei für den Erfolg. Nur sein Handy. Er ignoriert gesellschaftliche Konventionen (man führt nackt keine Geschäftsgespräche!), wird dafür aber nicht bestraft, sondern steht sogar als souveräner Sieger da.

Ein großer Teil der Zielgruppe bewunderte diesen Charakter, weil sie selbst im Berufsleben gezwungen sind, sich den rigiden sozialen Regeln, Hierarchien und Konventionen zu unterwerfen.

## Der Erfolg

Das *S4 Power* erzielte auf dem italienischen Markt einen außergewöhnlichen Erfolg:

- Die Marktanteile stiegen von 3 % im Oktober 1996 auf 11 % im Januar 1997.
- Im selben Zeitraum wuchs die Distribution von 35 % auf 85 %.
- Die Verbraucher(innen!) terrorisierten die Händler, um die Poster des nackten Mannes zu ergattern, die in den Läden hingen. In dieser Geste liegt vielleicht sogar die größte Auszeichnung für unsere »Charakter«-Strategie.

## 2. FALLSTUDIE SIEMENS HANDY »S6«

### Die Aufgabe

Nach dem bahnbrechenden Erfolg des *S4 Power* Relaunches Ende 1996 beauftragte uns *Siemens* im Januar 1997 mit der Entwicklung der Einführungs-Kampagne (ebenfalls in Italien) für ein neues Handy: das *S6*. Es stand ein Budget von umgerechnet 3,2 Millionen Mark für Print und Radio zur Verfügung.

Auf den ersten Blick wirkte das Produkt zwar auffällig, aber nicht unbedingt eindrucksvoll. Es war zwar außergewöhnlich flach, aber gleichzeitig lang und breit. Erst auf den zweiten Blick enthüllte das *S6* gleich sechs Ansätze für eine Alleinstellung. Aber leider war jeder von ihnen mit einem Makel behaftet:

- *Flachheit*
  Das *Siemens S6* war das flachste Gerät auf dem ganzen Markt. Ein technischer Fortschritt, der sich auch werblich dramatisieren ließe – wenn es nur nicht so lang und so breit gewesen wäre. Das *S6* war also das Gegenteil von kompakt. Es wirkte sogar insgesamt größer als die Wettbewerbsprodukte.

- *Leichtgewicht*
  Das *S6* wog nur 160 Gramm, während die Konkurrenzprodukte bis zu 250 Gramm auf die Waage brachten. Ein relevanter Unterschied, aber leider gab es ein noch leichteres Wettbewerbsprodukt. Es wäre also riskant gewesen, eine Kampagne allein auf dem Gewicht aufzubauen.

- *Einfache Handhabung*
  Das *S6* war das erste Handy mit einem großen, grafischen Display. Andere Geräte bildeten nur Buchstaben und Zahlen ab, während das *S6* auch Symbole, sogenannte Icons, darstellen konnte. So wird der Benutzer elegant durch das Menü geführt, ohne aufwendig in Gebrauchsanweisungen blättern zu müssen. Auch dieses Argument durfte nicht zum Mittelpunkt unserer Kampagne werden, weil es unser Handy als Anfänger-Gerät abqualifizieren konnte. Die »Spielzeug«-Assoziation wurde noch verstärkt durch die überdimensionale Größe, das leichte Gewicht und den relativ niedrigen Endverbraucher-Preis.

- *Auszeichnungen*
  Schon während der ersten drei Monate nach Einführung in anderen europäischen Ländern hatte das *S6* bereits fast alle Auszeichnungen gewonnen, die in seiner Klasse vergeben wurden. In Deutschland wären die
  Huldigungen der Fachpresse und unabhängiger Test-Institute ein vortreff-
  licher Aufhänger für eine Kampagne gewesen. Nicht so in Italien, denn
  trockene Leistungsstatistiken allein lassen italienische Herzen nicht höher
  schlagen.

- *Verbesserte Übertragungsqualität*
  Das *S6* war als einziges Handy mit Hifi-Lautsprecher und Geräuschfilter
  ausgerüstet. Beides wirkt sich positiv auf die Übertragungsqualität aus.
  Aber leider nur geringfügig, denn in erster Linie hängt die Übertragungsqualität bekanntlich vom Netz ab. Das Gerät leistet dazu nur einen indirek-
  ten Beitrag, den der Verbraucher noch nicht einmal sinnlich wahrnehmen
  kann.

- *GSM Phase II*
  GSM ist das Fachkürzel für das zukunftsfähige »digitale« Mobiltelefon-Netz,
  das sich technisch vom sogenannten »analogen« Netz abgrenzt. Jedes Netz
  stellt den Handy-Nutzern ein umfangreiches Service-Leistungs-Paket zur
  Verfügung. Die Mailbox, automatische Anrufweiterschaltung, abrufbare
  Staumeldungen oder Börsenkurse sind Beispiele solcher Leistungen. Das
  *Siemens S6* war nun das erste Handy im Markt, das technisch auf die Leistungen der GSM Phase II vorbereitet war. Für die Siemens-Techniker zweifellos ein respektabler Triumph, aber für den Verbraucher eine überaus komplizierte und daher wenig faszinierende Neuigkeit.
  Viele wissen nicht einmal, was GSM ist, geschweige denn die Phase I. Wie
  sollte man ihnen also den Unterschied zur Phase II erläutern? Ein aussichts-
  loses Unterfangen!

Soweit die Ausgangssituation. Wie entwickelt man daraus also eine Kampagne, die den Marktanteil von Siemens signifikant steigert?

- *Sollten wir das wichtigste Alleinstellungsmerkmal herausfinden und
  werblich dramatisieren?*
  Sicherlich wäre es möglich gewesen, mit Hilfe der Marktforschung heraus-

zufinden, welches der sechs Alleinstellungsmerkmale für die Zielgruppe die größte Anziehungskraft besitzt.

Aber letztlich hätte das nichts daran geändert, daß kein einzelnes Merkmal faszinierend genug war, um dem *S6* genügend Energie für einen Quantensprung zu verleihen.

- *Oder sollten wir alle zusammen als »Paket« bewerben?*
  Die Variante, mit der gesamten Fülle von Argumenten gleichzeitig anzutreten, nach der Devise: »Es gibt 6 gute Gründe, sich für das *S6* zu entscheiden«, ist recht beliebt. Doch keiner uns bekannten Erfolgskampagne ist es je gelungen, mit einem »Bauchladen« voller Argumente mehr als einen durchschnittlichen Erfolg zu erzielen.

Es machte den paradoxen Anschein, daß es trotz der Fülle von Alleinstellungsmerkmalen keinen starken Hebelmechanismus gab, um dem *S6* zu dem Erfolg zu verhelfen, der ihm dank seiner Leistungsfähigkeit zustand.

## Die Problem-Analyse

Wir zogen das Modell mit seinen fünf Motivationsfeldern heran, um an die Wurzel des Übels vorzustoßen.

Dabei wurde deutlich: Das Kernproblem liegt nicht im Motivationsfeld »Nutzen«. Denn unser Produkt ist ja nachweislich besser als alle Wettbewerber seiner Klasse. Stellen wir uns vor, alle Verbraucher wüßten, wie überlegen das *S6* tatsächlich ist – dann würde sich der Markterfolg automatisch einstellen. Aber der Verbraucher sieht es dem Produkt nicht an. Und wir können es ihm nicht lang und breit erklären. Darum besteht die große Gefahr, daß der Verbraucher in dem *S6* ein ganz normales Handy sieht – das sich nur in zahlreichen Details von den Wettbewerbern unterscheidet.

Das Kernproblem lag also in der Wahrnehmung des Produkts: das *S6* vermittelte nicht die Qualität, die es tatsächlich besaß. Ein typisches Konditionierungs-Problem.

## Die Strategie-Entwicklung

Wir entschieden, alle sechs möglichen Nutzenversprechen aus dem Mittelpunkt der Kommunikation zu verbannen, um unserem Produkt allein in der Wahrnehmung des Verbrauchers die angemessene Monopolstellung zu verschaffen; und zwar mit einer Klassifizierungs-Strategie.

Das Prinzip bestand darin, unserem Produkt eine eigene Klasse gegenüber den Wettbewerbern zuzuweisen, nach der Devise: »Das *S6* ist der Prototyp einer neuen Handy-Generation.«

Aus dieser strategischen Formel folgt:

- Das *Siemens S6* bildet eine Klasse für sich – ohne direkte Konkurrenz.
- Alle Wettbewerbsprodukte gehören einer »veralteten« Klasse an. Wir deklassieren sie, ohne es auszusprechen.

Zur Erinnerung: Die Klassifizierung gehört zum psychologischen Motivationsfeld »Konditionierung« und funktioniert wie folgt: Normalerweise würde man unser *Siemens S6* unwillkürlich derselben Klasse zuordnen wie viele andere Handys auch. Jetzt konditionieren wir die Wahrnehmung, indem wir eine neue Klasse etablieren, in der sich vorläufig nur ein einziges Produkt befindet, nämlich unser *S6*.

So greifen wir fundamental in den Kaufentscheidungsprozeß ein: Statt mehrere Handys mit all ihren spezifischen Leistungsmerkmalen mühsam gegeneinander abzuwägen, steht der Verbraucher nun vor der ganz einfachen Frage: Will ich die neue oder die alte Handy-Generation? – Eine starke Plattform, um das *S6* zu einer Siegermarke zu machen!

Erst jetzt kommen unsere sechs Alleinstellungs-Merkmale wieder ins Spiel. Wir nutzen sie als die Eckpfeiler, als Erkennungsmerkmale der neuen Generation.

Sie müssen dem Verbraucher also keinen spektakulären Nutzen bieten, sondern haben lediglich eine Beweisfunktion: die GSM Phase II, das grafische Display, der Hifi-Lautsprecher etc.

Derartige Beweise sind für den Erfolg einer »Klassifizierungs«-Strategie unabdingbar, denn sie geben ihr Substanz. Viele Kampagnen aus aller Welt operieren mit Begriffen wie »Revolution«, »neue Dimension« etc. Aber solange keine Produktfakten dahinterstehen, bleibt der Anspruch eine Seifenblase, mit der man das Vertrauen seiner Verbraucher aufs Spiel setzt.

## Die Kreation

Anzeigen und Radiospots dramatisierten ein explodierendes Dinosaurier-Ei, aus dem mit aller Kraft das neue *Siemens S6* herausplatzt. Headline: »La Rivoluzione della Specie« – die Revolution der Evolution. Unterstützend dazu die Merkmale, die jenen Evolutions-Sprung ausmachen: GSM Phase II etc. Die Kampagnen-Idee zog sich konsequent durch alle Werbe- und Promotion-Materialien, bis hin zu den Schulungen der 2200 Telekom-Händler in Italien.

## Der Erfolg

Nachdem die *S4-Power*-Kampagne den *Siemens*-Marktanteil von 3 % auf 11 % gesteigert hatte, wuchs er bis Juni 1997 auf 25 %. Beide Kampagnen zusammen deckten einen Zeitraum von nur 8 Monaten ab.

Das Mediabudget lag mit ca. 3,2 Mio. DM erheblich unter dem Aufwand jener Wettbewerber, denen *Siemens* Marktanteile abgetrotzt hatte. Offenbar ist eine starke Strategie mehr wert als zusätzliche Media-Millionen.

## 3. FALLSTUDIE »LEBENSVERSICHERUNGEN«

### Die Aufgabe

Im Juni 1996 beauftragte uns der *Verband der Deutschen Lebensversicherungs-Unternehmen e. V.,* eine Kommunikations-Strategie zu entwickeln, um ihre Marktposition langfristig gegen den zunehmenden Ansturm der Banken zu festigen.

Veranschaulichen wir uns zunächst die Dimension der Aufgabe: Etwa 80 % der ca. 30 Millionen deutschen Haushalte besitzen mindestens eine Lebensversicherung. Insgesamt haben die Deutschen 80 Millionen Versicherungsverträge abgeschlossen. Die jährlichen Ausschüttungen an die Verbraucher entsprechen etwa 20 % der staatlichen Rentenausgaben. Darum spielt die Lebensversicherung eine wichtige sozialpolitische Rolle in Deutschland.

Die Lebensversicherungen beherrschen den Markt der privaten Altersvorsorge fast konkurrenzlos, denn das Produkt entspricht den Sicherheitsbedürfnissen der Verbraucher und wird von Außendienstorganisationen seit Jahrzehnten intensiv vermarktet. Zudem belohnte der Staat die private Vorsorge durch Steuervorteile.

Doch in Zukunft wird der Wettbewerb auf dem Vorsorgemarkt härter werden: Die Banken bieten mittlerweile eine breite Palette von Produkten mit attraktiven Renditen an: Sparpläne, Aktien-, Renten- und Immobilienfonds etc. Hinzu kommt, daß die Steuerprivilegien der Lebensversicherung unter politischen Druck geraten sind.

Die Herausforderung bestand nun darin, die Institution Lebensversicherung langfristig gegen die Banken-Konkurrenz zu sichern. Dies schien um so ratsamer, als die *Stiftung Warentest* gerade einen eindimensionalen Renditevergleich unter Altersvorsorgeprodukten veröffentlicht hatte, bei dem die Banken besser abschnitten als die Lebensversicherungen.

- *Sollten wir uns auf die Rendite-Diskussion einlassen?*
  Sehr fragwürdig, sich auf das Terrain des Gegners zu wagen und ihm ein Heimspiel zu bescheren. Zwar bieten auch Lebensversicherungen attraktive Renditen, können aber die Spitzen-Produkte der Banken nicht überbieten. An dieser Tatsache ist nicht zu rütteln. Wir könnten zwar darüber nachden-

ken, den Doppelnutzen »Rendite plus Sicherheit« zu belegen. Aber dieser Ansatz wäre den Banken gegenüber defensiv; das hat eine gesellschaftliche Institution und ein absoluter Marktführer wie die Lebensversicherung nicht nötig. Außerdem erscheint der wichtige Faktor »Sicherheit« lediglich wie ein halbherziges Anhängsel. »Rendite und Sicherheit« ist weder Fisch noch Fleisch. Es ist ein bißchen von beidem und daher als Strategie untauglich.

- *Sollten wir die Gegenposition »Sicherheit« besetzen?*
Diesen Weg sind die Lebensversicherungen schon seit Jahren gegangen. Damit ließ sich nicht verhindern, daß die Presse einen eindimensionalen Renditevergleich gegenüber Bankenprodukten anstellt. Jetzt müssen wir uns fragen: Sollen wir das Thema »Rendite« noch länger totschweigen? Oder stärken wir damit letztlich sogar die Position der Banken?

- *Sollten wir mit einer Image-Strategie an das gewachsene Vertrauen der Verbraucher appellieren?*
Altersvorsorge ist ein emotionales Thema. Warum also nicht einen emotionalen Weg gehen? Warum nicht ein paar nette Damen und Herren, alt oder jung, alltäglich oder prominent, in Anzeigen aufmarschieren lassen, die der Lebensversicherung ihr Vertrauen aussprechen. Oder in emotionalen TV-Spots darstellen, wie wundervoll das Alter mit einer Lebensversicherung sein kann? Doch Imagewerbung ist keine ernsthafte Lösung, denn solch »weiche« Strategien zerrinnen zwischen den Fingern, wenn man sie mit den »harten« Rendite-Argumenten der Banken vergleicht.

- *Müssen wir in letzter Konsequenz vielleicht Produkt bzw. Produktnamen ändern?*
Sollten wir erwägen, unser Traditionsprodukt zu restaurieren, ihm frischen Glanz zu verleihen? Vielleicht könnte ein neuer Name der Lebensversicherung den Anschluß an den modernen Zeitgeist verschaffen. Wahrscheinlich aber nicht, denn gerade der Begriff »Lebensversicherung« ist prall gefüllt mit dem gewachsenen Vertrauen der Verbraucher. Hinter einem neuen Namen vermutet der Verbraucher zu Recht ein neues Produkt. Wir verunsichern ihn und müßten anschließend Jahre und Millionen investieren, um sein Vertrauen zurückzugewinnen. Kurzum: Unser Produkt(name) ist ein Heiligtum, das wir nicht anrühren dürfen.

Alle naheliegenden Strategien schienen untauglich, drohten uns sogar zu schaden. Wo lag der Ausweg?

## Die Problem-Analyse

Meist liegen Problem und Lösung sehr dicht beieinander.
Es gilt nur herauszufinden, wo der Nerv des Problems liegt. Dies prüfen wir anhand der Motivationsfelder des Modells.
Dabei stellten wir fest, daß das Kernproblem im Bereich der »Konditionierung« zu liegen schien.
Wie ist denn die Wahrnehmung des Verbrauchers konditioniert? Offenbar so, daß er Lebensversicherungen und Bankenprodukte derselben geistigen »Schublade« zurechnet. Zwar weiß jeder, daß Lebensversicherungen den Schwerpunkt »Sicherheit« und Banken den Schwerpunkt »Rendite« bieten – aber es besteht die Gefahr, daß in Zukunft immer mehr Verbraucher beides als valide Altersvorsorge sehen, bei der manche Banken allerdings mit einer besseren Rendite locken.
Hier stießen wir auf einen interessanten Gedanken: Die Verbraucher oder die *Stiftung Warentest* (oder eine andere unabhängige Organisation) würden vermutlich nie auf die Idee kommen, eine Limousine und einen Sportwagen eindimensional miteinander zu vergleichen – obwohl beides Personenkraftwagen sind. Man ordnet sie unwillkürlich zwei verschiedenen geistigen »Schubladen« zu. Niemand würde sagen: der Sportwagen ist prinzipiell besser als die Limousine, weil er schneller fährt. – Das würde uns recht absurd erscheinen.
Aber genauso absurd ist es, Lebensversicherungen und Bankenprodukte miteinander zu vergleichen. Sie gehören ebenso in unterschiedliche geistige Schubladen wie Limousine und Sportwagen. Die erste erfüllt das Bedürfnis junger sicherheitsbewußter Familien, die zweite ist eher auf freizeitorientierte Menschen zugeschnitten. Folglich macht ein direkter Vergleich keinen Sinn.
Unser Ziel mußte also sein, die beiden Schubladen für Lebensversicherungen und Bankenprodukte klar voneinander zu trennen, um in Zukunft einem direkten, eindimensionalen Vergleich vorzubeugen.

# Die Strategie-Entwicklung

Wir mußten die unvorteilhafte Konditionierung in den Köpfen der Verbraucher korrigieren. Bildlich gesprochen: Wir mußten aus einer geistigen Schublade zwei machen. Dafür zogen wir eine Kategorisierungs-Strategie heran. Das Prinzip beruht darauf, Produkte ganz eindeutig in die von uns gewünschten geistigen »Schubladen« (–Kategorie) zu positionieren.

- *Die Idee: Wir etablieren die Lebensversicherung als »Private Rente«.*
  Denn die Rente ist eine eigene Kategorie. Sie muß sich nicht mit den Kapital-anlagen der Banken vergleichen. Sie muß sich keiner Rendite-Diskussion stellen. Die Rente hat soviel Größe, soviel Gewicht, soviel Status in den Köpfen der Verbraucher, daß man sie kaum jemals hinterfragen würde. Stellen Sie sich vor, man würde einen Durchschnittsbürger in der Fußgän-gerzone fragen, ob er seine Rente gegen eine Kapitalanlage tauschen würde. Viele wären erschrocken, würden Angst bekommen.

Wie verändert man in diesem Fall die Wahrnehmung der Verbraucher?

1. Die Lebensversicherung wird als »private Rente« stabilisiert.
   - Sie erfüllt die *ganzheitliche* Aufgabe
   - für die Masse der Bevölkerung
   - die existentielle Grundversorgung im Alter zu sichern.

2. Gleichzeitig werden Bankenprodukte als reine Kapitalanlagen entlarvt.
   - Sie erfüllen die *spezielle* Aufgabe
   - für einen kleinen, privilegierten Teil der Bevölkerung
   - den Wohlstand im Alter zu erhalten oder zu mehren.

Wir haben es also in Zukunft mit zwei unterschiedlichen Produkten aus zwei unterschiedlichen Kategorien zu tun. Daraus folgen mindestens drei Vorteile:

- *Starkes Markt- und Wachstumspotential*
  Der Markt der privaten Altersvorsorge wächst zweistellig. Das liegt unter anderem an der instabilen staatlichen Rentenversicherung, die in der Bevöl-kerung Zukunftsängste weckt. 55 % der Deutschen in den alten Bundeslän-dern und 77 % in den neuen Ländern fühlen sich durch die staatliche Rente

nicht hinreichend abgesichert. Mehr als 75 % machen sich Sorgen über ihre Grundversorgung im Alter. Als »Private Rentenversicherung« bietet sich die Lebensversicherung als ideale Problemlösung an.

Darüber hinaus deklassieren wir die Kapitalanlagen der Banken, die um so schwächer werden, je stärker die Zukunftsängste wachsen. Bankenprodukte dürfen also mittelfristig nur die Rolle spielen, die ihnen zusteht: als Luxus für die wenigen Wohlhabenden im Land, als Sahnehäubchen fürs Alter, aber nicht als Grundversorgung.

- *Schutzwall gegen den Ansturm der Banken*
  Die Banken können uns die »Private Rente« nicht streitig machen, weil sie erstens nicht die nötigen Sicherheitsleistungen (z. B. garantierte Ablaufleistung über 30 Jahre) und zweitens nicht die gleiche Kernkompetenz – Sicherheit – bieten wie die Versicherungen.
- *Beweisbarer Anspruch*
  Nur die Lebensversicherungen können eindeutig beweisen, daß sie dem Anspruch einer »Privaten Rente« genügen:

| Leistungen der... | | |
|---|---|---|
| *Staatlichen Rente* | *Lebens- versicherung* | *Bank- produkte* |
| Lebenslange Dauer | ebenfalls möglich | max. 25 Jahre |
| garantierte Ablaufleistung | ebenfalls | nein |
| Hinterbliebenenversorgung | ebenfalls | nein |
| Berufsunfähigkeitsversicherung | ebenfalls | nein |
| konstante Pflichtbeiträge | ebenfalls | nein |

Nach all den Vorteilen nun eine kritische Frage: Ist der Begriff »Rente« heute tatsächlich noch positiv belegt, nachdem er doch ins Kreuzfeuer der politischen Diskussion geraten ist?

Die Antwort lautet: JA; denn gerade die öffentliche Diskussion beweist die tiefgreifende emotionale Bedeutung der Rente für die Menschen. Analog wird auch das Thema »Gehalt« in den jährlichen Tarifverhandlungen meist mit wenig erfreulichem Ausgang geführt; dennoch wird »Gehalt« per se immer etwas Positives bleiben.


## Die kreative Umsetzung

Wir entwickelten eine Anzeigen-Kampagne unter dem Leitgedanken: »Die deutschen Lebensversicherungen. Ihre Private Rente.« Ein Printmotiv zeigt ein sympathisches Baby mit einer typischen »Rentner-Lesebrille« auf der Nase, das in engagierter Redner-Pose spricht (Headline): »Wenn ich einmal alt bin, werde ich Privat-Rentner.« Im Text stellen wir dar, warum nur die Lebensversicherungen dem Anspruch einer »Privaten Rente« genügen.


## Der Erfolg

Die Kampagne löste eine Lawine von mehreren tausend Zuschriften und Telefonaten aus. Viele Verbraucher wollten sogar direkt eine Lebensversicherung abschließen, obwohl dies weder im Interesse noch in den Möglichkeiten des Verbandes lag.

# SCHLUSSBEMERKUNG

Diese Studie präsentierte Ihnen eine neue, praxisnahe und bewährte Methode, mit deren Hilfe sich der Erfolg Ihrer Markenwerbung systematisch maximieren läßt. Ein Arbeitsinstrument, das Ihnen hilft, effektive Strategien zu entwickeln und mit dem die *Markenführung der Zukunft* schon heute beginnt.

Abschließend möchten wir noch einige – in bezug auf die Ergebnisse der Studie – wichtige Fragen der Branche beantworten:

- *Welche Konsequenzen ergeben sich aus der Studie für Imagewerbung?*
  Wenn ein Produkt keinen faktischen Vorteil gegenüber seinen Mitbewerbern bietet, greifen viele Werbe-Profis zur Imagewerbung. Sie verfolgt das Ziel, eine Marke mit bestimmten wünschenswerten Image-Attributen aufzuladen: jung, sportlich, sympathisch etc. Ob und wie Imagewerbung auf die Kaufentscheidung wirkt, bleibt jedoch unklar. Darum hat sie keinen dominierenden Platz im Marketing der Zukunft. Marken wie *Coca-Cola* sind zwar damit ›groß‹ geworden, aber nur weil sie die ersten und einzigen waren, die ihre Produkte mit positiven Image-Attributen belegt haben. Heutzutage kann aber jede Marke ein mehr oder weniger angenehmes Image ausstrahlen. Image-Korrekturen sind in der Regel »kosmetischer« Natur und haben meist keine Hebelwirkung auf den Absatz. Wir brauchen »härtere« Strategien, so wie sie in den Motivationsfeldern »Identität« und »Emotionen« beschrieben sind. Denn damit arbeiten die Siegermarken, die sich in den letzten Jahren durchgesetzt haben.

- *Muß effektive Werbung kreativ sein?*
  Strategische Werbung gerät leicht in den Verdacht, »unkreativ« zu sein – Waschmittelwerbung eben. Das ist falsch. Kreativität ist unabdingbar, um

mit der strategischen Botschaft möglichst tief in das (Unter-)Bewußtsein des Verbrauchers einzudringen. Die erfolgreichsten Kampagnen sind deutlich kreativer als der Durchschnitt. Daß selbst ein strategisches Modell die Kreativität beflügeln kann, haben wir im Kapitel 8 am Beispiel »Pils« gezeigt.

- *Welche Rolle spielt der Markenkern für eine erfolgreiche Kampagne?*
  Eine erfolgreiche Kampagne muß immer mit dem Markenkern kompatibel sein. Denken Sie beispielsweise an die *Camel*-Werbung: Jahrelang warb *Camel* mit seinem einsamen Abenteurer in der Wildnis, der plötzlich abgesetzt und durch tolpatschige Schmusetier-Kamele ersetzt wurde. Die abrupte Veränderung des Markencharakters war ein Schock für die Raucher. Es war geradezu so, als wäre der eigene langjährige Ehepartner von einem Tag zum anderen eine neue, völlig veränderte Persönlichkeit. Eine derartige Ignoranz des Markenkerns kann Verbraucher abschrecken.
  Es ist also notwendig, auf dem Markenkern aufzubauen. Allerdings ist eine Dramatisierung des Markenkerns allein noch keine Strategie. Beispiel: die bayrische Weißbiermarke »Franziskaner« besitzt als Markenkern jenen gleichnamigen Mönch, der auch auf der Flasche abgebildet ist. Er kann zwar als gestalterischer Anknüpfungspunkt genutzt werden, aber nur auf der Basis einer starken Strategie. Andernfalls degeneriert er zu einem auffälligen Differenzierungsmerkmal gegenüber anderen Weißbieren, kann jedoch keine gezielte Markenpräferenz auslösen.

- *Wie optimiert man eine Markenwelt?*
  Die Markenwelt an sich kann Marken nur voneinander differenzieren, nicht aber Präferenzen schaffen. Deshalb ist die Markenwelt letztlich eine gestalterische Form, die fast jeder Strategie ein unverwechselbares »Gesicht« verleihen kann. Sie ist aber niemals ein Strategie-Ersatz.

- *Was kann Lifestyle-Werbung für den Verkaufserfolg leisten?*
  Reine Lifestyle-Werbung kann einzelne Image-Attribute für die Marke aufbauen (etwa jung, aktiv, frech, sympathisch), aber meist keine klare Präferenz für eine Marke auslösen. Es sei denn, alle direkten Wettbewerber in der Produktkategorie treten altmodisch und verstaubt auf. In Zukunft sollte Lifestyle-Werbung als eher gestalterisches Format gelten, um eine verkaufswirksame Strategie kreativ umzusetzen.

# LITERATURVERZEICHNIS

**Das Effizienz-Dilemma – Markenwerbung und Effizienz**

Barthes, Roland: Mythologies; Paris 1957. Mythen des Alltags; Frankfurt/Main 1964

BBDO: Brand Parity II. Die Austauschbarkeit der Marken nimmt weiter zu, Düsseldorf 1993

Becker, Helmut/Andersen, Ronald, D./Engledow, Jack: Verbrauchereinstellung zur Werbung; in: Jahrbuch der Absatz- und Verbrauchsforschung; Nr. 3, 1977

Behrens, G.: Konsumentenverhalten, 2. Aufl., Heidelberg, 1991

Brand, Horst W.: Subliminale Wahrnehmung und Werbung – Zur methodologischen Problematik »unterschwelliger« Beeinflussungen; Diss. Köln 1976

Brand, Horst W.: Die Legende von den »geheimen Verführern« – Kritische Analysen zur unterschwelligen Wahrnehmung und Beeinflussung; Weinheim/Basel 1978

Cantril, H.: Die Invasion vom Mars. Massenkommunikationsforschung, Bd. 2: Konsumtion. Hrsg. v. D. Prokop, Frankfurt 1973, 198–203

Chattopadhyay, A./Basu, K.: Humor in Advertising: The Moderating Role of Prior Brand Evaluation, in: Journal of Marketing Research, Vol. 27, No. 4, S. 466–476, 1990

Dichter, Ernest: Strategie im Reich der Wünsche, Düsseldorf 1961

Dichter, Ernest: Überzeugen, nicht verführen, Düsseldorf u. a. 1971

Dieterich, M.: Konsument und Gewohnheit, Heidelberg 1986

Dieterle, G. S.: Verhaltenswirksame Bildmotive in der Werbung, Heidelberg 1992

Domizlaff, H.: Die Gewinnung des öffentlichen Vertrauens, Hamburg 1992

Gerken, Gerd: Abschied vom Marketing, Düsseldorf 1990

Gerken, Gerd: Die Fraktale Marke, Düsseldorf u. a. o. J.

GWA (Hg.): So wirkt Werbung in Deutschland, Frankfurt 1994

GWA (Hg.): So wirkt Werbung im Marketing Mix. Die neue Effektivität der Werbung. Empirische Studie von GWA/GfK, Frankfurt/Main 1997

GWA (Hg.): Wie man den Erfolg von Werbung mißt, Frankfurt 1994

GWA (Hg.): Effizienz in der Werbung 1996, Frankfurt 1996

GWA (Hg.): Effizienz in der Werbung 1993, Frankfurt 1992

Heller, Eva: Wie Werbung wirkt: Theorien und Tatsachen, Frankfurt/M. 1996

Herzig, O. A.: Markenbilder/Markenwelten – Neue Wege in der Imageforschung, Wien 1991

Holzschuher, Ludwig von: Psychologische Grundlagen der Werbung, Essen 1956

Hovland, Carl I. et al.: Communication and Persuasion, Yale University Press, New Haven, Conn. 1953

Hoyer, W. D./Brown, S. P.: Effects of Brand Awareness on Choice for a Common, Repeat-Purchase Product, in: Journal of Consumer Research, Vol. 17, S. 141–148, 1990

Janis, Irving L./Feshbach, Seymour: Effects of Fear-Arousing Communications; in: Journal of Abnormal and Social Psychology; Nr. 48, 1953. Auswirkungen angsterregender Kommunikation; in: Irle (Hrsg.): Texte aus der experimentellen Sozialpsychologie; 1969

Johannsen, Uwe: Methoden der Werbeerfolgskontrolle in psychologischer Sicht; in: Behrens (Hrsg.): Handbuch der Werbung; 1970

Johannsen, Uwe: Das Marken- und Firmen-Image. Theorie, Methodik, Praxis, Berlin 1971

Jones, J. P./Brandes, B./ Haller, P.: So wirkt Werbung in Deutschland. When Ads work. The German Version. Frankfurt/Main 1995

Jones, J. P./Brandes, B./Haller, P.: Wie man den Erfolg der Werbung mißt. How to Measure Sales Success by Media Advertising. Frankfurt/Main 1995

Keitz, Wolfgang von: Psychobiologische Werbewirkungsforschung – oder Sauermanns lügender Lügendetektor; in: Interview und Analyse; Nr. 7/8, 1980

Kroeber-Riel, Werner: Wirkung von Bildern auf das Konsumentenverhalten, in: Marketing ZFP, 5. Jg., Nr. 3, S. 153–160, 1983

Kroeber-Riel, Werner: Konsumentenverhalten, Saarbrücken 1996, S. 125

Kroeber-Riel, Werner: Konsumentenverhalten, 5. Aufl., München 1992

Kroeber-Riel, Werner: Bildkommunikation. Imagerystrategien für die Werbung, München 1993

Kroeber-Riel, Werner: Strategie und Technik der Werbung, 4. Aufl., Stuttgart u. a. 1993

Kroeber-Riel, Werner: Strategie und Technik der Werbung, Stuttgart u. a. 1988

Kroeber-Riel, Werner: Innere Bilder – Signale für das Kaufverhalten, Absatzwirtschaft, 29, Nr. 1, S. 50–57, 1986

Kroeber-Riel, Werner: Erlebnisbetontes Marketing, in: Belz, S. 1137–1151, 1986

Kroeber-Riel, Werner: Die Werbung von morgen muß Firmen und Marken inszenieren HARVARDmanager, Nr. 3, S. 78–86, 1989

Kroeber-Riel, Werner: Das Suchen nach Erlebniskonzepten für das Marketing – Grundlagen für den sozialtechnischen Forschungs- und Entwicklungsprozeß, in: Specht, Silberer et. al., S. 247–263, 1989

Kroeber-Riel, Werner: Strategie und Technik der Werbung – verhaltenswissenschaftliche Ansätze, 3. Aufl., Stuttgart u. a. 1991

Kroeber-Riel, Werner: Strategie und Technik der Werbung – verhaltenswissenschaftliche Ansätze, 4. Aufl., Stuttgart u. a. 1993

Kroeber-Riel, Werner: Strategie und Technik der Werbung: verhaltenswissenschaftliche Ansätze, 2. Auflage, Stuttgart 1990

Kroeber-Riel, Werner: Konsumentenverhalten und Marketing, Opladen 1973

Kroeber-Riel, W./Meyer-Hentschel, G.: Werbung – Steuerung des Konsumentenverhaltens, Würzburg 1982

Kropff, Hans-F.: Motivforschung: Methoden und Grenzen, Essen 1960

Lattin, J. M./Bucklin, R. E.: Reference Effects of Price and Promotion on Brand Choice Behavior, in: Journal of Marketing Research, Vol. 26, No. 3, S. 299–310, 1989

Lebensmittel-Praxis: Extra 3/97, Frankfurt 1997

Mayer, A./Mayer, R. U.: Imagetransfer, hrsg. vom Spiegel-Verlag, Hamburg 1987

Meffert, H./Heinemann, G.: Operationalisierung des Imagetransfers, in: Marketing ZFP, 12. Jg., Nr. 1, S. 5–10, 1990

Meffert, H./Schürmann, U.: Werbung und Markterfolg – eine empirische Untersuchung auf der Grundlage von Experteneinschätzungen im Markenartikelbereich, Gemeinschaftsstudie von Institut für Marketing, GWA und A. C. Nielsen GmbH, Münster 1991

Meier, Jürgen: Werbung oder Kunst, Hildesheim 1989

Ogilvy, David: Was ich von der Werbung gelernt habe; Vortrag auf dem 1. Deutschen Kommunikationstag und BDW-Kongreß 1979, Berlin

Packard, Vance: The Hidden Persuaders; 1957 / Die geheimen Verführer – Der Griff nach dem Unbewußten in Jedermann; Düsseldorf 1968

Rapp, Stan/Collins, Tom: Die große Marketing-Wende, Landsberg 1991

Reeves, Rosser: Reality in Advertising; New York 1960 / Werbung ohne Mythos; München 1969

Reiter, G.: Strategien des Imagetransfers, in: Jahrbuch der Absatz- und Verbrauchsforschung, 37. Jg. Nr. 3, S. 210–222, 1991

Rosenstiel, Lutz von: Psychologie der Werbung, Rosenheim 1969

Ruppel, P.: Die Bedeutung des Image für das Verbraucherverhalten. Göttingen 1965

Scheid, D.: Die Verwendung von Angstappellen in der Werbung, Arbeitspapiere des Instituts für Konsum- und Verhaltensforschung im Institut für empirische Wirtschaftsforschung an der Universität des Saarlandes, Heft 24 (Juli 1973)

Schirner, Michael: Werbung ist Kunst, München 1988

Schramm, Wilbur: The Process and Effects of Mass Communication, University of Illinois Press, Urbana, Ill. 1954

Schulz, Roland: Kaufentscheidungsprozesse des Konsumenten, Wiesbaden 1972

Schulz, Roland/Brandmeyer, Klaus: Marken-Bilanz: Das Markenbewertungssystem. Nielsen Marketing Research 1989

Six, B.: Effektivität der Werbung, in: Irle (1983), 2. Halbbd., S. 341–386, 1983

Smith, George Horsley: Motivation Research in Advertising and Marketing, McGraw-Hill Book Company, Inc., New York 1954

Sollwedel, Inge: Appelle an Träume und Triebe – Mutterliebe durch Babypuder. Konsum als weibliche Lebenserfüllung; in: Publik; Nr. 11, 2.7.1978

Spiegel (Magazin): Ausgabe 37/97

Steffenhagen, H.: Markenbekanntheit als Werbeziel, in: Zeitschrift für Betriebswirtschaft, 46. Jg., Nr. 10, S. 715–734, 1976

Steffenhagen, H.: Wirkungen absatzpolitischer Instrumente. Theorie und Messung der Marktreaktion, Stuttgart 1978

Trommsdorff, V.: Konsumentenverhalten, 2. Aufl., Stuttgart 1993

Watzlawick, P./Beavin, J. H./Jackson, D. D.: Menschliche Kommunikation – Formen, Störungen, Paradoxien, 7. unveränderte Auflage, Bern 1969

ZAW: Werbung in Deutschland 1997, Bonn 1997

## Die Markenführung der Zukunft

Aaker, David A.: Management des Markenwerts, Frankfurt am Main 1992

Arndt, J. (Hrsg.): Insights into Consumer Behavior, Boston 1968

Bandura, A.: Principles of behavior modification, New York 1969

Bebié, A.: Käuferverhalten und Marketing-Entscheidung, Konsumgüter-Marketing aus der Sicht der Behavioral Sciences, Wiesbaden 1978

Berelson, B./Steiner, G. A.: Menschliches Verhalten, Weinheim 1969

Berelson, B./Steiner, G. A.: Human Behavior. An Inventory of Scientific Findings; New York 1964. Menschliches Verhalten; Weinheim/Berlin/Basel 1969

Berelson, B./Steiner, G. A.: Menschliches Verhalten, Grundlegende Ergebnisse empirischer Forschung, Bd. II: Soziale Aspekte, Weinheim 1972

Berelson, B./Steiner, G. A.: Menschliches Verhalten, Grundlegende Ergebnisse empirischer Forschung, Bd. I: Forschungsmethoden/Individuelle Aspekte, 3. Aufl. (1974), Bd. 2: Soziale Aspekte, 1. Aufl. (1972), Weinheim 1972/1974

Bettmann, J. R./Johnson, E. J.: Consumer Decision Making, in: Robertson, T. S. und H. H. Kassarjian (Hrsg. 1991), S. 50–84, 1991

Bisky, Lothar: Massenkommunikation und soziales Handeln der Massen; in: Communications; Heft 3, 1978

Brehm, S. S./Kassin, S. M.: Social Psychology, Boston u. a. 1990

Brentano, L.: Versuch einer Theorie der Bedürfnisse, Leipzig 1924

Cheskin, L.: How to predict what people buy, New York 1957

Clark, L. H. (ed.): Consumer behavior. Research in consumer reactions, New York 1958

Dichter, Ernest: Handbook of Consumer Motivations – The Psychology of the World of Objects; New York 1964. Handbuch der Kaufmotive – Der Selling Appeal von Waren, Werkstoffen und Dienstleistungen; Wien/Düsseldorf 1964

Diehl, Joerg M.: Motivationsforschung im Bereich des Konsumentenverhaltens; in: Todt (Hrsg.): Motivation; 1977, S. 237–289

Dröge, Franz/Weißenborn, Rainer/Haft, Henning: Wirkungen der Massenkommunikation, Münster 1969, Frankfurt/Main 1973

Eibl-Eibesfeld, Irenäus: Grundriß der vergleichenden Verhaltensforschung, München

Eibl-Eibesfeld, Irenäus: Die Biologie des menschlichen Verhaltens, München: Piper, 1986

Engel, J. F./Blackwell, R. D./Kollat, D. T.: Consumer Behavior, Hinsdale, Illinois 1978, dritte Auflage

Fishbein, M./Ajzen, I.: Belief, attitude, intention and behavior: An introduction to theory and research. Reading, Mass.: Addison-Wesley, 1975

Fishbein, M./Ajzen, I.: Attitudes towards Objects as Predictions of Single and Multiple Behavioral Criteria; in: Psychological Review; Jan. 1974

Flader, Dieter: Strategien der Werbung, Kronberg/Ts. 1974

GfG-Testmarktforschung (Hrsg.): Ökonomische Werbewirkung. Schlußfolgerungen und Hypothesen, Nürnberg 1991

Göttert, K.-H.: Argumentation. Grundzüge ihrer Theorie im Bereich theoretischen Wissens und praktischen Handelns. (Germanistische Arbeitshefte; 23), Tübingen 1978

Graumann, C. F.: Methoden der Motivationsforschung, in: Lersch, Ph. & Thomae, H. (Hrsg.): Handbuch der Psychologie, Bd. II: Allgemeine Psychologie II. Motivation, Göttingen 1965, S. 123–202

Haseloff, Otto Walter: Kommunikationstheoretische Probleme der Werbung. In: Behrends, K. Chr. (Hg.): Handbuch der Werbung, Wiesbaden 1970, S. 151–200

Haseloff, Otto Walter: Marktforschung und Motivationstheorie; in: Behrens (Hrsg.): Handbuch der Marktforschung, 1974

Heckhausen, H.: Motivation und Handeln, 2. Aufl., Berlin u. a. 1989

Heckhausen, H.: Motivation und Handeln, Berlin 1980

Heller, Eva: Wie manipulierbar sind wir eigentlich?; in: Psychologie heute; Nr. 11, 1982

Heller, Eva: Zur Motivationsstruktur von Verbrauchergruppen; in: Der Markenartikel; Nr. 7, 1976

Herber, H.-J.: Motivationspsychologie, Stuttgart 1976

Herrmann, A.: Produktwahlverhalten, Stuttgart 1992

Heumann, Ogilvy & Mather (Hrsg.): Wie man Werbung macht, die mehr einbringt als sie kostet; Frankfurt/Main 1979

Heumann, Ogilvy & Mather (Hrsg.): Wie man Werbung macht, die verkauft; Frankfurt/Main 1974

Holzkamp-Osterkamp, Ute: Grundlagen der psychologischen Motivationsforschung; Bd. 1, Frankfurt/Main 1975. Grundlagen der psychologischen Motivationsforschung – Die Besonderheit menschlicher Bedürfnisse – Problematik und Erkenntnisgehalt der Psychoanalyse; Bd. 2, Frankfurt/Main 1976

Hondrich, Karl Otto: Menschliche Bedürfnisse und soziale Steuerung; Hamburg 1975

Hörning, Karl H.: Ansätze zu einer Konsumsoziologie; Freiburg 1970

Hull, C. L.: Principles of behavior, New York 1943

Janik, A./Rieke, R./Toulmin, S.: An Introduction to Reasoning. 2nd ed. New York/London 1979

Kaiser, Andreas (Hrsg.): Werbung. Theorie und Praxis werblicher Beeinflussung; München 1980

Kanfer, Frederick h., Goldstein, Arnold P.: Möglichkeiten der Verhaltensänderung, München, Wien, Baltimore: Urban & Schwarzenberg, 1977

Kaufmann, K.: Kognitiv-hedonistische Theorie menschlichen Verhaltens. – Versuch einer Integration verhaltens-theoretischer Ansätze, Diss. Mannheim 1975

Keller, J. A.: Grundlagen der Motivation, München u. a. 1981

Kopperschmidt, J.: Methodik der Argumentationsanalyse. (problemata; 119) Stuttgart-Bad Cannstatt 1989

Kotzbauer, N.: Erfolgsfaktoren neuer Produkte. Synopsis der empirischen Forschung, in: Jahrbuch der Absatz- und Verbrauchsforschung, 38. Jg., Teil I, Nr. 1, S. 4–20, Teil II, Nr. 2, S. 108–128, 1992

Krugman, H. E.: What Makes Advertising Effective? Harvard Business Review, 53, März/April, S. 96–103, 1975

Lindgren, H. C.: Einführung in die Sozialpsychologie, Weinheim 1973

Loudon, D./Della Bitta, A. J.: Consumer Behavior – Concepts and Applications, 4. Aufl., New York 1993

Magyar, K. M./Magyar, P. K.: Marketingpioniere. Internationale Marketinghits wagemutiger Unternehmer, Landsberg am Lech 1987

Mahnkopf, D.: Systematische Theorie sozialen Konsumverhaltens. Versuch einer systematischen Theorie sozialen Konsumverhaltens als allgemeine Theorie sozial-strukturell bestimmten Verhaltens ökonomischer Relevanz, Diss. Freiburg i. Br. 1969

Mann, L.: Sozialpsychologie, 9. Aufl., München 1991

Martineau, Pierre: Kaufmotive, Düsseldorf 1959

Maslow, A. H.: A Theory of Human Motivation, in: Readings in Managerial Psychology, Hrsg. H. J. Leavitt, L. R. Pondy, Chicago/London 1964, S. 6 ff.

Mayer de Groot, R. U.: Imagetransfer, Hamburg 1987

McGuire, W. J.: Nature of attitudes and attitude change. In: Handbook of social psychology, New York 1968

McNeal, J. U.: Dimensions of consumer behavior, New York 1969

Meffert, H.: Markenstrategien als Waffe im Wettbewerb, in: Henzler, H. (Hrsg.), Handbuch Strategische Führung, Wiesbaden, S. 581–610, 1988

Parsons, T., Shils, E. A.: Toward a general theory of action, Cambridge/Mass. 1951

Pawlik, K.: Dimensionen des Verhaltens, Bern/Stuttgart 1968

Reeves, Rosser: Werbung ohne Mythos, München 1963

Rieke, R. D./Sillars, M. O.: Argumentation and the Decisions Making Process. New York/London/Sydney/Toronto 1975

Rokeach, M.: Attitude change and behavioral change. In: Public Op. Quart. 30, 1967

Sänger, Oskar: Werbung als dominanter Faktor des Absatzprozesses, Freiburg 1956

Sandler, G.: Bedingungen für erfolgreiche Markenstrategien im Verbrauchsgüterbereich, in: Bruhn, M. (Hrsg.), Handbuch des Marketing, Anforderungen an Marketingkonzeptionen aus Wissenschaft und Praxis, München, S. 325–342, 1989

Schiffman, L. G./Kanuk, L.: Consumer Behavior, 5. Aufl. London u. a. 1994

Schneider, K./Schmalt, H.-D: Motivation, 2. Aufl., Stuttgart 1994

Schreiber, Klaus: Kaufverhalten der Verbraucher; Wiesbaden 1965

Schürmann, U.: Erfolgsfaktoren der Werbung im Produktlebenszyklus – ein Beitrag zur Werbewirkungsforschung, Diss. Frankfurt am Main 1992

Settle, R. B./Alreck, P. L.: Why they buy – American Consumers Inside and Out. New York u. a. 1986

Sheth, J. N.: Models of Buyer Behavior. Conceptual, Quantitative and Empirical, New York u. a. 1974

Söllner, Walter J.: Modelle zur Werbewirkungsprognose für Konsumgüter – Markenartikel; Gruner + Jahr. Schriftenreihe Bd. 19; Hamburg o. J. (ca. 1975)

Spiegel Verlag Rudolf Augstein KG (Hrsg.): Effektivität in der Werbung. Ergebnisse von vier Fallstudien über Werbewirkung und Werbeerfolg; Hamburg 1971

Spiegel Verlag Rudolf Augstein KG (Hrsg.): Kauf-Konsum-Verhaltenstypologie; Hamburg 1973

Thomae, Hans (Hrsg.): Die Motivation menschlichen Handelns, Köln/Berlin 1965

Todt, Eberhard et. al. (Hrsg.): Motivation; Heidelberg 1977

Todt, Eberhard u. a.: Motivation, Stuttgart 1977

Watzlawick, P./Weakland, J./Fisch, R.: Lösungen – Zur Theorie und Praxis menschlichen Wandels, 4. Auflage, Bern 1974

Watzlawick, P./Beavin, J. H./Jackson, D. D:: Menschliche Kommunikation. Bern/Stuttgart/Wien 1985

Weiner, B.: Motivationspsychologie, 2. Aufl., München 1988

Weiner, B.: Human Motivation: Metaphors, Theories and Research, Newbury Park u. a. 1992

Wilkie, W. L.: Consumer Behavior, 3. Aufl., New York u. a. 1994

Wiswede, Günter: Motivation des Kaufverhaltens, in: Hoyos, Kroeber-Riel et. al. 2. Aufl. 1990

Wiswede, Günter: Soziologie des Verbraucherverhaltens; Stuttgart 1972

Wiswede, Günter: Motivation und Verbraucherverhalten; 2. Neubearbeitete Auflage; München/Basel 1973

Wiswede, Günter: Meinungsführung und Konsumverhalten. Zur Metamorphose eines kommunikationswissenschaftlichen Konzepts; in: Jahrbuch der Absatz- und Verbrauchsforschung; Heft 2. Berlin 1978

## Motivationsfeld »Nutzen«

Aronson, E./Turner, J. A./Carlsmith, J. M.: Communicator credibility and communication discrepancy as determinants of opinion change. Journal of Abnormal and Social Psychology, 67/1963, S. 31–36

Baseheart, J./Miller, G. R.: Source trustworthiness, opinionated statements, and response to persuasive communication. Speech Monographs, 1/1969, S. 1–7

Bochner, St./Insko, Ch. A.: Communicator discrepancy, source credibility, and opinion change. Journal of Personality and Social Psychology, 4/1966, S. 614–621

Burda GmbH (Hrsg.): Typologie der Wünsche – Strukturen von Zielgruppen und deren Kommunikationsverhalten; Offenburg 1996

Di Vesta, F. J./Merwin, K. W.: Complex learning and conditioning as a function of anxiety. Journal of Experimental Psychology, 45/1953, S. 120–125

Dieterle, G.: Die Suche nach verhaltenswirksamen Bildmotiven für eine erlebnisbetonte Werbung, Bd. 34 der Reihe Konsum und Verhalten, Heidelberg 1992

Fine, B. J.: Conclusion-drawing, communicator credibility, and anxiety as factors in opinion change. The Journal of Abnormal and Social Psychology, 54/1954, S: 369–374

Greenberg, B. S./Miller, G. R.: The effects of low-credible sources on message acceptance. Speech Monographs 33/1966, S. 127–136

Gröppel, A.: Erlebnisstrategien im Einzelhandel, Würzburg 1991

Heckhausen, H.: Hoffnung und Furcht in der Leistungsmotivation, Meisenheim 1963

Hovland, Carl I./Weiss, Walter: The Influence of Source Credibility on Communication Effectiveness; in: Public Opinion Quarterly; Heft 15, 1951

Katona, G.: Über das rationale Verhalten der Verbraucher, in: Kroeber-Riel S. 61–77, 1972

Konert, F.-J.: Vermittlung emotionaler Erlebniswerte. Eine Markenstrategie für gesättigte Märkte, Heidelberg und Wien 1986

Norris, D. G.: Ingredient Branding: A Strategy Option with Multiple Beneficiaries, in: Journal of Consumer Marketing, Vol. 9, No. 3, S. 19–31, 1992

Perelman, Ch.: Logik und Argumentation. (Reihe: Philosophie/Wissenschaftstheorie), Königstein/Ts. 1979

Powell, F. A.: Source credibility and behavior compliance as determinants of attitude change. Journal of Personality and Social Psychology, 2/1965, S. 669–676

Schecker, M. (Hg.): Theorie der Argumentation. Tübingen 1977

Schmidt, H. D./Vorthmann, H. R.: Eine Skala zur Messung der »sozialen Erwünschtheit«, in: Diagnostica, 17, 1971, S. 87–90

Schnedlitz, P.: Einstellungsmäßige und normative Determination von Kaufabsichten – Das Selbstbild als intervenierende Variable, Diss. Graz 1979

Schulze, G.: Die Erlebnisgesellschaft, Frankfurt/Main 1992

Silberer, G.: Werteforschung und Werteorientierung, Stuttgart 1990

Spiegel: Ausgabe 46/96, S. 256 ff.

Toulmin, St.: Der Gebrauch von Argumenten, Kronberg/Ts. 1975

Weinberg, P.: Erlebnismarketing, München 1992

Weinberg, P./Gröppel, A.: Emotional Benefits in Marketing Communication, in: Irish Marketing Review 4, S. 21–31, 1989

## Motivationsfeld »Normen«

Abelson, R. P. et al. (eds.): Theories of cognitive consistency. A source book, Chicago 1968

Adelt, P./Müller, H./Zitzmann, A.: Umweltbewußtsein und Konsumverhalten – Befunde und Zukunftsperspektiven, in: Szallies, R./Wiswede, G. (Hrsg.), Wertewandel und Konsum. Fakten, Perspektiven und Szenarien für Markt und Marketing, Landsberg am Lech, S. 155–192, 1990

Argyle, M.: Social pressure in public and private situations, in: JASP 54, 1957

Aronson, E.: Sozialpsychologie. Menschliches Verhalten und gesellschaftlicher Einfluß, Heidelberg 1994

Asch, S. E.: Effects of group pressure upon the modification and distortion of judgement, in: Guetzkow, H. (ed.): Groups, leadership and men, Pittsburgh 1951

Bruhn, M.: Das ökologische Bewußtsein der Konsumenten – Ergebnisse einer Befragung im Zeitvergleich, in: Meffert, H./Wagner, H. (Hrsg.), Ökologie und Unternehmensführung, Arbeitspapier Nr. 26 der Wissenschaftlichen Gesellschaft für Marketing und Unternehmensführung e. V. an der Universität Münster, 1985

Bruhn, M.: Das soziale Bewußtsein von Konsumenten, Wiesbaden 1978

Calder, B. J.: Cognitive Consistency and Consumer Behavior, in: Kassarjian und Robertson, S. 258–280, 1981

Dahlhoff, H.-D.: Wertorientierungen von Verbrauchern, in: Haase und Molt, S. 130–152, 1981

Festinger, L., Schachter, S., Back, K. W.: Social pressures in informal groups, New York 1950

Gergen, K. J./Bauer, R. A.: Interactive effects of self-esteem and task difficulty on social psychology, New York 1972

Goldberg, S. C.: Three situational determinants of conformity to social norms. Journal of Abnormal and Social Psychology, 49/1954, S. 325–329

Haley, J.: Die Psychotherapie Milton H. Ericksons, München 1988, S. 197

Heller, E. D.: Vom demonstrativen Konsum zur demonstrativen Vernunft, in: Interview und Analyse, 10, 1979, S. 471–475

Hillmann, K. H.: Soziale Bestimmungsgründe des Konsumentenverhaltens, Stuttgart 1971

Hoegl, S.: Preisschwellen und Preispolitik, Planung und Analyse 1989, 16, S. 371–376

Höger, A.: Der Zusammenhang von Preis und Kaufverhalten, in: Planung und Analyse 19, S. 46–50, 1992

Homans, G. C.: Elementarformen sozialen Verhaltens, Opladen 1972 (1961)

Homans, G. C.: Theorie der sozialen Gruppe, 7. Aufl., Köln u. a. 1978

Horney, K.: Unsere inneren Konflikte, Stuttgart 1954

Hummell, H. J.: Psychologische Ansätze zu einer Theorie sozialen Verhaltens. In: König (Hg.) 1969

Kiesler, Ch. A.: Attraction to the group and conformity of group norms, in: JP 31, 1963

Kiesler, Ch. A.: The psychology of commitment, New York/London 1971

Kluckhohn, C.: Values and Value-Orientation in the Theory of Action, in: Parsons und Shils, S. 388–433, 1962

Lang, S.: Werte und Veränderung von Werten, in: Klages, H./Kmieciak, P. (Hrsg.): Wertwandel und gesellschaftlicher Wandel, Frankfurt/M. – New York 1979, S. 231–242

Lewin, K.: Group Decions and Social Change. In: Maccoby, E. E./Newcomb, T. M./ Hartley E. L. (eds.): Readings in Social Psychology. 3rd ed. New York 1958

Maddocks, M.: Conspicuous on consumption, in: The Christian Science Monitor, March, 19, 1981, S. 22 (zit. Nach: American Council on Consumer Interests; Newsletter Vol. 29, No. 5, May 1981)

Mahnkopf, D.: Systematische Theorie sozialen Konsumverhaltens. Mainz 1969

Martin, J./Lobb, B./ Chapman, G. C./Spillan, R.: Obedience under Conditions Demanding Self-Immolation, Human Relations, Volume 29, Number 4, 1976, S. 345–356

Milgram, S.: Obedience to authority, New York 1974

Milgram, St.: Behavioral Study of Obedience, J. Abnorm. Soc. Psychol., 67, 1963

Moser, Dr. Klaus: Konsistenz der Person

Opp, K. D.: Soziales Handeln, Rollen und soziale Systeme – Ein Erkärungsversuch sozialen Verhaltens, Stuttgart 1970 (a)

Pitts, R. E./Woodside, A. G.: Personal Values & Consumer Psychology, Lexington 1984

Rokeach, M.: Beliefs, Attitudes and Values. San Francisco 1968

Rokeach, M.: The Nature of Human Values. New York 1973

Rokeach, M.: Understanding Human Values. London/New York 1979

Schürmann, P.: Werte und Konsumverhalten, München 1988

Sherif, M.: The Psychology of Social Norms, New York 1936

Spieker, H.: Gesellschaftliche Bedingungen umweltbewußten Konsums, Arbeitspapier der Forschungsgruppe Konsum und Verhalten, Paderborn 1990

Steiner, I. D.: Reactions to adverse and favorable evaluations of one's self, in: JP 36, 1968

Sternthal, B./Dholakia, R. et. Al.: The Persuasive Effect of Source Credibility: Tests of Cognitive Response, Journal of Consumer Research, 4. H. 4, S. 252–260–1978

Wiswede, G.: Soziologie konformen Verhaltens, Stuttgart u. a. 1976

## Motivationsfeld »Konditionierung«

Behrens, G.: Das Wahrnehmungsverhalten der Konsumenten, Frankfurt am Main 1982

Bretscher, Georges: Die Analyse kommunikativer Erwartungen; in: Communications; Heft 1, 1976

Brinton, C.: The Lives of Talleyrand, New York, 1936, S. 190

Carpenter, G. S.: Perceptual Positioning and Competitive Strategy in a Two-Dimensional, Two-Brand Market, in: Management Science, Vol. 35, No. 9, S. 120–143, 1989

Eibl-Eibesfeld, I.: Der vorprogrammierte Mensch. Das Ererbte als bestimmender Faktor im menschlichen Verhalten, München u. a. 1985

Eibl-Eibesfeld, Irenäus: Der vorprogrammierte Mensch, Wien: Fritz Molden, 1973

Gorn, G. J./Jacobs, W. J. et.al.: Observations on Awareness and Conditioning, in: Wallendorf und Anderson, S. 415–416, 1987

Kaas, K.-P./Dietrich, M.: Die Entstehung von Kaufgewohnheiten bei Konsumgütern, Marketing-ZFP, 1, H. 1, S. 13–22, 1979

Kahnemann, D./Tverski, A.: Rational choice and the framing of decisions, Journal of Business 1986, S. 251–278

Kannacher, V.: Habitualisiertes Kaufverhalten von Konsumenten, München 1982

Kebeck, G.: Wahrnehmung: Theorien, Methoden und Forschungsergebnisse der Wahrnehmungspsychologie, Weinheim 1994

Kroeber-Riel, W., Hemberle, G., Keitz, W. von & Wimmer, R. M.: Produktdifferenzierung durch emotionale Konditionierung, Saarbrücken, Institut für Konsum- und Verhaltensforschung an der Universität des Saarlandes 1978

Mandl, H./Gruber, H.: Das träge Wissen, in: Psychologie heute 20, 9, S. 64–69, 1993

Mayer, R. U.: Produktpositionierung, Köln 1984

Neumann, P./von Rosenstiel, L.: Die Positionierungsforschung für die Werbung, in: Tietz, B. (Hrsg.), Handbuch der Werbung, Band 1: Rahmenbedingungen, Sachgebiete und Methoden der Kommunikation und Werbung, Landsberg am Lech, S. 767–837, 1981

Ries, A./Trout, J.: Positioning – Die neue Werbestrategie, Hamburg 1986

Roth, G.: Das Gehirn und seine Wirklichkeit, Frankfurt/Main 1994

Roth, W.: Verdeckte Konditionierung, Darstellung, Kritik, Prüfung, Regensburg 1987

Shimp, T. A.: Neo Pavlovian Conditioning and its Implications for Consumer Theory and Research, in: Robertson und Kassarjian (1991), S. 162–187, 1991

Shimp, T. A./Stuart, E. W.: A Program of Classical Conditioning. Experiments Testing Variations in the Conditioned Stimulus and Context, in: Journal of Consumer Research, 18, S. 1–12, 1991

Stuart, E. W./Shimp, T. A.: Classical Conditioning of Consumer Attitudes: Four Experiments in an Advertising Context, Journal of Consumer Research, 14, Nr. 3, S. 334–349, 1987

Watzlawick, Paul: Wie wirklich ist die Wirklichkeit? München 1976

Weinberg, P.: Habitualisierte Kaufentscheidungen von Konsumenten, Die Betriebswirtschaft, 39, S. 563–571, 1979

## Motivationsfeld »Identität«

Adlwarth, Wolfgang: Formen und Bestimmungsgründe prestigegeleiteten Konsumverhaltens, München 1983

Baudrillard, Jean: Das andere Selbst, Wien 1987

Bedford, John Herzog von: Book of Snobs; London 1965 /Traktat über die feine britische Art; Düsseldorf/Wien 1966

Birdwell, A. E.: A study of the influence of image congruence on consumer choice, in: Journal of Business, Vol. 41, 1968, S. 76–88

Broch, T. C.: Communicator-recipient similarity and decision change. Journal of Personality and Social Psychology, 1/1965, S. 650–654

Byrne, D.: The attraction paradigm, New York: Academic Press 1971

Cooley, C. H.: The social self. On the meaning of »I«, in: Gordon, C./Georgen, K. J. (Hrsg.): The self in social interaction, New York 1968

Derselbe: Kleider und Leute – Zur Soziologie der Mode, Frankfurt-Hamburg 1967

Festinger, L.: A theory of social comparison processes, in: Human relations, 7, 1954

Goffman, Erving: Symbols of Class Status; in: British Journal of Sociology; Vol. 2, 1951

Greff, G./Töpfer, A.: Direktmarketing mit neuen Medien, Landsberg am Lech 1987

Grey (Hrsg.): Markenpolitik, in: Geisbüsch, H.-G./Geml, Lauer, H. (Hrsg.), Marketing. Grundlagen, Instrumente und praktische Anwendungen, 2. Aufl., Landsberg am Lech, S. 319–328, 1993

Güttner, Gisela: Identifikationsmodelle und Konsumverhalten; in: Bergler (Hrsg.): Marktpsychologie 1972

Helle, H. J.: Privatbesitz als Statussymbol, in: GfM-Mitteilungen zur Markt- und Absatzforschung, H. 2, 1968, S. 33–38

Hermanns, A.: Die Mode-Marke: Zur Anwendbarkeit des Markenartikelkonzeptes in der Bekleidungsmode, in: Jahrbuch der Absatz- und Verbrauchsforschung, 38. Jg. Nr. 4, 1992

Herzig, O. A.: Markenbilder/Markenwelten – Neue Wege in der Imageforschung, Wien 1991

Hoffmann, H.-J.: Kommunikation mit Kleidung, Communications: internationale Zeitschrift für Kommunikationsforschung, 7, S. 269–290, 1981

Hoffmann, H.-J.: Kleidersprache, Frankfurt u. a. 1985

Kagan, J.: The concept of identification, Psychol. 65, 1958

Kreikebaum, H./Rinsche, G.: Das Prestigemotiv in Konsum und Investition, Berlin 1961

Laing, Ronald David: Das Selbst und die Anderen, Köln 1973

Levy, S.: Social class and consumer behavior, in: Newman, J. W. (ed.), On knowing the consumer, New York 1966

Lilli, Waldemar: Die Hypothesentheorie der sozialen Wahrnehmung; in: Frey (Hrsg.): Kognitive Theorien der Sozialpsychologie; 1978

Mayer, Anneliese/Mayer, Ralf Ulrich: Fach & Wissen: Imagetransfer, Hamburg 1987

Mitscherlich, Margarete: Das Ende der Vorbilder. Vom Nutzen und Nachteil der Idealisierung, München 1978

Murray, Henry: Explorations in Personality, Oxford Book Company Inc., New York 1938

Rieger, B.: Zum Tode verurteilt, von Geburt an: Marken ohne Persönlichkeit, in: Markenartikel, 47. Jg.

Rieger, B.: Erfolgsfaktoren der Markenimagebildung, in: Markenartikel, 52. Jg., Nr. 5, S. 244–248, 1990

Rinsche, G.: Der aufwendige Verbrauch – Sozialökonomische Besonderheiten geltungsbedingter Nachfrage, in: Kreikebaum, H./Rinsche, G.: Das Prestigemotiv in Konsum und Investition, S. 105–221, Berlin 1961

Ross, I.: Self-concept and brand preference, in: Journal of Business, 44, 1971, S. 38–50

Rückert, G. R., Lengsfeld, W., Henke, W.: Partnerwahl, Boppard 1979

Rückert, Gerd-Rüdiger u. a.: Partnerwahl, Wiesbaden 1979

Schulz, W.: Prestige und Konsum, Werbeforschung & Praxis, 4, S. 127–136, 1990

Séguéla, Jacques: Hollywood wäscht weißer – Werbung mit dem Starsystem, Landsberg am Lech 1983

Sieverding, Monika: Attraktion und Partnerwahl – Geschlechtsrollenstereotype bei der Partnerwahl. Report Psychologie, 7/1988

Specht, G.: Selbst-Image des Konsumenten und Marketing-Management, in: Hax, K./Pentzlin, I. (Hrsg.): Instrumente der Unternehmensführung, S. 110–128, München 1973

Suhr, W.: Käufe aus Geltungsdrang, in: Der Markenartikel, H. 12, 1958, S. 897–907

Veblen, Th.: The theory of the leisure class, New York 1899, dt. 1958

Veblen, Th.: The theory of the leisure class (1899), Harmondsworth. Deutsche Übersetzung (1993): Theorie der feinen Leute, 4. Aufl., Köln u. a. 1993

Watzlawick, Paul: Die Möglichkeit des Andersseins. Stuttgart: Huber, 1977

Weinberg, P./Konert, F.-J.: Vom Produkt zur Produktpersönlichkeit, in: Absatzwirtschaft 28. Jg., Heft 2, S. 85–97, 1985

## Motivationsfeld »Emotionen«

Allen, C. T./Machleit, K. A.: On Assessing the Emotionality of Advertising via Izard's Differential Emotions Scales; in: Houston, S. 226–231, 1988

Allen, C. T./Machleit, K. A.: A Comparison of Attitudes and Emotions as Predictors of Behavior at Diverse Levels of Behavioral Experience, in: Journal of Consumer Research, Vol. 18, No. 4, 493, 504–1992

Allesch, C. G.: Phänomenologie der Begeisterung, Salzburg 1973

Amelang, Manfred (Hrsg.): Attraktion und Liebe, Göttingen 1991

Argyle, M.: The Psychology of happiness, London: Methuen

Baudrillard, Jean: Von der Verführung, München 1992

Behrens, G.: Kommunikative Beeinflussung durch emotionale Werbeinhalte, in: Mazanec, Scheuch, 1984

Bekmeier, S.: Wie steuert man Emotionen mit Bildern, in: Werbeforschung und Praxis, 37. Jg., Nr. 3, S. 84–89, 1992

Bottenberg, E. H.: Emotionspsychologie. Ein Beitrag zur empirischen Dimensionierung emotionaler Vorgänge, München 1972

Buck, R.: Human Motivation and Emotion, 2. Aufl., New York u. a. 1988

Creel, R. E.: Endology: The science of happiness, New Ideas in Psychology, 1983

Dichter, Ernest: The Strategy of Desire; New York 1961. Strategie im Reich der Wünsche; München 1964

Drieseberg, T. J.: Lebensstil-Forschung, Heidelberg 1995

Eibl-Eibesfeld, Irenäus: Liebe und Hass – Zur Naturgeschichte elementarer Verhaltensweisen, München: Piper, 1982

Euler, Harald A., Mandl, Heinz (Hrsg.): Emotionspsychologie, München: Urban - & Schwarzenberg, 1983

Fellows, E. W.: Happiness: A survey of research. Journal of Humanistic Psychology, 6, 1966

Friedrich, B.: Emotionen im Alltag. Versuch einer deskriptiven und funktionalen Analyse. München: Minverva – Publikationen, 1982

Friedstad, M./Thorson, E.: Emotion-Eliciting Advertising: Effects on Long Term Memory and Judgement, in: Lutz, S. 111–116, 1986

Fromm, Erich: Die Kunst des Liebens, Frankfurt am Main, Berlin: Ullstein Nr. 258

Gerhards, J.: Soziologie der Emotionen, Weinheim u. a. 1988

Ghazizadeh, U. R.: Werbewirkungen durch emotionale Konditionierung, Theorie, Anwendung und Meßmethode, Frankfurt/Main 1987

Heller, Agnes: Theorie der Gefühle. Hamburg: VSA-Verlag, 1980

Holbrook, M. B./Batra, R.: Assessing the Role of Emotions as Mediators of Consumer Responses to Advertising, Journal of Consumer Research, 14, S. 404–420, 1987

Izard, Carroll E.: Die Emotionen des Menschen: eine Einführung in die Grundlagen der Emotionspsychologie, 2. Aufl., Weinheim u. a. 1994

Izard, Carroll E.: Die Emotionen des Menschen. Weinheim: Beltz Verlag, 1981

Kellner, J./Lippert, W.: Werbefiguren: Geschöpfe der Warenwelt, Düsseldorf u. a. 1992

Kelz, A.: Die Weltmarke, Idstein 1989

Kirchler, E./Hoelzl, E.: Vom Austausch zum Altruismus, Profitorientierung versus spontane Angebote in interpersonellen Beziehungen, Gruppendynamik, 26. Jahrg., Heft 4, 1995, S. 457–465

Konert, F.-J.: Vermittlung emotionaler Erlebniswerte, Heidelberg 1986

Kroeber-Riel, Werner: Erotik verführt zum Konsum. Das verfehlte Leitbild der Verbraucheraufklärung, Wirtschaftswoche, 28, S. 50–52, 1974

Luhmann, Niklas: Liebe als Passion, (Frankfurt am Main 1982)

Moser, Klaus: Sex-Appeal in der Werbung, Göttingen 1997

Murstein, Bernhard I.: Theories of attraction and love, New York 1971

Neibecker, B.: Konsumentenemotionen. Messung durch computergestützte Verfahren, Würzburg u. a. 1985

Plutchik, R.: The Emotions, revised Edition, Lanham u. a. 1991

Plutchik, R.: The Psychology and Biology of Emotions, New York u. a. 1994

Plutchik, R./Kellerman, H.: Emotion – Theory, Research and Experience, Vol. 4: The Measurement of Emotions, San Diego u. a. 1989

Plutchik, Robert & Kellerman, Henry (Hrsg.): Emotion – Theory, Research and Experience. New York: Academic Press, 1980

Rosenberg, M. J.: An Analysis of Affective-Cognitive Consistency. In: Rosenberg, M. J. (et al.): Attitude Organization and Change. New Haven 1960

Rost, W., Brandt: Gedanken zum Angreifen: Gefühle lassen sich nicht auf Gedanken reduzieren, da sie etwas Gedanken-Anhaftendes sind, so wie Farben, Töne, Gerüche, Geschmäcker, Temperatur, Härte, Rauhigkeit Gegenständen anhaften und sich nicht auf Gegenstände reduzieren lassen. In Analogie zu Gestaltqualitäten könnte man Glück als Erlebnisqualitäten und Gedankenqualitäten bezeichnen.

Scherer, K. R.: Theorien und aktuelle Probleme der Emotionspsychologie, in: Scherer (1990), S. 2–38–1990

Scherer, K. R.: Psychologie der Emotion, Enzyklopädie der Psychologie C IV 3, Göttingen u. a. 1990

Scherer, Klaus R.: On the nature and function of emotion: A component process approach. In: Scherer, Klaus R.: Vocal affect expression: A review and an model for future research. Psychological Bulletin, 99, 1986. In: Scherer & Schneider, Funkkolleg, Studienbegleitbrief 6

Scherer, Klaus R.: Wider die Vernachlässigung der Emotion in der Psychologie. In: Michaelis, W. (Hrsg.): Bericht über den 32. Kongreß der Deutschen Gesellschaft für Psychologie in Zürich 1980. Bd. 1. München: Hogrefe, 1981

Scherer, Klaus R. & Wallbott, Harald G. (Hrsg.): Approaches to Emotion. N. J.: Hillsdale 1984

Schlotthauer, A.: Emotionale Konditionierung in der Konsumgüterwerbung. Eine inhaltsanalytische Untersuchung der fünf auflagenstärksten Wochenzeitschriften. Diplomarbeit, Institut für Konsum- und Verhaltensforschung, Univ. d. Saarlandes, Saarbrücken 1979

Schmidt-Atzert, L.: Emotionspsychologie, Stuttgart u. a., Neuauflage in Vorbereitung, 1981

Schneider, K./Dittrich, W.: Evolution und Funktion von Emotionen in: Scherer, 1990, S. 41–114

Schneider, Klaus & Scherer, Klaus R.: Motivation und Emotion. Funkkolleg Psychobiologie, Studienbegleitbrief 6, Weinheim: Beltz

Schwartz, G. E. & Weinberger, D. A.: Patterns of emotional responses to affective situations: Relations among happiness, sadness, anger, fear, drepression, and anxieta. Motivation and Emotion, 4. 1980

Stemmler, G.: Psychophysiologische Emotionsmuster. Frankfurt/M., Berlin, New York, Nancy: Lang 1984

Stendahl: Über die Liebe, Baden-Baden 1994

Ulich, D.: Das Gefühl – Eine Einführung in die Emotionspsychologie, 2. Aufl., München u. a. 1989

Ulich, D./Mayring, P.: Psychologie der Emotionen, Stuttgart 1992

Volpert, W.: Zauberlehrlinge. Die gefährliche Liebe zum Computer. München: dtv, 1988

Walster, E., Walster, G. W.: Liebe: Das romantische Tauschgeschäft, in: Psychologie heute

Weinberg, P.: Beobachtung des emotionalen Verhaltens, in: Innovative Marktforschung, Forschungsgruppe für Konsum und Verhalten, Würzburg, S. 45–62, 1983

Weinberg, P.: Emotionale Aspekte des Entscheidungsverhaltens. Ein Vergleich von Erklärungskonzepten, in: Forschungsgruppe Konsum und Verhalten (Hrsg. 1994), S. 171–181, 1994

Zimmer, Dieter E.: Die Vernunft der Gefühle. München: Piper, 1984

# DIE ANALYSIERTEN SIEGERMARKEN

| Marke | Kategorie | Land |
|---|---|---|
| 1985 Rosarot/DB | Dienstleistungen | Deutschland |
| 7-Eleven | Food | USA |
| 7-Eleven Slurpee | Food | USA |
| A/X Armani Exchange | Gebrauchsgüter | USA |
| Ace Gentile | Non-Food | Mexico/Peru |
| AEG | Gebrauchsgüter | Deutschland |
| Aetna | Dienstleistungen | USA |
| AFLAC | Dienstleistungen | USA |
| Aids-Aufklärung | Social Ad | Deutschland |
| Alete | Food | Deutschland |
| Alldays from Allways | Non-Food | Europa/USA |
| Altenpflege | Social Ad | Deutschland |
| Always | Non-Food | Australia |
| American Express | Dienstleistungen | USA |
| Ameritech | Dienstleistungen | USA |
| Amtrak | Dienstleistungen | USA |
| Andersen Consulting | Unternehmen | USA |
| Apple Macintosh | Gebrauchsgüter | USA |
| ARAL | Unternehmen | Deutschland |
| Ariel | Non-Food | England/Taiwan |
| Asia Nudelsnack | Food | Deutschland |
| AT & T | Dienstleistungen | USA |
| AT & T 1–800-Operator | Dienstleistungen | USA |
| AT & T 800 service | Dienstleistungen | USA |

| Marke | Kategorie | Land |
|---|---|---|
| Attento | Non-Food | USA |
| Audi | Gebrauchsgüter | Deutschland |
| Aurora | Food | Deutschland |
| Australia | Region | USA |
| Axe | Non-Food | Deutschland |
| AZ Verde | Non-Food | USA |
| Bahlsen | Food | Deutschland |
| BahnCard. Halber Preis | Dienstleistungen | Deutschland |
| BankSouth Debit Cards | Dienstleistungen | USA |
| Barbie | Gebrauchsgüter | Deutschland |
| Barcelona 92 | Gemeinschaftswerbung | USA |
| Barilla | Food | Deutschland |
| Bauer Mopro | Food | Deutschland |
| Beacon Blankets | Dienstleistungen | USA |
| Beauty & the Beast | Dienstleistungen | USA |
| Beef Industry Council | Gemeinschaftswerbung | USA |
| BellSouth Tele-communications | Dienstleistungen | USA |
| Betancal | Non-Food | Europa |
| Beton | Gemeinschaftswerbung | Deutschland |
| Bitburger | Food | Deutschland |
| Blanchet | Food | Deutschland |
| Blend-a-med | Non-Food | USA |
| Blendax | Non-Food | Lateinamerika |
| BMW 5er-Reihe | Gebrauchsgüter | Deutschland |
| BMW of North America | Gebrauchsgüter | USA |
| Bold | Non-Food | USA |
| Bold 3 | Non-Food | USA |
| Bold All in one | Non-Food | Japan |
| Bonduelle Zartgemüse | Food | Deutschland |
| Bonus | Non-Food | Lateinamerika |
| Bounce EverFresh | Non-Food | Canada |
| Bounty | Non-Food | Asien |
| Braun | Gebrauchsgüter | Deutschland |
| Brille/Kur. Gutes Sehen | Gemeinschaftswerbung | Deutschland |

| Marke | Kategorie | Land |
|---|---|---|
| Britain is great | Dienstleistungen | Deutschland |
| Buctril Herbicide | Non-Food | USA |
| Bud Ice | Food | USA |
| Bud Light | Food | USA |
| Budweiser | Food | USA |
| Bush's Best Beans | Food | USA |
| BORN | Non-Food | Deutschland |
| Calgonit Ultra | Non-Food | Deutschland |
| Caliente | Non-Food | USA |
| California Fluid Milk Board | Food | USA |
| Camay | Non-Food | Europa |
| Camel | Food | Deutschland |
| Campari | Food | Deutschland |
| Canon | Gebrauchsgüter | USA |
| Cap'n Crunch Cereal | Food | USA |
| Cascade | Non-Food | Deutschland |
| Casio | Gebrauchsgüter | USA |
| Castrol Syntec | Non-Food | USA |
| Cathay Pacific Airways | Dienstleistungen | USA |
| Catsan | Non-Food | Deutschland |
| Cesar | Food | Deutschland |
| Chantré | Food | Deutschland |
| Charles Schwab Mutal Funds | Dienstleistungen | USA |
| Charmin | Non-Food | Asia Pacific |
| Chase Manhattan Bank | Dienstleistungen | USA |
| Cheer | Non-Food | USA |
| Chevrolet Blazer | Gebrauchsgüter | USA |
| Chevron | Gebrauchsgüter | USA |
| Choco Milk | Food | USA |
| Clairol Herbal Essences | Non-Food | USA |
| Clairol Nice 'n Easy | Non-Food | USA |
| Clerasil | Non-Food | Deutschland |
| Club Mediterranée | Dienstleistungen | Deutschland |
| Coca-Cola | Food | Deutschland |
| Cocoa Puffs | Food | USA |

| Marke | Kategorie | Land |
|---|---|---|
| Coldwell Banker | Dienstleistungen | USA |
| Compaq | Gebrauchsgüter | USA |
| Compaq Armada 4100 | Gebrauchsgüter | USA |
| Compo | Non-Food | Deutschland |
| Continental Airlines | Dienstleistungen | USA |
| Converse All Star 2000 | Gebrauchsgüter | USA |
| Cool from Nestea | Food | USA |
| Cool Mint Listerine | Non-Food | USA |
| Coors Extra Gold | Food | USA |
| Corega Tabs | Non-Food | Deutschland |
| Crest Tatar Control | Non-Food | England |
| D.O.T. – Safety Belts | Gebrauchsgüter | USA |
| Dallmayr Prodomo | Food | Deutschland |
| Dash 2 in 1 | Non-Food | Canada |
| Dawn | Non-Food | Japan |
| Daz | Non-Food | Philippinen |
| De Beers Diamanten | Gebrauchsgüter | Deutschland |
| DEA Stationen | Dienstleistungen | Deutschland |
| Dean Witter | Dienstleistungen | USA |
| Delial | Non-Food | Deutschland |
| Demak'Up | Non-Food | Deutschland |
| Diabetic Foot Care Centers | Gemeinschaftswerbung | USA |
| Diebels | Food | Deutschland |
| Diet Dr. Pepper | Food | USA |
| DirecTV »Joe« | Entertainment | USA |
| DirecTV »Wimps« | Entertainment | USA |
| Discover Magazine | Dienstleistungen | USA |
| Dodge Caravan | Gebrauchsgüter | USA |
| Dodge Ram | Gebrauchsgüter | USA |
| Don Limpio | Non-Food | England |
| Doppelherz | Non-Food | Deutschland |
| Downy | Non-Food | USA |
| DP & L | Gebrauchsgüter | USA |
| Dr. Best | Non-Food | Deutschland |
| Dr. Dreadful | Gebrauchsgüter | USA |

| Marke | Kategorie | Land |
|---|---|---|
| Dreft Finewash | Non-Food | USA |
| Du darfst | Food | Deutschland |
| Duplo | Food | Deutschland |
| Duracell | Gebrauchsgüter | USA |
| e.p.t. | Non-Food | USA |
| Echter Nordhäuser Doppelkorn | Food | Deutschland |
| Elekt. Uhren/Braun AG | Gebrauchsgüter | Deutschland |
| Ellen Betrix | Non-Food | Deutschland |
| Elmex | Non-Food | Deutschland |
| Epson | Gebrauchsgüter | Deutschland |
| Era | Non-Food | USA |
| Erdal | Non-Food | Deutschland |
| Ethan Allen | Unternehmen | USA |
| Excedrin | Food | USA |
| f6 | Food | Deutschland |
| Fa | Non-Food | Deutschland |
| Fairy | Non-Food | Europa |
| FAZ Magazin | Dienstleistungen | Deutschland |
| Federal Employee Program | Dienstleistungen | USA |
| Fiat Panda | Gebrauchsgüter | Deutschland |
| Fiat Uno | Gebrauchsgüter | Deutschland |
| Finlandia Vodka | Food | USA |
| Fixodent | Non-Food | USA |
| Flash | Non-Food | USA |
| Flowers Direct | Dienstleistungen | USA |
| FMC Ammo Insecticide | Non-Food | USA |
| Focus | Dienstleistungen | Deutschland |
| Folger's | Food | USA |
| Forbes | Non-Food | USA |
| Foster's | Food | USA |
| Freiberg Pils | Food | Deutschland |
| Friesland | Region | Deutschland |
| Frosch | Non-Profit | Deutschland |
| Frosta | Food | Deutschland |
| Fujifilm | Non-Food | USA |

| Marke | Kategorie | Land |
|---|---|---|
| Fulda | Gebrauchsgüter | Deutschland |
| Funnyfrisch | Food | Deutschland |
| Gauloise | Non-Food | Frankreich |
| General Mills Kix | Food | USA |
| Georgia Lottery | Dienstleistungen | USA |
| Gerber Baby Formula | Food | USA |
| Gerolsteiner | Food | Deutschland |
| Gervais | Food | Deutschland |
| Gillette | Non-Food | Deutschland |
| Golf | Gebrauchsgüter | Deutschland |
| Gordon's | Food | Deutschland |
| Gore Tex | Gebrauchsgüter | Deutschland |
| Grundig Technologie | Gebrauchsgüter | Deutschland |
| Haarkosmetik/Guhl | Non-Food | Deutschland |
| Hallmark | Non-Food | USA |
| Hamb. Morgenpost | Dienstleistungen | Deutschland |
| Haribo | Food | Deutschland |
| Harley Owners Group | Gemeinschaftswerbung | USA |
| Hawaiian Punch | Food | USA |
| Head & Shoulders | Non-Food | England/Taiwan |
| Health America | Dienstleistungen | USA |
| Healthy Choice | Food | USA |
| Hershey's Chocolate Syrup | Food | USA |
| Hertie | Handel | Deutschland |
| Hertz | Dienstleistungen | Deutschland |
| Hipp | Food | Deutschland |
| Hohes C | Food | Deutschland |
| Honda | Gebrauchsgüter | Deutschland |
| Huggies | Non-Food | USA |
| Hugo Boss Parfüm | Non-Food | Deutschland |
| IBM | Gebrauchsgüter | USA |
| IBM OS/2 Warp Server | Gebrauchsgüter | USA |
| ICE | Dienstleistungen | Deutschland |
| Iglo | Food | Deutschland |
| Ikea | Gebrauchsgüter | Deutschland |

| Marke | Kategorie | Land |
|-------|-----------|------|
| Illinois | Region | USA |
| Impulse Story | Non-Food | Deutschland |
| Independent Life | Dienstleistungen | USA |
| Indiglo by Timex | Gebrauchsgüter | USA |
| Infasil Deodorant | Non-Food | Lateinamerika |
| Infasil Intimo | Non-Food | Lateinamerika |
| Isuzu Rodeo | Investitionsgüter | USA |
| Ivory Clear | Dienstleistungen | USA |
| Ivory Shampoo/Cond. | Non-Food | USA |
| J. C. Penny Co. | Unternehmen | USA |
| Jack in the box | Dienstleistungen | USA |
| Jacobs Krönung | Food | Deutschland |
| Jaguar Cars | Gebrauchsgüter | USA |
| Jeans | Gebrauchsgüter | Deutschland |
| Jever | Food | Deutschland |
| Jever-Light | Food | Deutschland |
| Jif | Food | USA |
| Joe Rizza Enterprises | Unternehmen | USA |
| Katalysator | Öko-Effie | Deutschland |
| Kaufhof-Angebot | Handel | Deutschland |
| Kerrygold | Food | Deutschland |
| Key-Card/Blaupunkt-Werke | Gebrauchsgüter | Deutschland |
| KFC | Dienstleistungen | USA |
| Kitekat | Food | Deutschland |
| Kitkat | Food | Deutschland |
| KKB | Dienstleistungen | Deutschland |
| Knorr | Food | Deutschland |
| Knott's Berry Farm | Dienstleistungen | USA |
| KODAK | Non-Food | Deutschland |
| Kodak | Unternehmen | USA |
| Kodak Photo CD System | Gebrauchsgüter | USA |
| Dr. Oetker | Food | Deutschland |
| Kool-Aid | Food | USA |
| Kraft Mayonnaise | Food | Australien |
| Krombacher Pils | Food | Deutschland |

| Marke | Kategorie | Land |
|-------|-----------|------|
| Kupferberg | Food | Deutschland |
| KVR/Kommunalverband | Dienstleistungen | Deutschland |
| Landliebe | Food | Deutschland |
| Late Show with David Letterman | Dienstleistungen | USA |
| Lätta | Food | Deutschland |
| Lawry's Seasoned Salt | Food | USA |
| LBS | Dienstleistungen | Deutschland |
| LEGO | Gebrauchsgüter | USA |
| Leerdamer | Food | Deutschland |
| Lenor | Non-Food | Deutschland |
| Library of Congress | Dienstleistungen | USA |
| Licher | Food | Deutschland |
| Licht | Gebrauchsgüter | Deutschland |
| Lindt | Food | Deutschland |
| Litamin | Non-Food | Deutschland |
| Little Caesars | Unternehmen | USA |
| L'Oreal Excellence Creme | Non-Food | USA |
| Lotus Notes | Gebrauchsgüter | USA |
| Lübzer | Food | Deutschland |
| Lucent Technologies | Unternehmen | USA |
| Lucky Strike | Food | Deutschland |
| Lunchables | Food | USA |
| Märklin | Gebrauchsgüter | Deutschland |
| Maggi | Food | Deutschland |
| Magnum | Food | Deutschland |
| Maho | Gebrauchsgüter | Deutschland |
| Marbert Kosmetik | Non-Food | Deutschland |
| Marlboro | Food | Deutschland |
| Massachusetts Tobacco Media Campaign | Gemeinschaftswerbung | USA |
| Master Card | Dienstleistungen | USA |
| Max Factor | Non-Food | USA |
| Maxwell House | Food | USA |
| McDonald's | Dienstleistungen | USA |

| Marke | Kategorie | Land |
|---|---|---|
| Melitta Filter | Non-Food | Deutschland |
| Melitta Toppits | Non-Food | Deutschland |
| Mentadent | Non-Food | USA |
| Mercedes-Benz | Gebrauchsgüter | USA |
| Metamucil | Food | Deutschland |
| Micrografx | Gebrauchsgüter | USA |
| Micron V3 | Gebrauchsgüter | Deutschland |
| Midas | Gebrauchsgüter | USA |
| Midwest Express | Dienstleistungen | USA |
| Milk | Food | USA |
| Milk Duds | Food | USA |
| Milk of Magnesia | Food | USA |
| Milka | Food | Deutschland |
| Milka Saisonprodukte | Food | Deutschland |
| Minolta | Gebrauchsgüter | Deutschland |
| Mobil Motor Oil | Non-Food | USA |
| MobileComm Nationwide Messaging | Dienstleistungen | USA |
| Mon Chéri | Food | Deutschland |
| Montblanc, The Art of Writing | Gebrauchsgüter | Deutschland |
| Mountain Dew | Food | USA |
| Movado | Gebrauchsgüter | Deutschland |
| NAPA Auto Parts | Gebrauchsgüter | USA |
| Nestlé Mopro | Food | Deutschland |
| Nestlé Sweet Success | Food | USA |
| Nike Air | Gebrauchsgüter | Deutschland |
| Nintendo | Gebrauchsgüter | USA |
| Nissan Altima | Gebrauchsgüter | USA |
| Nivea | Non-Food | Deutschland |
| Nivea Visage | Non-Food | Deutschland |
| Nixdorf | Dienstleistungen | Deutschland |
| Nokia | Dienstleistungen | Deutschland |
| NORD/LB | Unternehmen | Deutschland |
| Norwegian Cruise Line | Dienstleistungen | USA |

| Marke | Kategorie | Land |
| --- | --- | --- |
| NY State Department of Economic Development | Gemeinschaftswerbung | USA |
| NyQuil | Non-Food | USA |
| o.b. | Non-Food | Deutschland |
| Odol | Non-Food | Deutschland |
| Odol-med 3 | Non-Food | Deutschland |
| Oil of Olaz | Non-Food | Deutschland |
| Oil of Ulan | Non-Food | Asien |
| Oklahoma Tourism | Dienstleistungen | USA |
| Olay Bath Bar | Non-Food | USA |
| Old El Paso | Food | USA |
| Old Spice | Non-Food | Deutschland |
| Opel Omega | Gebrauchsgüter | Deutschland |
| Otto-Versand | Handel | Deutschland |
| Out-of-State Economic Development Program | Gemeinschaftswerbung | USA |
| Oxford Medicare Advantage | Dienstleistungen | USA |
| Pace Picante Sauce | Food | USA |
| Palaces of St. Petersburg | Kultur | USA |
| Palmin | Food | Deutschland |
| PAM Cooking Spray | Food | USA |
| Pampers | Non-Food | England |
| Panda | Gebrauchsgüter | Deutschland |
| Pantene | Non-Food | Asien |
| Partnership for a Drug-Free America | Gemeinschaftswerbung | USA |
| Pattex | Non-Food | Deutschland |
| Pedigree for Dogs | Food | USA |
| Pedigree Pal | Food | Deutschland |
| Pentax PC 35 | Gebrauchsgüter | Deutschland |
| Pepsi light | Food | Deutschland |
| Pepsi-Cola | Food | USA |
| Persil | Non-Food | Deutschland |
| Pioneer Electronics | Gebrauchsgüter | USA |
| Pirelli Reifen | Gebrauchsgüter | Deutschland |

| Marke | Kategorie | Land |
| --- | --- | --- |
| Pizza Hut Bigfoot | Dienstleistungen | USA |
| Plastic Products | Gemeinschaftswerbung | USA |
| Platin-Schmuck | Gebrauchsgüter | Deutschland |
| Plénitude | Non-Food | Deutschland |
| Poly Color | Non-Food | Deutschland |
| Post (Gelbe Seiten) | Dienstleistungen | Deutschland |
| Post (Neue Postleitzahlen) | Dienstleistungen | Deutschland |
| Post Honeycomb | Food | USA |
| Post Waffle Crisp | Food | USA |
| Prestone | Non-Food | USA |
| Pril Balsam | Non-Food | Deutschland |
| Pringles | Food | USA |
| Puffs | Food | USA |
| Punica | Food | Deutschland |
| Purina Dog Chow | Food | USA |
| Quelle | Handel | Deutschland |
| Rachengold | Food | Deutschland |
| Rama | Food | Deutschland |
| Ravensburger Spiele | Gebrauchsgüter | Deutschland |
| RCA | Unternehmen | USA |
| RCA DSS | Gebrauchsgüter | USA |
| Real California Cheese | Gemeinschaftswerbung | USA |
| Red Bull | Food | Deutschland |
| Rejoice | Non-Food | USA |
| Residence Inn by Mariott | Dienstleistungen | USA |
| Riders | Gebrauchsgüter | USA |
| Right Guard | Non-Food | USA |
| Rodeo & Trooper | Gebrauchsgüter | USA |
| Rolo | Food | Deutschland |
| RWE | Dienstleistungen | Deutschland |
| SAAB | Gebrauchsgüter | USA |
| Safeguard | Non-Food | USA |
| Salvo | Non-Food | Lateinamerika |
| Sandemann | Food | Deutschland |
| SAP Software | Gebrauchsgüter | USA |

| Marke | Kategorie | Land |
|---|---|---|
| Saturn | Gebrauchsgüter | USA |
| Schick Silk Effects | Non-Food | USA |
| Schiesser Wäsche | Gebrauchsgüter | Deutschland |
| Schöller Mövenpick | Food | Deutschland |
| Schwartau Extra | Food | Deutschland |
| Scotch-Brite | Non-Food | USA |
| Scratch – Washington State Lottery | Dienstleistungen | USA |
| Sea-Doo | Gebrauchsgüter | USA |
| Secret | Non-Food | USA |
| Sega Genesis | Gebrauchsgüter | USA |
| Seiko | Gebrauchsgüter | Deutschland |
| Sennheiser | Dienstleistungen | Deutschland |
| Seramis | Non-Food | Deutschland |
| Serena | Non-Food | Deutschland |
| Sharp Viewcam | Gebrauchsgüter | USA |
| Sheba | Non-Food | Deutschland |
| Shell Atlas | Gebrauchsgüter | Deutschland |
| Shell M 2000 | Non-Food | Deutschland |
| Shuttle by United | Dienstleistungen | USA |
| Siemens | Gebrauchsgüter | Deutschland |
| Sierra Tequila | Food | Deutschland |
| Signet | Dienstleistungen | USA |
| Sinex | Non-Food | Deutschland |
| SIS Springfield Institutions for Savings | Dienstleistungen | USA |
| Sixt/Budget | Dienstleistungen | Deutschland |
| Sky Tel | Dienstleistungen | USA |
| SnackWell's | Food | USA |
| Snapple | Food | USA |
| Sony U-Elektronik/Video | Gebrauchsgüter | Deutschland |
| Sprint | Dienstleistungen | USA |
| Sprint Business/Services | Dienstleistungen | USA |
| Sprite | Food | USA |
| Südmilch Sahnekännchen | Food | Deutschland |

| Marke | Kategorie | Land |
|---|---|---|
| Sugar Free Jell-O Gelatin | Food | USA |
| Sunny Delight | Non-Food | USA |
| Sutter Home Wine | Food | USA |
| TANG | Food | USA |
| Tchibo | Food | Deutschland |
| TDK-Audiocassetten | Non-Food | Deutschland |
| Teekanne | Food | Deutschland |
| Telekom | Dienstleistungen | Deutschland |
| Telekom Mobilfunk | Dienstleistungen | Deutschland |
| Tempo | Non-Food | Deutschland |
| Tetra Pak | Non-Food | Deutschland |
| Texas Instruments | Gebrauchsgüter | USA |
| The Baltimore Opera Company | Unternehmen | USA |
| The Corporate Line | Dienstleistungen | USA |
| The Discover Card | Dienstleistungen | USA |
| The Document Company | Unternehmen | USA |
| The Mall at Short Hills | Dienstleistungen | USA |
| The New York Observer weekly newspaper | Dienstleistungen | USA |
| The Peninsula | Dienstleistungen | USA |
| The Power Book | Gebrauchsgüter | USA |
| Thomapyrin | Pharma | Deutschland |
| Thomy | Food | Deutschland |
| Tide | Non-Food | USA |
| Timex | Gebrauchsgüter | USA |
| Timotei | Non-Food | Deutschland |
| Toblerone | Food | Deutschland |
| Tonka | Gebrauchsgüter | USA |
| Total Raisin Bran | Food | USA |
| Touropa | Dienstleistungen | Deutschland |
| Toyota | Gebrauchsgüter | Deutschland |
| Trans World Airlines | Dienstleistungen | USA |
| Transformers Beast Wars | Gebrauchsgüter | USA |
| Trident | Food | USA |
| Tropical Freezes | Food | USA |

| Marke | Kategorie | Land |
|---|---|---|
| TUI | Dienstleistungen | Deutschland |
| Tums | Non-Food | USA |
| Tylenol-Flu | Food | USA |
| U.S. Marine Corps | Gemeinschaftswerbung | USA |
| U.S. Space & Rocket Center | Dienstleistungen | USA |
| US West | Dienstleistungen | USA |
| USAfrica Airways | Dienstleistungen | USA |
| V8 100 % Vegetable Juice | Food | USA |
| Valensina | Food | Deutschland |
| Valvoline | Non-Food | USA |
| VapoRub | Non-Food | USA |
| VDI | Dienstleistungen | Deutschland |
| Vereinsbank | Dienstleistungen | Deutschland |
| Viakal | Non-Food | USA |
| Viala | Food | Deutschland |
| Vichy Probeköfferchen | Non-Food | Deutschland |
| Vicks Lemon Plus | Food | USA |
| Vicks Syrup | Food | USA |
| Vicks Throat Drops | Food | USA |
| Vicks VapoRub | Non-Food | USA |
| Vidal Sassoon | Non-Food | Deutschland |
| VISA | Dienstleistungen | Deutschland |
| Visa Gold | Dienstleistungen | USA |
| Vizir | Non-Food | Deutschland |
| Wagner Pizza | Food | Deutschland |
| Walt Disney World | Dienstleistungen | USA |
| Warsteiner | Food | Deutschland |
| Washington Mutual | Dienstleistungen | USA |
| Weihenstephan | Food | Deutschland |
| Weißblech | Gemeinschaftswerbung | Deutschland |
| Wells Fargo ATM Remittance Account | Dienstleistungen | USA |
| Wendy's | Dienstleistungen | USA |
| West | Food | Deutschland |
| Wheat Thins | Food | USA |

| Marke | Kategorie | Land |
|---|---|---|
| Whiskas | Food | USA |
| Whole Grain Total | Food | USA |
| Wick blau | Food | Deutschland |
| Wick Daymed Caps | Food | Deutschland |
| Wick Formel 44 | Food | Deutschland |
| Wick Vapo Bad | Non-Food | Deutschland |
| Wilkinson Protector | Gebrauchsgüter | Deutschland |
| Wonderbra | Gebrauchsgüter | USA |
| World Vision | Dienstleistungen | Deutschland |
| Wrigley's Spearmint Gum | Food | USA |
| Xerox | Unternehmen | USA |
| Zewa | Non-Food | Deutschland |

# PERSONEN- UND SACHREGISTER

Absolut Wodka  62
adidas-Schuhe  123
After Eight  114
Agentur-Briefings  113
Agronomical  54
Alltagsepisoden  154 f., 178
*American Express*  77 f.
*Anti-Aids-Kampagne*  91
Anwendungsbeispiel »Pils«  165
Archetypen  154, 157, 178
Ariel  105
Aristoteles  122
ARM (Advertising-Response-Modell)
   17
Audi  66 f.
Auftrag, kultureller  16
Austauschbarkeit von Produkten  21
Authentisches Verwender-Bekenntnis
   (Testimonial)  53
Authentizität  153, 178
*Axe*  57

b|w-Modell  29, 180
b|w-Modell, Arbeit mit dem  163 ff.
Bacardi  21
Bandi  143
*Barilla*  160 f.
BAT, Freizeitforschungs-Institut  72
Baums, Georg  16
Beck's  178
Becker, Boris  65

Bedürfnis-Strategien  44 f.
Behavioristen  95
Benetton  76
Berliner Mauer  42
*Berliner Verkehrsbetriebe*
   *(BVG)*  85 ff.
*Betanal*  54
Beuys, Joseph  97
Bild-Zeitung  32
Birkenstock  32, 139
Bitburger  170
Blaue Mauritius  97
Blend-a-gum  101 f.
*Blend-a-med*  48 f.
*Blendax Anti-Belag*  45
Blücher  98
BMW  66
Bogart, Humphrey  134
Borrowed Interest  147
Bounty  106

Calgonit Ultra  56
Camel  200
Cartier  127
Chaplin, Charlie  22, 134
Charakter-Strategien  124, 128 ff.
Chevignon-Mode  123
Clairol Herbal Essences  67 f.
Coca-Cola  21, 34, 41, 108, 119
*Corega Tabs*  89 f.
Crawford, Cindy  128

Danke (Papierprodukte) 77
Defizit-Kompensation 128, 134
Der Spiegel 22, 47
Dichter, Ernest 23
Diesel (Modemarke) 125
Domizlaff, Hans 22
*Dr. Best-Zahnbürsten* 51 f.
Dr. Oetker 53
Drama 134
*Duplo* 106

Effie 27
*E.P.T.* 147
Effizienz 16, 18, 20
Effizienz beim Einsatz von
   Werbemitteln 17
Einkaufsverhalten 14
Elliott, Lowell 73
Elmex 40
Emotionen 33
Emotiver Transfer 145 ff., 149,
   177
Entscheidung, Wunsch nach 43
Enttabuisierungs-Strategie 76,
   89 ff., 170
Erfolg einer Marke 122 ff.
Erickson, Dr. Milton H. 75

Fallbeispiele, eigene 181 ff.
Fanta 34
Feindbild-Technik 45, 167
Ferrero 100 ff.
*Fiat Panda* 125 ff.
Finlandia 62
Floprate 14, 20
Fontane, Theodor 74
Ford, Henry I. 13
Foster's 174
Franziskaner 200
Freizeitforschungs-Institut BAT 72
*Frosch* 77
Frustration 159
*F6* 147

*Gauloise* 138 f.
Gefühle 141
Gefühlsknoten 145
Gerber (Baby-Instantnahrung) 64
*Gervais Obstgarten* 100
Gesetz der »Defizit-Kompensation« 128
Gewissens-Strategie 76, 79 ff.
GfK 15, 17 f.
Gold-Standard 167
Gold-Standard-Technik 64 ff.
Graffiti 85
Granini 34
Grey International, Düsseldorf 16
Gromm, Mr. 97
Grundähnlichkeit mit der Zielgruppe
   134
Grundmuster, strategische 44, 76, 99,
   124, 145
Guinness Buch der Rekorde 73, 122
GWA (Gesamtverband der Werbe-
   agenturen) 16 ff.

Häkkinen, Mika 65
Hakle 77
*Hallmark* 80
Handeln 71 f.
Happy End 159 f.
Härte 158, 178 f.
Hathaway 129
Hauptmann von Köpenick 122
HB 119
*Head & Shoulders* 49 f.
Held 159
Heller, Dr. Eva 13
Herostratos 122
Hohes C 34
Homer 122
Horst-Wessel-Lied 74
*Huggies Windeln* 146 f.

Identität 32, 122 f.
Identitäts-Strategien 154
Ideologie-Strategien 124 ff., 173

Imagewerbung 20 f.
Impulse (Damenparfüm) 125
Indikative Nutzenstrategie 177
Individualismus 134
Inkonsistenz-Strategie 76, 87 ff.
Input TOP 14 f.
Institut für Sporternährung e. V. 101
Interaktionismus, symbolischer 120
IRI, Marktforschungsinstitut 14

Jacobs Krönung 56
James Bond 135 f.
Jever Pilsener 150
Jones, John Philip 13, 16

Kampagne, erfolgreiche 29, 200
Kategorisierungs-Strategie 34, 99 ff.
Kaufmotivation, Erforschung der 28
Kinderschokolade 112 f.
Kitekat 68
Klassifizierungs-Strategien 99, 104 ff.
Kojak 134
Konditionierung 32, 34, 96 ff.
–, personelle 99, 111 ff.
Konflikt, innerer 71
König Pilsener 170
Konsistenz-Strategie 76 ff.
Kreativität 17 ff.
Kreativität, strategische 36
Kroeber-Riel, Professor 21 f.
Krombacher 166
Küchen-Grill (Neckermann) 110
Kukident 90
Kulisse 154, 178
KZ 74

La Bamba 34
Lätta 62 f.
Langnese Iglo 115
Lebensmittel-Praxis 14
Lebensmittel-Zeitung 14
Lebensrealität/Härte 158
Lebensstil-Strategien 145, 151 ff., 178

Lebensversicherungen 191 ff.
Lebenswelt 134 f.
Lebenswürze/Härte 178 f.
Lenor 30, 78
Levi's 501 21, 136 f., 139
Licher Pils 168
Liebe zu Produkten 141 f.
Lifestyle 20
Lifestyle-Werbung 34, 200
Light-Produkte 62 f.
Lila Pause 114
Litamin 51
Lück, Ingolf 91
Lunchables 80

Magnum 114 ff.
Marbert Kosmetik 131 f.
Markenartikel 20 f.
Markencharakter 22 f.
Markenführung 25 ff.
Markenkern 200
Markenstrategien 19 f., 33, 35
Markenwelt, Optimierung der 200
Markenwerbung und Effizienz 13 f.
Markenzeichen 21
Märklin 112
Marlboro 20 f., 152, 154, 158
Mars 106
Mead, G. H. 120
Melitta Toppits 46 f.
Mercedes 66, 123
Mercedes C-Klasse 65
Merci 114
Methode der Image-Macher 19 f.
Methode der Markentechniker 20 f.
Methode der Motivforscher 21 f.
Methode der Werbepraktiker 18 f.
Michael, Bernd M. 16
Milchschnitte 100 f.
Milka 61
Milk Duds 108
Miracle Whip 109
Mission 154

Modell-Entwicklung 28
Mon Chérie 57, 103
Moskovskaya 53
Motivationsfeld »Emotionen« 141 ff., 175 ff.
Motivationsfeld »Identität« 119 ff., 173 ff.
Motivationsfeld »Konditionierung« 95, 171 ff.
Motivationsfeld »Normen« 71, 170
Motivationsfeld »Nutzen« 39 ff., 166 ff., 177
Motivationsfelder 29 ff.
Motive 23
Mühsam, Erich 74

Natürlichkeit, suggerierte 61
Neckermann 110
Nimm 2 82
Nintendo 57 f.
Nivea 61 f.
Nokia 184
Normen 34, 71 ff.
Norwegian Cruise Line 54 f.
Nutzen 29, 35, 39 ff.
Nutzen, emotionaler 18 f.
Nutzen, psychologischer 18 f.
Nutzenstrategie, indikative 44, 177
Nutzenstrategien, emotionale 44, 56 ff.
Nutzenstrategien, indikative 52 ff.
Nutzenstrategien, suggestive 44, 59 ff.
Nutzenstrategien, virtuelle 69 f.

Odol 67
Offener Endzustand 156
Ogilvy 129
Ogilvy, David 13
Opel 120
Optimierung der Markenwelt 200
Output FLOP 14 f.
Oxfam-Läden 78

Pampers 46, 146

Paradoxe Intervention 75
Pattex 66
Pavlov 95
Pepsi 41
Persil 40, 105
Persil Megaperls 105
Person 134
Personelle Konditionierung 99, 111 ff.
Peter Stuyvesant 125
Phillips Milk of Magnesia 90 f.
Pippi Langstrumpf 136
Placebos 59
Plato 174
Pocket Coffee 102 f.
Potential-Optimierung 37
Präferenz-Strategie 35
Prägnanz 134
Praxistest 37
Prinz Edward VII. 142
Problemanalyse 36
Procter & Gamble 25
Produktvorteil 30
Psychologie 21

Qualität, faktische 39, 42
Qualität, strategische 17
Qualität, virtuelle 39
Qualitätsstandard, überlegener 64

Rambo 135
Reinheit, suggerierte 62
Renault 142
Risiko der Werbebranche 15 ff.
Robin Hood 135
Rochér 103
Rocky 135
Rolex 32, 127
Rolex-Uhr 123
Rolo 129 f.
Roman-Strategien 145, 159 ff.

Sanktionierungs-Strategien 35, 76, 82 ff.

Sawyer, Tom 98
Schering 54
Schirner, Michael 16
Schmidt, Helmut 47
Schumann, Jürgen 74
*Schwartau Extra* 84 ff.
*Sega* 57 f.
Sehnsuchts-Potential 152, 178
Sehnsuchts-Strategien 145, 149 ff.
Selbstverständnis der Werbebranche
    15 ff.
Shell 76
Sicherheit 156, 193 f.
Siegermarken, Analyse der 28
Siegermarken, analysierte 221 ff.
Siemens 106
*Siemens Handy S10* 106 f.
*Siemens S4 Power* 181 ff.
*Siemens S6* 187 ff.
Simpson, Wallis 142
Sinn 178
Sinn/Mission 154
Sinnen, Hella von 91
Situative Konditionierung 99, 114 ff.
Skinner 95
Snickers 106
Sokrates 74, 122
Spätfolgen-Technik 48 ff.
Sprite 34
Star-Strategie 124, 133 ff., 154 f.
Stendhal 144
Stiftung Warentest 39 f., 192, 194
Strategie 17 f.
Strategien, virtuelle 43
Strategie-Option 167
–   1: »Frische« 167 f.
–   2: »Entspannung« 168 f.
–   3: »Geselligkeit« 169
–   4: »High Society« 170 f.
–   5: »Nahrungs- statt Genußmittel«
        172
–   6: »Kraftvolle Gelassenheit« 173
–   7: »Back to the roots« 173 f.

–   8: »Anti-Establishment« 174 f.
–   9: »das Frauen-Pils« 175
–   10: »Regionale Heimat« 176 f.
–   11: »Patriotismus« 177 f.
–   12: »Lebensstil« 178 f.
Studie 27 ff.
Substitutions-Strategien 99,
    107 ff.
Superman 136
Swatch 127
Swatch-Uhren 111, 123

Tabus, gesellschaftliche 89
*Tag Heuer* 127
Talleyrand 98
Tamagotchi 143
Tarzan 135 f.
Technik der »reinen« Suggestion
    60 ff.
–   der Problem-Analogie 51 f.
–   der sozialen Strafe 49 f.
–   der Übersteigerung 67 f.
–   des getarnten Versprechnes 68
Tempo 40
Testimonial (authentisches Verwender-
    Bekenntnis) 53
Thorndike 95
Tolstoi, Leo 122
Torture-Test-Technik 66 f.
Trans-Fair-Kaffee 78
Tuborg 166
Twain, Mark 98
Twix 106

Urprinzip 119

*Valensina* 64
Verband der Deutschen Lebensversiche-
    rungs-Unternehmen e. V. 191
Verbraucherverhalten und Normen
    75 f.
*Vereinsbank* 62
Verhalten, konditioniertes 171

Verhaltenssteuerung  75
*Viala*  129 f.
Vichy  62
Vision  25 ff.
Voigt, Wilhelm  122
Vorbildfunktion  114
Vorbild-Prinzip  111
Vorher-Nachher-Taktik  82

Wachstums-Index der Werbung
  19
Wahrnehmung, konditionierte  96 f.
Waldsterben  47
Warsteiner  40, 167, 169 f.
*Warsteiner Pilsener*  60 f.
Watson  95

Wendepunkt  159
Wener & Metz  77
Werbedruck  17 f.
Werbung, effektive  199
Werte  18 f.
Wettbewerb  19
Wick plus  66
Wirksamkeit von Werbung  15 ff.
*World Vision*  87 f.
*Wrigley's*  109
*Wrigley's Extra*  101 f.

Zartheit, suggerierte  61 f.
Zielgruppen, neue  111 ff.
Zukunft  25 ff.
Zunahme der Werbung  23

# ANTI-WERBER GESUCHT!

Buchholz & Wördemann Advertising sucht ständig nach den Ausnahmen in der schillernd bunten Werbewelt – den Anti-Werbern:

- Kontakter, die sich als werbliche Unternehmensberater verstehen (vorzugsweise mit Marketing-Hintergrund)
- Creative Directoren, die sich über ihre ADC-Trophäe erst freuen können, wenn die Kampagne auch einen Effie verdient hat (und umgekehrt)
- Texter und Art Direktoren, die die Marken ihrer Kunden über alles lieben

Wir bieten ein spannendes, vielseitiges und internationales Kunden-Portfolio, ein exzellentes Training und ein sehr gutes Arbeitsklima.

Bitte richten Sie Ihre Bewerbung an:

Buchholz & Wördemann Advertising GmbH & Co
Herrn Buchholz
Hessenring 83
61348 Bad Homburg
Tel. 0 61 72/66 40 50